孤独经济

城市化、全球化与
社交网络下的未来

The Lonely Century

Coming Together in a
World that's Pulling Apart

[英] 诺瑞娜·赫兹 著　黄菊 邵小芳 译
Noreena Hertz

机械工业出版社
CHINA MACHINE PRESS

人们正变得越来越孤独，就在一代人的时间里，越来越多的人生活在城市中，大家开始使用智能手机，人与人之间的关系变得越来越疏离，而西方日益恶化的贫富差距与年轻人失业以及公共财政支出的缩减让问题变得越发严重。本书从城市化、贫富差距、科技巨头的商业模式、智能手机改变人们交流的方式、经济的长期低迷等角度，试图回答西方孤独问题的成因及其经济影响，并讨论这样的趋势推进下去，经济社会将如何演进。此外，作者还从政府、企业、科技公司和社区等角度入手，探讨解决孤独经济问题的方案。

图书在版编目（CIP）数据

孤独经济：城市化、全球化与社交网络下的未来 /（英）诺瑞娜·赫兹（Noreena Hertz）著；黄菊，邵小芳译 . —北京：机械工业出版社，2023.7

书名原文：The Lonely Century: Coming Together in a World that's Pulling Apart

ISBN 978-7-111-73309-6

I.①孤… II.①诺… ②黄… ③邵… III.①世界经济 – 研究 IV.① F11

中国国家版本馆 CIP 数据核字（2023）第 104874 号

机械工业出版社（北京市百万庄大街 22 号 邮政编码 100037）
策划编辑：顾 煦   责任编辑：顾 煦
责任校对：贾海霞 王 延 责任印制：李 昂
河北宝昌佳彩印刷有限公司印刷
2023 年 10 月第 1 版第 1 次印刷
170mm×230mm·18 印张·1 插页·221 千字
标准书号：ISBN 978-7-111-73309-6
定价：89.00 元

电话服务   网络服务
客服电话：010-88361066 机 工 官 网：www.cmpbook.com
　　　　　010-88379833 机 工 官 博：weibo.com/cmp1952
　　　　　010-68326294 金 书 网：www.golden-book.com
封底无防伪标均为盗版   机工教育服务网：www.cmpedu.com

献给丹尼

为他所做的一切

精彩！及时！重要！诺瑞娜·赫兹锁定了我们这个时代的一个核心问题。目
睹隐藏在身后的问题暴露在日光之下，将会让人多少感觉不再那么孤独。请
阅读本书，然后再传给一个朋友。如果你们还有朋友的话。

——查理·布鲁克
英剧《黑镜》的编剧

高度原创、令人信服、值得深省。本书令人不忍释卷，是一本具有里程碑意
义的著作。对于任何想要弄懂我们这个错综复杂的时代，并厘清我们正在朝
着哪个方向前进的人，这是一本必不可少的读物。本书注定会成为一本经
典。我给予最强力的推荐。

——鲁里埃尔·鲁比尼
纽约大学经济学教授、"末日博士"

本书正逢其时。赫兹向新一代领导人展示了在社交距离时代抗击孤独流行病
的转折点。我强烈推荐这本书。

——玛丽安娜·马祖卡托
《增长的悖论》的作者、伦敦大学学院创新与公共价值经济学教授

一本不可或缺、引人入胜的绝佳之作，讲述了孤独在 21 世纪的普遍存在及
其深远的影响。本书揭示了孤独既是政治的，也是个人的——从极端主义政

治的兴起到我们社群的活力，再到我们如何与我们所爱之人相处，孤独对一切的一切都产生了巨大的影响。凭着书中关于我们如何能够重新走到一起的宏大构想，最终这本充满希望的书是最重要的，也是最及时的。

——菲利帕·佩里
《真希望我父母读过这本书》的作者

在当今我们所生活的时代中，我们已经遗忘一个古老的人类基本真理：我们本就不应该独自生活。在本书中，诺瑞娜·赫兹认识到了这一点，并对孤独流行病所带来的危害提出了富有启发性、引人入胜和具有说服力的分析，即孤独不单单会损伤我们的个人健康和幸福，还会威胁到我们重新振兴这个社会以及解决我们今天面临的许多挑战的集体能力。

——乔纳森·萨克斯
拉比勋爵

在这一极具启发性的雄心之作中，诺瑞娜·赫兹对这场席卷全球的孤独流行病的成因和后果做出了强有力的陈述。这本书中充满了可怕的事实、引人注目的故事和大胆的想法，是所有关心我们在新冠疫情后如何重建世界的人的必读书。

——卡尔·弗雷
牛津大学新经济思维研究所

在本书中，诺瑞娜·赫兹表达了一个令人信服的想法，告诉我们如何在这个动荡不安的大时代中消除彼此间的众多分歧。这本书充满了激情的讨论和深入的研究，适合所有想要建立一个更健康、联系更紧密的世界的人。

——阿里安娜·赫芬顿
《赫芬顿邮报》的联合创始人、《成功的第三种维度》的作者

社交联系对我们的健康和福祉至关重要，但孤独感正在全球范围内攀升，特

别是在那些为减少新冠病毒的传播而采取的措施之下。在这本吸睛之作中，诺瑞娜·赫兹描述了孤独对身体、心理、经济和社会的影响，她不仅对证据进行了引人入胜的研究，还呼吁政府、企业、社会和个人采取行动，解决和缓解这场孤独危机，并建立一个更加包容、更加友善的世界。

——萨拉-杰恩·布莱克莫尔
剑桥大学心理学教授

精彩！全是我们生活中人情纽带力量的迷人故事。这是一本真正引人入胜且十分重要的书，让我感到更有智慧，更有希望！

——布莱恩·格雷泽
电影和电视制作人

日益增长的全球孤独危机是我们这个时代最大的挑战，这本新颖迷人之作讨论的正是这个主题，它就我们如何应对危机呈现了清晰且鼓舞人心的远见。

——丹尼尔·苏斯金德
《没有工作的世界》的作者、牛津大学贝利奥尔学院研究员

我们如今被淹没在通信技术和社交媒体之中，但孤独正在对我们的经济、我们的健康造成巨大的伤害。诺瑞娜·赫兹罕见地结合了严谨的研究和强大的洞见，精湛地分析了我们这个孤独世纪的各个方面，以及作为个人和整个社会，我们该怎么做得更好。强烈推荐！

——埃里克·布莱恩约弗森
《第二次机器革命》的共同作者、斯坦福大学教授

赞誉

第 1 章　**这是一个孤独的世纪**　　　　　　　　　1

　　红粉佳人　　　　　　　　　　　　　　　　　3

　　什么是孤独　　　　　　　　　　　　　　　9

　　我们如何沦落到这个地步　　　　　　　　11

　　同类相残　　　　　　　　　　　　　　　13

第 2 章　**孤独会致命**　　　　　　　　　　　　　18

　　孤独的身体　　　　　　　　　　　　　　　19

　　哈瑞迪教派的健康之谜　　　　　　　　　21

　　社群对健康有益　　　　　　　　　　　　25

　　"共同"的生物　　　　　　　　　　　　　26

　　孤独呵孤独，我独自一人　　　　　　　　30

　　助人的快感　　　　　　　　　　　　　　　35

第 3 章　**孤独的老鼠**　　　　　　　　　　　　　37

　　老鼠与人　　　　　　　　　　　　　　　38

　　孤独与不宽容的政治　　　　　　　　　　41

孤独与民粹主义者的新时代　　　　43

孤独与不信任的政治　　　　45

被边缘化的孤独　　　　46

孤独与地位和自尊的丧失　　　　51

叫卖社群感　　　　53

移民问题的武器化　　　　57

第4章　孤寂的城市　　　　64

在这里没有人会笑　　　　67

更粗鲁、更唐突、更冷漠　　　　68

反社交　　　　70

为什么我们要与咖啡师聊天　　　　72

飘忽不定的邻里　　　　73

一个人生活……　　　　75

……独自进餐　　　　76

打磨我们的民主技能　　　　79

第5章　零接触的时代　　　　81

带敌意的建筑　　　　85

暗藏的排斥　　　　89

第6章　我们的屏幕，我们的自我　　　　100

超级的万花筒热　　　　103

在一起，但还是孤独　　　　104

瞧一眼那条狗　　　　106

分裂的自我　　　　107

如何读懂表情　　　　　　　　　　　　　　111

无屏幕的生活　　　　　　　　　　　　　　114

数码老虎机　　　　　　　　　　　　　　　115

更刻薄的世界　　　　　　　　　　　　　　118

BOMP：相信别人比自己更受欢迎　　　　121

公开的拒绝和羞耻　　　　　　　　　　　　124

钟爱自己的虚拟化身　　　　　　　　　　　126

改变是可行的　　　　　　　　　　　　　　129

第 7 章　孤独地工作　　　　　　　　　　　138

开放式办公与孤独　　　　　　　　　　　　140

工作场所的数字化颠覆（侵袭）　　　　　　145

鼓励善意　　　　　　　　　　　　　　　　149

一心工作，没有玩乐　　　　　　　　　　　156

全时在线　　　　　　　　　　　　　　　　157

带薪的照料　　　　　　　　　　　　　　　161

第 8 章　数码之鞭　　　　　　　　　　　　164

电脑说“不行”　　　　　　　　　　　　　165

不放过我们的每一次呼吸　　　　　　　　　171

低调行事　　　　　　　　　　　　　　　　176

一向如此（或多或少吧）　　　　　　　　　176

我会给你评四星　　　　　　　　　　　　　178

被操纵的经济　　　　　　　　　　　　　　181

机器人要来了　　　　　　　　　　　　　　185

无人能避免　　　　　　　　　　　　　　　188

第 9 章　爱和机器人 194

出售"拥抱" 195

她让我觉得开心 197

对无生命之物的爱 199

战友情谊 200

社交机器人要来了…… 202

机器人是我们所有人的朋友 207

让我们来谈谈机器人"好友" 211

Alexa 的新技能是"刻薄"吗 214

让我和我的机器人单独相处 217

为什么这很重要 219

第 10 章　孤独经济 221

皆是孤独之人 222

最后一角的派 228

被商品化的社区 234

"滥用共享"是一种新的"标榜绿色"吗 237

我而非我们 239

归属感是无法买到的,我们必须亲身实践 241

专享的社群 246

第 11 章　相聚在一个四分五裂的世界 250

重新注入关怀和温情 253

改变资本主义的计价方式 257

让人们感到自己被看到和被倾听 260

践行民主   262

精心打造多元化的社区   267

未来在我们的手中   270

致谢   274

注释[⊖]

⊖ 本书注释请访问机工新阅读网站（www.cmpreading.com），搜索本书书名。

| 第 1 章 |

这是一个孤独的世纪

我蜷曲着侧身躺在他的身后，胸腔紧贴着他的背，感受着与他同步的呼吸节奏。用这样的姿势入睡，我们已经一同度过了 5000 个夜晚。

但现如今，我们夜里睡在不同的房间，到了白天还要始终保持着 2米的距离。拥抱、爱抚、亲吻以及往日里我们那些默契的互动，如今都成了禁忌。"离我远一点"成了我最新的表达爱意的方式。不停地咳嗽、身体上的酸痛和不适，都让我担心距离太近会让我的丈夫也遭受感染。所以，我保持着距离。

今天是 2020 年 3 月 31 日，与 25 亿人（这相当于全球人口的 1/3）一道，我的家庭也在隔离之中。[1]

有太多的人被困在家里、被迫要远程办公（如果还没有丢掉工作的话）、无法探望朋友或爱人、每天仅能外出一次（如果还能被允许外出）、保持"社交距离"、进行"隔离"和"自我封闭"，这一切都不可避免地让人们的孤独感和封闭感急速提升。

这样的封闭隔离才仅仅过了两天，我最好的朋友就给我发了一条短信，"隔离快让我发疯了"。第 4 天，我那 82 岁的老父亲用 WhatsApps 推送了一条信息，"我像是一片云彩，孤独地游荡着"。在全球范围内，接听情绪健康求助热线的工作人员普遍报告称，在实行强制性社交距离的最初几天里，打入电话的人数大幅增加，而且其中有相当大的一部分人是因为产生了孤独感。[2] 一个慌乱的孩子向英国儿童热线（UK helpline

Childline）的一名志愿者吐露说："我妈妈拒绝拥抱我，她也不想跟我挨得很近。"³在德国，到 3 月中旬，求助热线的接入量已经达到了正常时期的 150% 可能还要多，一位接听电话的心理学家指出："比起担心被传染，大多数打来电话的人更害怕孤独。"⁴

然而这个孤独的世纪并非始于 2020 年的第一个季度。在新冠疫情暴发之前，我们中的很多人已经在相当长的一段时间里感到孤独、封闭和原子化⊖。

我们为何变得如此孤独？我们需要做什么才能重新建立联系？这正是本书要探讨的问题。

红粉佳人

2019 年 9 月 24 日，我坐在窗边等待着，身后是一面类似电影《红粉佳人》风格的墙壁。

我的手机铃声响起来了。是布里塔妮打来的——她要迟到几分钟。

"别担心，"我回了一条短信，"你选的地方很酷。"事实也确实如此。来来往往的顾客一个个大方美丽、脚步轻盈，胳膊下夹着时尚模特的资料，完美展现了曼哈顿诺霍区这家名为恰恰抹茶的网红奶茶店的时尚品位。

过了一会儿，布里塔妮来了。她一边微笑着，一边用眼睛搜寻着整个房间，直到用目光锁定了我。"嗨，我喜欢你的裙子！"她说道。

鉴于一小时只用花 40 美元，我本对她没有抱太大的期望。因为布里塔妮这个"朋友"是我从一家名为"租个朋友"（Rent-a-Friend）的公司雇来陪我度过这个下午的。来自新泽西州的创业者斯科特·罗森鲍姆（Scott Rosenbaum）目睹了"租朋友"这一概念在日本的一炮走红，于

⊖ atomised，指构成物质的最小单元，它可以独立存在且相互之间联系微弱。——译者注

是成立了这家公司。现在会员遍布全球几十个国家，有超过 62 万名柏拉图式的朋友可供人们租用。

23 岁的布里塔妮来自佛罗里达州的一个小镇，而"租友"这一工作并非她当初考入布朗大学时所规划的职业道路。然而由于还没能获得一份与环境科学（她在大学的主修专业）相关的工作，助学贷款又让她倍感焦虑，她认为出租自己的陪伴是一个务实的决定。在她看来，情感劳动只不过是另外的一项财源。她平均每周都会被租出去好几次，除此之外，她会协助初创公司在社交媒体上发布信息，还要通过"跑腿兔"（TaskRabbit）提供行政助理的服务。

我在见面之前感到非常紧张，但见面后没过几分钟，我就放心了，我们的相处并没有逾越"君子之交"（friends-without-benefits）。并且在接下来的几个小时里，我们一起在曼哈顿的市中心一边闲逛，一边谈论美国反性骚扰运动 MeToo 以及她心目中的女英雄——大法官金斯伯格，还到麦克纳利出版社书店去研讨我们最喜欢的书籍，有几次我甚至忘记了布里塔妮是自己花钱雇来的。尽管她不像一个老朋友，但如果可以的话，她确实可以成为一个有趣的新朋友。

但直到我们这次约会即将结束的时刻，她才真正把魅力散发到了极致。那是在百老汇大街一家名为"城市户外"（Urban Outfitters）的店，面带一贯的微笑，开着无伤大雅的玩笑，她笑闹着与我在一大摞 T 恤衫中一起翻找，还怂恿我挨个试戴一套蜡笔色系的渔夫帽。尽管她并没有直接讲明，但这些帽子似乎真的很适合我。

我向布里塔妮打听其他曾雇用过她的人——我那些"消费友谊"的同好。她给我讲述了一个说话轻声细语的女人，不想孤身去参加一场派对；一个从印度德里搬到曼哈顿找工作的技术男，在纽约无亲无故，希望有人能陪着一起用餐；还有一个想在自己生病的时候能有人送鸡汤上门的银行家。"如果让你归纳一下你的典型客户的特征，你会怎么说？"我问她。她回答道："孤独、30～40 岁的专业人士，就是那种工作时间很长、似乎没有时间交朋友的人。"

■ ■ ■

这就是我们这个时代的一个印记——在今天，我可以在手机上轻敲几下就订购了一次陪伴，就像点一份奶酪汉堡的外卖那样容易。这意味着我所谓的"孤独经济"（Loneliness Economy）的涌现支撑了那些感到孤独的人士——在有些情况下，当然也要从那些人的身上获取利润。但在 21 世纪——这个我们所知的最孤独的世纪，布里塔妮所服务的那些超时工作的专业人士并非是孤独的仅有受害者——孤独的影响面要比这更为广大。

甚至在为避免新冠病毒的面对面接触传染而导致的"社交衰退"出现之前，每五个美国的成年人中就有两人认为自己很孤独。[5]

欧洲的情况也差不多。在德国，有 2/3 的人认为孤独成了一个严重的问题。[6] 接近 1/3 的荷兰国民承认自己感到孤独，1/10 达到了严重的程度。[7] 在瑞典，多达 1/4 的人说自己经常感到孤独。[8] 每五个瑞士人中就有两人表示自己有时、经常或总是有孤独的感觉。[9]

在英国，这个问题变得更加严重，以至于在 2018 年，英国首相甚至任命了一位"孤独大臣"（Minister for Loneliness）。[10] 1/8 的英国人连一个能够指望的亲密朋友都没有，而 5 年前这个比例为 1/10。[11] 3/4 的公民不知道邻居的姓名，而 60% 的英国工薪人士报告说在职场感到孤独。[12] 来自亚洲、澳大利亚、南美洲和非洲的数据同样也让人感到不安。[13]

几个月的隔离、自我封闭和保持社交距离无可避免地让这个问题进一步恶化，无论老幼、男女、婚否和贫富。[14] 全世界的人们都感到了孤独、脱节和被排挤。我们正处于全球的孤独危机之中。无论身处何地，我们之中没有人能够幸免。

■■■

在距离曼哈顿诺霍区约 6000 英里远的地方，斋藤太太刚刚睡醒。这位有两个孩子的寡居老母亲长着一张圆润的脸蛋，细小的眼睛里闪着慈祥的光芒，对于孤独她再熟悉不过了。她有相当沉重的经济负担，养老金并不足以支付她的生活费用，由于寡居且子女过于繁忙而在照料老人方面常常有所欠缺，她经常感到非常孤独。这就是为什么她采取了非常极端的行动——但这并非没有先例。

斋藤太太如今被关押在栃木县监狱之中，这是一处专门用于关押女性罪犯的设施，而她只是众多主动将牢狱生涯视为一项人生选择的日本老年人之一。在日本，由年龄在 65 岁之上的人所犯下的案子的数量在最近的 20 年里翻了两番。[15] 在这个年龄段的罪犯中，有 75% 会在五年之内再犯。典狱长福井淳子（Junko Ageno）认为孤独感无疑是产生这一趋势的关键原因——她治下犯人们的情况也向她证实了这一点。[16] 一直研究老年人犯罪现象的日本龙谷大学教授滨井浩一（Koichi Hamai）也同意这个观点。他认为，有相当数量的老年妇女之所以选择入狱，是为了摆脱她们所感受到的社会孤立感。[17] 她们一般是因为犯下诸如在商店里顺手牵羊的轻罪而坐牢的——对于铁下心来要吃牢饭的人，这是最容易实施的违法行为。40% 的这类犯人报告称很少与家人讲话，甚至根本从不与他们联系，其中有一半因入店行窃被捕的老年犯人在入狱前的几年里一直独自生活。

许多人将监狱生活当作自己的一条出路，可以让自己进入"在家时无法接触到的社群"。就像一位老年犯人解释的那样，在这个地方"总有人在附近，并不会让我心生孤独"。[18] 这种环境被另外一位 78 岁高龄的狱友 O 女士形容为"一片绿洲",身在其中就"有很多人可以交谈"。这是一处不仅能找到陪伴、还提供支持和关怀的避难所。[19]

要是让我们指出我们之中最孤独的族群,老年人是我们容易最先想到的群体。事实上,这些人的孤独程度确实要高于一般人的平均水平。

截止到 2010 年,美国养老院中就有 60% 的住客称自己从未有过访客。[20]在英国,在 2014 年有 2/5 的老年人认为电视机是他们最主要的陪伴。[21]

这一类的故事读起来让人心酸,同时也提出了我们全社会应如何照顾我们的老年公民这一沉重的问题。然而,事实上我们之中最年轻的那一部分才是最孤独的——这也许会出乎很多人的意料。

我最早意识到这一点是在几年前给研究生上课的时候。[22]通过小组作业中的互动,我明显感觉到,面对面的交流对于现在的学生来说比之前的几代人更困难。不仅如此,更让我感到震惊的是,当他们来到我的办公室倾诉自己对学业和未来前景的焦虑之时,竟有如此多的人向我吐露自己感到多么孤独。

我的那些学生并非是个别现象。

在美国,千禧一代⊖中略多于 1/5 的人会说自己根本就没有一个朋友。[23]在英国,18 ~ 34 岁的群体中每五个人当中就有三个、10 ~ 15 岁的儿童中有接近一半的比例,认为自己经常或者有时候会感到孤独。[24]

同样,这幅令人不安的景象已经成为近年来急剧恶化的全球性现象。在几乎所有的经合组织成员国(包括美国、加拿大、澳大利亚和欧洲大部分国家)中,15 岁少年群体之中声称自己在学校里感到孤独的人数的比例从 2003 年到 2015 年一直在攀升。[25]同样,随着新冠疫情的暴发,这一数字很可能还会有更大程度的提升。

⊖ 指出生于 20 世纪且在 20 世纪时未成年,在跨入 21 世纪(即 2000 年)以后达到成年年龄的一代人。——译者注

这不仅仅是心理健康上的危机，更会让我们的身体产生不适。有研究表明，孤独对健康的损害甚于缺乏锻炼，与酗酒的危害程度接近，但两倍于肥胖症。[26]统计表明，处于孤独之中相当于每天吸15根香烟。[27]关键是，这一结果与人们的收入水平、性别和年龄无关。[28]

这也是一场经济上的危机。即使在新冠疫情暴发之前，有人估计社交性孤立让美国的老年人医保每年为孤独症患者支付了超过70亿美元，超过了在关节炎上的花费，几乎与高血压差不多——但这仅包含了老年群体的数据。[29]在英国，国民医疗保健制度（National Health Service）每年为超过50岁的孤独者支付18亿英镑，几乎等同于整个住房、社区与地方政府部门（The Ministry of Housing, Communities and Local Government）的年度花销。[30]与此同时，英国雇主每年因与孤独有关的雇员病假日所造成的损失高达8亿英镑，如果将生产力损失也计算在内，那么这个金额还要大得多。[31]

此外，这还是一场政治上的危机，孤独加剧了美国、英国以及遍布全球的分裂主义和极端主义。

尤其令人感到忧心忡忡的是，我们很可能低估了这一问题实际上的严重程度。部分原因在于孤独带来的耻辱感。对于一些人来说，承认自己孤独是一件很困难的事情：在工作中感到孤独的英国员工中有1/3从未向其他人透露过自己的感受。[32]还有些人甚至内心无法接受这一点，他们认为孤独更接近于个人的失败，而非超出个人掌控的生活环境以及一系列社会、文化和经济等原因造成的一个后果。

但更严重的是，孤独的定义方式也导致了对这一问题的低估。孤独通常被定义得过于狭隘，孤独不等同于独自一人——我们可能会置身于人海之中仍感到孤独，或者独自一人却无一丝孤独之感。我们在21世纪所经历的孤独在范围上比它的传统定义要宽泛得多。

什么是孤独

为了能评估人们对孤独的主观感受，三位研究人员在 1978 年开发出了 "美国加州大学洛杉矶分校孤独量表"（UCLA Loneliness Scale）。如表 1-1 所示，这一包含了 20 道题的问卷旨在确定的内容既关注了受访者感受到的关联、支持和关心，也包括其被排斥、孤立和误解的程度。时至今日，它依然是研究孤独程度的黄金标准。[33] 本书中引用的大多数孤独研究在评估受访者的孤独程度时都使用了这一量表或其变体。

表　1-1

问题	程度			
	从不	极少	有时	经常
1. 你常感到与周围人的关系和谐吗？	4	3	2	1
2. 你常感到自己缺少陪伴吗？	1	2	3	4
3. 你常感到自己无人可信赖吗？	1	2	3	4
4. 你常感到寂寞吗？	1	2	3	4
5. 你常感到自己融入一群朋友之中吗？	4	3	2	1
6. 你常感到自己与周围的人有许多共同之处吗？	4	3	2	1
7. 你常感到自己与任何人都不亲密了吗？	1	2	3	4
8. 你常感到自己的兴趣和想法与周围人不一样吗？	1	2	3	4
9. 你常感到自己想与他人来往、想结交朋友吗？	4	3	2	1
10. 你常感到自己想与人亲近吗？	4	3	2	1
11. 你常感到自己被人冷落吗？	1	2	3	4
12. 你常感到自己与别人的交往毫无意义吗？	1	2	3	4
13. 你常感到没有人很了解你吗？	1	2	3	4
14. 你常感到自己被他人孤立吗？	1	2	3	4
15. 你常感到自己在需要时就能找到伙伴吗？	4	3	2	1
16. 你常感到有人真正了解自己吗？	4	3	2	1
17. 你常感到羞怯吗？	1	2	3	4
18. 你常感到有人在周围但自己仍缺少陪伴吗？	1	2	3	4
19. 你常感到有人可以交谈吗？	4	3	2	1
20. 你常感到有人值得自己信赖吗？	4	3	2	1

也请读者们能够花上几分钟，亲自完成这个量表。在每道题答案对应的分数上做标记，并在最后计算出总分。[34]

结果如何呢？如果你的总分超过 43，就会被认定为孤独。[35] 但是如果我们用更宽泛定义的孤独来重新做一次测试——不仅限于与朋友、家人、同事和邻居的关系（UCLA 量表更典型地考虑了这些关系），还包括与雇主、同胞、政客乃至自己的国家的关系——最终的分数又会受到什么样的影响呢？

我对孤独的定义（这个定义将贯穿本书）与传统定义有一个关键的区别：我定义的孤独不仅仅是对失去爱、陪伴或亲密关系的感受，也不仅仅指那些日常与我们打交道的人们，比如我们的伴侣、家人、朋友和邻居，让我们感到了被置之不理、视而不见或漠不关心，我定义的孤独还与感到缺少来自我们的同胞、我们的雇主、我们的社群、我们的政府的支持和关怀有关。这种孤立感，不仅来自那些我们本应该感到亲密的人，也来源于我们自身。这不单单是关于在社会或家庭的环境中缺少支持，也包括在政治和经济上感受到了被排挤。

我将孤独定义为一种内在的状态，同时也是一种存在的状态，包括个人的、社会的、经济的和政治的。

因此，我的定义更接近于埃米尔·涂尔干、卡尔·荣格和汉娜·阿伦特这类思想家，和艾萨克·阿西莫夫、奥尔德斯·赫胥黎、乔治·埃利奥特等作家，以及最近播放的《黑镜》的编剧查利·布鲁克的设想。[36]

经过全球化、城市化、日益加剧的不平等及权力不对等、人口结构的变化、加速的流动性、技术的颠覆、经济的紧缩以及当今新冠病毒等因素的重塑，我确信孤独在当代的表现形式已经不只是我们向往着跟身边之人的交往、我们对爱和被爱的渴求以及当我们认为自己失去了朋友时感到的悲伤。它还包含了我们感受到我们自身与政客和政治相脱节的程度，我们自身与工作及工作场所格格不入的程度，我们中许多人感到未能享受社会进步带来的益处的程度，以及我们中许多人认为自己是无力的、被忽视的和缺乏声音的程度。这是一种这样的孤独，它包括我们渴求与他人亲近的欲望，只是这种欲望更加强烈，因为它也是我们被倾听、被看到、被关心、有代表以及被公平、友善和尊重地对待之需求的体现。孤独的传统度量方法只能针对其中的一部分。

牢记这个定义，扪心自问：我们最近一次感到与周围的人格格不入是在什么时候？无论这些人是我们的家人、朋友、邻居、还是同胞。我们最近一次感到被自己所选出来的政客们忽略或无视是在什么时候？或者什么时候感到在位高权重者之中，无人关心我们的挣扎和苦难？我们最近一次在工作中感到无力或被忽视又是什么时候？

并不是只有我们是这样的。

在新冠疫情暴发之前的岁月里，生活在西方国家的人之中有 2/3 并不认为自己的政府会维护他们的利益。[37] 全球 85% 的雇员感到他们与所在公司和自己的工作脱节。[38] 并且只有 30% 的美国人相信其他大部分人是能够被信任的，相比 1984 年的 50% 有极大程度的下滑。[39] 世界可曾有过如此分化的时期？

我们如何沦落到这个地步

这种情况的发生并非偶然，也不能一夜之间凭空出现。只有存在一个大的背景，并且在众多原因和事件的合力下，才能够解释为何无论是个人还是整个社会，都变得如此孤独和原子化。

正如许多人猜测的那样，我们的智能手机，特别还要加上社交媒体，在这其中发挥的作用是其他事物无法企及的——它们将我们的注意力从身边人的身上窃走，催生了人性中最差的部分，以至于让我们变得更为易怒和喜好拉帮结派，让我们为了追求点赞、转发和关注而表现得更加戏剧化和强迫化，侵蚀了我们有效沟通或在沟通中带有同理心的能力。这一点在新冠疫情隔离期间尤为显著。教皇在 Facebook 上直播每日的弥撒。DJ D-Nice 在 Instagram 上举办了一场超过 10 万人参加的舞会。Facebook 上的本地群组如雨后春笋般涌现——原本彼此从不打招呼的邻居在上面分享"如何维持清醒"的小技巧、Wi-Fi 密码和婴儿奶粉等。但与此同时，种族主义攻击和仇恨言论在社交媒体上不断升级，阴谋论的传播比以往更迅速，连婚姻指导顾问也告诉我，他们的客户中感到孤独的人数出现了激增，因为这些人的伴侣在如今比平时更沉迷于手机。[40]

但我们的智能手机和社交媒体只是这张大拼图上的两块拼图，导致今日孤独危机的原因是多种多样的。

可以确定的是，结构性和制度性的歧视仍旧是其中的一项原因：2019 年英国一项针对近千人的研究发现，在工作之中或所在社群中遭遇的种族、民族或仇外歧视，会导致人们感受到孤独的概率提升 21%。同时，2020 年一项针对 1 万多名美国人的调查证实，黑人和西班牙裔在工作中比白人同事更容易有孤独感，也明显感到更多地被排挤。另外，作为性别歧视行为中的受害者的孤独感也更容易增加。[41]

但除了这些长期存在的结构性缺陷之外，导致孤独的其他新的驱动因素也开始显现。大规模地向城市迁徙、职场的激进重构以及我们生活方式的根本性改变也同样是一些关键的因素。现在，我们"独自去打保龄球"比 2000 年政治学者罗伯特·帕特南（Robert Putnam）出版的那本关于美国日常生活的里程碑式著作《独自打保龄》（*Bowl Alone*）描绘的场景更常见，甚至我们彼此之间的交流也越来越少，至少传统方式的交流就是如此。在世界上的很多地方，相比十年前，人们更不常去教堂或犹太会所，更不愿意参与学校家委会或参加工会组织，更不喜欢与他人一起吃饭或生活，也更不太可能有一个密友。[42] 我们身体上的接触（相互爱抚）也更少了。

这种由来已久的趋势如今已经演变为，即便是在"一起"做事的人越来越多，也不需要有人真的出现在现场：我们在手机应用上"参加"瑜伽课，与智能客服而非人类销售员"交谈"，在我们的客厅里在线做宗教礼拜，在亚马逊无人超市（Amazon Go）上购物——在网购巨头的新型连锁杂货店里，人们可以做到不接触任何一个人类就把商品带回家。在新冠疫情暴发之前，零接触就开始变为我们的生活方式，而且是我们的主动选择。

与此同时，说轻了，人类社群的基础架构（我指的是各类人能够相遇、相交、相知的物理空间）至少是被严重地忽视了；说重了，这些空间几乎是被我们主动破坏了。其实早在 2008 年之前，很多地方就已经出现了这种变化，然而在金融危机的余波之中，各国政府的财政紧缩政策沉重地打击着世界上许多地方的图书馆、公园、游乐场、青年中心和社区中心，破坏的进程显著地加速了。比如在英国，2008 ～ 2018 年，有1/3 的青年俱乐部和接近 800 所的公共图书馆被关闭，而美国联邦图书馆基金在 2008 ～ 2019 年缩水了 40% 以上。[43] 这类事件有如此深远影响的原因，不仅在于这些地方可以让我们聚到一起，还在于在这里我们能学会如何与异于自身的人和平共处以及面对不同的观点。如果没有这种能让大家聚在一起的场所，我们彼此之间将不可避免地越来越疏离。

同类相残

我们如今的生活方式、工作的不稳定、人际关系的反复无常、当代城市的建造方式和办公室的设计方式、我们对待彼此的方式和政府对待我们的方式、我们对智能手机的成瘾甚至我们的"爱"的方式，都是我们变得如此孤独的原因。但我们必须回溯到更久之前，才能全面理解我们如何变得如此脱节、孤立和封闭。这是因为，21世纪孤独危机所根植的意识形态的出现早于数字技术，早于近年来的城市化浪潮，早于这个世纪工作场所的深刻变革，早于2008年的金融危机，当然更要早于新冠疫情的暴发。

让我们回到20世纪80年代，当时有一种特别强势的资本主义形式大行其道——新自由主义，这是一种强调自由压倒一切的意识形态——"自由"的选择、"自由"的市场、不受政府和工会干涉的"自由"。它视若珍宝地理想化了自力更生、小政府以及将个人利益置于社群和集体利益之上的残酷竞争心态。由于最早由英国首相撒切尔夫人和美国总统里根所倡导，后来又得到了英国首相托尼·布莱尔、美国总统比尔·克林顿和德国总理格哈德·施罗德等"第三条道路"（Third Way）政治家的拥护，这一政治计划在过去的几十年里主导着商业和政府的实践。

新自由主义之所以在当今的孤独危机中发挥着根本性的作用，首先是因为它在短时间内造成了世界上许多国家内部收入和财富差距的显著扩大。[44] 在美国，1989年时，CEO们的平均收入是普通工人薪水的58倍，但到了2018年，他们的收入差距变成了278倍。[45] 在英国，最顶尖的1%家庭的收入占比在过去40年里提升了两倍，最富有的10%家庭所拥有的财富是最底层的50%家庭的5倍。[46] 结果是，有相当多的人口在非常长的一段时间里认为自己被遗弃了，他们在一个只属于赢家的社会中被打上了失败者的标签，不得不面对工作和社群的庇护传统正在瓦解、社会安全体系正在被侵蚀以及自己的社会地位正在衰落，并挣扎着在这个世界中自生自灭。虽然属于高收入阶层的人也会孤独，但在那些经济水平较低的人群中孤独者的比例更高。[47] 鉴于当前的失业率和经济上的困难，我们需要特别注意这一点。

其次，新自由主义给了大公司和大金融机构更多的权力和更少的束缚，允许股东们和金融市场制定游戏规则和雇用条款，却罔顾这样做会让工人们和整个社会付出过于高昂的代价。就在这个世纪之交，全球认为当前形式的资本主义弊大于利的人数创下了纪录。德国、英国、美国和加拿大差不多有一半的人口相信这就是事实，还有很多人感到自己的国家受到市场的奴役太深，以至于已经不再保护他们或在乎他们的需求。[48]如此无人呵护、被忽视的无力感其实就是孤独。在 2020 年，各国政府为支持其公民而采取的庞大的干预措施与之前施行了 40 年的经济理念完全背离。而罗纳德·里根在 1986 年的一段言论"英语中最可怕的一句话是'我是政府派来提供帮助的'"正是之前那股理念的写照。然而，即使是新冠疫情下各式的刺激方案确实预示着新方法的萌芽，但新自由主义长期的社会和经济影响将无可避免地需要很长的时间才能消除。

最后，新自由主义不仅深刻地重塑了经济关系，还改变了人与人之间的关系。因为新自由主义从来不单纯是一项经济政策，就像撒切尔夫人在 1981 年接受《星期日泰晤士报》(Sunday Times) 的采访时所说的："经济学是一种方法，其目标是改变内心和灵魂。"[49]新自由主义在很多方面成功地实现了这一目标。因为新自由主义借助对一些品质的鼓吹，比如进行超强竞争 (hyper-competitiveness) 和追求自身的利益，而罔顾更广泛的后果——从根本上改变了我们如何看待彼此，改变了我们如何理解对他人所负的责任。

这并不是说人类的本性是自私——进化生物学的研究成果也表明我们并不是那样的。[50]但由于政客们积极鼓吹一种利己的、同类相残的思维模式，以及"贪婪是好的"（1987 年的电影《华尔街》(Wall Street) 中从戈登·盖柯口中说出的著名金句）成为新自由主义的座右铭，诸如团结、善良和互相关爱等品格不仅仅被低估，更被当作无足轻重的人类本性。在新自由主义之下，我们全部沦为了"经济人"（homo economicus）——只为自身利益服务的理性人类。

我们甚至在我们的语言演化过程中注意到了这一进程。自 20 世纪 60 年代以来，"归属""责任""分享"和"共同"等集体主义词汇已越来越多地被"获取""拥有""个人的"和"特殊的"等个人主义词汇和短语所取代。[51] 在过去的 40 年里，连流行歌曲中的歌词也变得更加个人主义——在这一代人的抒情想象中，"我们"和"我们的"等代词已经被"我"和"我的"所替代。[52] 1977 年，皇后乐队唱给我们听的是"我们是冠军"，鲍伊（Bowie）说"我们可以成为英雄"。但到了 2013 年，卡尼·韦斯特（Kanye West）则告诉人们"我是上帝"，而爱莉安娜·格兰德（Ariana Grande）在 2018 年发行的破纪录专辑《谢谢，下一位》（*thank u, next*）就是她写给自己的情歌。

新自由主义让我们将自身视为竞争者而非合作者、消费者而非公民、囤积者而非分享者、索取者而非给予者、钻营者而非助力者——人们不光因为没有时间而无法帮助邻居，甚至连邻居的名字都不知道。在很多方面，这称得上是一个理性的反应。因为在新自由主义之下，如果连我自己都不为"我"考虑，那么又有谁会呢？市场吗？国家吗？我们的雇主吗？我们的邻居吗？这些都不太可能。问题是，在一个"以我为中心"的自私社会里，人们觉得自己必须照顾自己，因为其他人都不会照顾你——这必然是一个孤独的社会。

这样下去很快变成了无法打断的永动循环。这是因为，为了"不"感到孤独，我们既需要给予也需要接受，既需要关心也需要被关心，更要善待彼此、尊重周围的人，同样也希望自己被同等对待。

如果我们要在一个四分五裂的世界中走到一起，我们就需要将资本主义与追求共同利益统一起来，让关爱、同情与合作成为世界的主旋律，并将这些行为延伸到与我们并不相同的人的身上。这才是真正的挑战——不仅要和与我们相似的人重新建立联系，还要融入于我们终将归属的更广义的社群。在后疫情时代的世界中，做到这一点比以往的任何时候都更紧迫，也更有可能实现。

本书的目的并非仅仅为了阐明 21 世纪孤独危机的范围、我们是如何走到今天的地步以及如果我们不做出应对情况会恶化到何种程度。它更像是对采取行动的呼唤。对于政府和企业来说，孤独当然存在必须加以解决的明确结构性驱动因素，但对我们个体来说也当如此。

因为社会不只单方面地影响到我们，我们同样也会影响社会，我们参与其中并在改造着社会。所以，如果我们想阻止孤独的毁灭之路、恢复我们曾经失去的社群归属感和凝聚力，我们需要承认必须采取一些措施并不得不在很多事情上做出取舍——个人主义与集体主义、个人利益与社会福利、匿名与熟识、图自己方便与照顾他人感受、对自身有利与对社会更好、自由与友爱。这些选项并不一定是势不两立的存在，但至少也要放弃新自由主义所应许的一部分自由——有些自由是错误的，放弃它们对我们来说算不上什么代价。

本书的核心是让我们意识到，我们中的每一个人在缓解孤独危机方面都能发挥重大的作用。即使让社会脱节的进程在很大程度上是由政府、机构和大企业所造成的，但重新连接社会却不能仅仅靠这些大型组织自上而下的推动。

所以，我将在整本书中涵盖我们可以用于扭转当前分裂、封闭和孤独的趋势的诸多思路、想法和实例——不单纯包括政治和经济层面上的，还有个人层面上的。

这确实是一个孤独的世纪，但也不必一定这样下去。

未来掌握在我们的手中。

| 第 2 章 |

孤独会致命

"我的嗓子痛。火辣辣的，可真疼啊。我上不了学了。"

这是在 1975 年，收音机里正在播放着《波西米亚狂想曲》，撒切尔夫人在近期当选为反对党领袖，越南战争刚结束，这也是我的扁桃体在那一年里第六次发炎。

我母亲又一次带我去看医生。她又给我吃了氨苄青霉素——一种混着棉花糖和茴香味道、甜得发呕的抗生素。她又给我准备了捣烂的香蕉泥和切碎的苹果块——这是我那发了炎的喉咙唯一能吞下的东西。我还是去不了学校。

对我来说，1975 年是持续的喉咙痛、流鼻涕和反复染上流感的一年，也是沙伦·普茨在我的小学里称王称霸的一年。这一年我最感到封闭、被排挤和孤单。每一天在课间休息的时候，我都会独自坐着，盯着操场另一头的孩子们跳绳和玩跳房子，期待他们会来邀我一起玩，但他们从没有来过。

乍看上去，似乎很难将我那时候体会到的孤独程度与肿大的扁桃腺和干哑的喉咙扯上什么关系。但事实证明，孤独在肉体上也是有所体现的，并且我们也会在本章中认识到，一副孤独的身体是不健康的。

孤独的身体

让我们回想最近一次感受到孤独的情形。它可能只持续了很短的时间。我们的身体有什么感受呢？孤独存在于身体中的什么部位呢？

我们经常把孤独的人想象为消极、安静、沉默的人士。事实上，当我们之中很多人回忆起自己人生中最孤独的时光时，很少人会马上想起小鹿乱撞般的心跳、狂乱的思绪或其他高压环境中的典型表现。孤独反而会让人联想到与安静有关的状态。但是身体中孤独感产生的化学反应——孤独在身体中的存在，以及它在我们血管中传递的激素，本质上与我们受到攻击时的"战斗或逃跑反应"（fight or flight reaction）并无不同。[1] 正是这种应激反应（stress response）助长了孤独最为隐匿的一些健康危害。[2] 这些危害可能是非常严重的，在最糟的情况下甚至是致命的。所以当我们谈论孤独的时候，我们不仅要谈论精神上的孤独，还要关注身体上的孤独。这两者当然是不可分割的。

这并不是说我们的身体对应激反应还不习惯——我们会非常频繁地遭遇应激反应。工作中的一次重要报告演示、骑行时险些遭遇的意外、看足球比赛的点球大战，这些都是很常见的压力诱因。但是通常在"威胁"消失之后，我们的一些生命体征（脉搏、血压、呼吸等）会恢复到正常水平。我们安全了。然而，在一个孤独的身体里，无论是压力反应，还是其后至关重要的平复过程，都不会按照正常的方式进行。

当一个孤独的身体感受到了压力，胆固醇水平的提升速度比不孤独之人要快很多，血压也升得更快，皮质醇即"压力荷尔蒙"的水平上升得更快。[3] 而且，随着时间的积累，这些暂时性的血压升高和胆固醇上升会让那些长期孤独之人的杏仁体（大脑上负责这类"战斗或逃跑反应"的组织）通常比正常人更长久地保持着"有危险"的信号。[4] 这会导致制造出更多的白细胞以及炎症的产生，在遭受急性应激时这可能产生强力的提升效果，但如果持续的时间过长，就会带来毁灭性的副作用。[5] 因为，如发生慢性的炎症、免疫系统的超负荷或表现不佳，孤独的身体就容易患上其他疾病，包括普通感冒、流感和我从 1975 年就有的宿疾——扁桃体炎，而这些疾病对于正常人是非常容易痊愈的。[6]

孤独的身体也更容易让人患上一些严重的疾病。如果我们很孤独，患上冠心病的风险会增加 29%，中风的风险会增加 32%，临床痴呆的风险会增加 64%。[7]如果我们感觉孤独或社交封闭，那么早逝的概率比不孤独的人要高出近 30%。[8]

孤独的时间越久对我们健康的危害越大，即使是相对较短的孤独时期也会对我们的健康产生负面的影响。[9]巴尔的摩约翰·霍普金斯大学的一个团队曾在 20 世纪六七十年代做过一项研究，他们跟踪了年轻的医学院学生长达 16 年，目标人群表现出了一项显著的模式——童年一直孤独、并且亲子关系冷淡的学生更有可能在后半生患上不同类型的癌症。[10]之后，2010 年针对那些曾经历过一段孤独期（这里指的是由某个特定的事件带来的孤独，比如伴侣的死亡或搬家到了一个新的城市）的人们的一项研究发现，尽管他们的孤独时期并不长（持续不到两年），但他们的期望寿命减少了。[11]鉴于我们中有许多人在 2020 年有过被强制隔离的经历，这让我们心头响起了警钟。

我们在后面还会回到为什么孤独能对我们的身体造成如此大的破坏这一话题。但首先，让我们考虑到一个能够在许多方面对抗孤独的事物——社群（community），以及它对我们健康的影响。因为如果孤独会让我们生病，那么与他人有联系的感觉是不是就能让我们保持健康？

哈瑞迪教派的健康之谜

黄油味、奶油味、咸咸的味道、甜甜的味道。犹太可颂饼（ruggaleh）简直是入口即化。第一口咬上"jerbo"千层糕（一种匈牙利犹太人的传统糕点）给我的感觉也是如此，它是由巧克力、核桃仁和杏子酱一层层地叠在一起的。我在以色列的伯尼布莱克逛了卡茨烘焙店（Katz's Bakery）。这可是"哈瑞迪饕餮"之旅中最受欢迎的一站。

哈瑞迪教派是犹太教极端正统中的一个支派，其起源可以追溯到 19 世纪晚期。[12] 如今，这一群头戴黑帽、身穿白衬衫、衣着保守的团体人数约占以色列全国总人口的 12%，预计到 2030 年这个比例将会上升到 16%。[13] 我发现卡茨烘焙店里的所有糕点都极其美味。然而，这些美食绝对无益于健康。事实上，黄油、糖和脂肪这些成分很好地解释了为什么哈瑞迪犹太人中出现肥胖的概率是以色列世俗犹太人的 7 倍。[14] 负责我们这次旅行的是一位名为皮尼的哈瑞迪犹太人，他很幽默。当我问他传统的哈瑞迪饮食中会包含多少蔬菜和纤维时，他说非常少。

饮食结构并非哈瑞迪人生活方式中唯一的不健康因素。尽管以色列是一个全年平均有 288 个晴天的国家，哈瑞迪人还是严重缺乏维生素 D。他们保守的着装准则意味着在日常生活中，他们连手腕部位都照不到阳光。而体育锻炼呢？任何激烈的活动都要尽量避免。[15] 无论用现代的哪种标准来衡量，皮尼和他的同胞们显然都过着不健康的生活。

哈瑞迪人在经济上也没有什么保障。大多数男人会选择不工作而去专门研究《律法书》（Torah），而且尽管 63% 的哈瑞迪女性有工作，并通常是家里的经济支柱，但由于她们在很大程度上还要照顾家庭（哈瑞迪妇女平均会生育 6.7 个子女，比以色列全国的平均数多 3 个）[16]，大多数人的工作时间还是会少于非正统派的女性。她们还通常会从事教师等薪酬水平相对较低的工作。[17] 结果是，超过 54% 的哈瑞迪人生活在贫困线之下，相比较而言，非哈瑞迪的犹太人之中只有 9% 的生活水平低于贫困线。哈瑞迪人通常每个月的人均收入（3500 新谢克尔⊖）也只有非哈瑞迪

⊖ 按当前汇率，不到 7000 元人民币。——译者注

的犹太人的一半。[18]

基于以上所有的指标，人们会判断哈瑞迪人的预期寿命要短于一般以色列人。毕竟，世界上绝大多数的研究表明，长寿与健康饮食、体育锻炼以及社会经济地位之间存在显著的正向相关性。

然而令人感到神奇的是，哈瑞迪人的表现似乎反其道而行之——73.6% 的哈瑞迪人形容自己的健康状况"非常好"，而其他族群中，这一比例只有 50%。[19] 如果不是因为哈瑞迪人的预期寿命确确实实高于平均水平，[20] 我们可能会忍不住对这一统计数据嗤之以鼻——认为不过是哈瑞迪人自我感觉良好、一厢情愿罢了。大部分哈瑞迪人所居住的几个以色列城市，在预期寿命方面无一例外都远高于全国的平均水平。[21] 在哈瑞迪派人口占比达到 96% 的伯尼布莱克，新生儿的预期寿命要比根据该城市社会经济排名的预测值高出了整整 4 年。[22] 总体而言，在哈瑞迪人主要居住的几个城市中，哈瑞迪的男性寿命比预测值高出 3 年，而女性寿命比预测值多了将近 18 个月。另外，其他的研究也发现，根据自述的生活满意程度调查，哈瑞迪人的得分也高于世俗的或信仰虔诚度一般的以色列犹太人或阿拉伯裔以色列人。[23]

当然也有一个可能的原因，在如今形成的这个群体之中，很多哈瑞迪人的祖先都来自同一个波兰或俄罗斯的犹太人村庄，而且绝大多数人互相通婚、共同拥有某种特殊的基因组合，使得他们先天就健康状况良好。但在现实中，长时间缺少外来的新鲜基因注入会让族群更有可能产生家族性遗传疾病，而不会造成群体性的长寿。

人们可能也会认为哈瑞迪人的健康秘诀在于他们的信仰，因为有多项研究表明信仰会带来健康红利。然而，导致这种红利的原因更多地被认定为参加与宗教相关的团体活动，而信仰本身只占很小的一部分。[24] 正如一项被广泛引用的研究表明，参加一些宗教仪式，而不是简单地证明自己是虔诚的，可能会使人们的预期寿命增加 7 年之多。[25]

尽管由于新自由主义对个人主义和利己主义的重视，社群的价值遭受了种种否定，但对于健康，社群似乎拥有其独到的好处。而对于哈瑞迪人来说，团体生活就是他们的全部。

这一紧密团体中的成员在他们几乎全部清醒的时间里，都在一起祈祷、一起做义工、一起学习、一起工作。在他们的日常生活中，一年到头有很多圣日和节日，都要求社群的成员们聚集到一起。在住棚节（Sukkot），主人家会邀请客人们住进苏克棚（sukkah）——在这种有着棕榈叶屋顶的临时建筑物里，他们要同吃同住一个星期。在普林节（Purim），街头上会充斥着奇装异服的各色狂欢者——弥漫着狂欢节和万圣节相结合的氛围。在光明节（Hanukkah），邻居们、朋友们还有邻居们的朋友们共同点燃"七枝烛台"（menorah），吃着果酱甜甜圈。婚礼、受诫礼（bar mitzvahs）和葬礼每次都会吸引到成群的人们，聚在一起好几天都不散。当然还有每周五的晚上，大批的孙儿、表亲、表亲的表亲还有亲家，会欢聚在餐桌旁共享晚餐，一起守着安息日。

然而，哈瑞迪人并不仅仅是在一起祈祷、一起玩乐。若是有人陷入危机或者有需求，他们还会相互提供切实的帮助和支持。帮助照看孩子、提供饮食、送医送药、提出建议和忠告甚至还有必要的资助，只要生活陷入困难，他们就会互相支持。因此，哈瑞迪人当中只有 11% 会声称感到孤独，而在以色列全部人口中，这个比例是 23%。[26]

以色列内盖夫荒漠本 - 古里安大学的卫生经济学和政策教授多夫·切尔尼霍夫斯基（Dov Chernichovsky）多年来一直在研究哈瑞迪人。他认为，虽然宗教信仰对于哈瑞迪人高出平均的预期寿命起到了一定的作用，但他们家庭中和团体中的强力纽带才是更关键的因素。[27] "孤独缩短寿命，友谊缓解压力。"这位教授言简意赅地总结。对于哈瑞迪人来说，他们互相提供的照料和支持可能就是让他们更长寿、更健康的秘方。

社群对健康有益

在这一方面，哈瑞迪人并非孤证。早在 20 世纪 50 年代，在宾夕法尼亚州的罗塞托小镇，由于当地的医生注意到本地居民患心脏病的比例远低于邻近的小镇，人们第一次认识到了团体对健康的益处。通过进一步调查，他们发现，尽管罗塞托的男人们大多在附近的采石场从事着艰苦的工作，抽着不带过滤嘴的香烟，吃着猪油浸泡过的肉丸，每天还要痛饮葡萄酒，但他们中 65 岁以上男性的死亡率仅为全国平均水平的一半。[28] 怎么会这样？研究人员得出结论，以意大利裔美国人为主的罗塞托人那种坚如磐石的家庭关系和社群支持，为他们带来了巨大的健康红利。1992 年的一项后续研究梳理了罗塞托人整整 50 年的健康和社会记录，为这一论点找到了更多的证据。到 1992 年，罗塞托的死亡率已经上升到了全美的平均水平——这是由于 20 世纪 60 年代末以及在那之后"传统上紧密的家庭和社群关系受到了侵蚀"。[29] 随着当地的富人们开始以更加阔绰的方式炫耀他们的财富，当地的商店又因为更大型的连锁大卖场开到郊区而纷纷倒闭，带围墙庭院的独栋住宅替代了多代同堂的生活居所，团体生活对罗塞托人的健康保护作用也就消失了。[30] 其他一些紧密的社群保护其成员健康的例子，还包括在意大利撒丁岛和日本冲绳岛上过了一辈子的当地居民，以及加利福尼亚州洛马琳达的基督复临安息日会（Seventh-Day Adventists）。这些地区被称为"蓝色地带"（blue zones）——在这一类的地方生活，不单是饮食习惯能让人们特别长寿，那里稳固和持久的社会关系也起到了很大的作用。[31] 正如创造出

"蓝色地带"这一称谓的美国"国家地理杂志奖"获奖者丹·布特尼（Dan Buettner）所说的，像在伯尼布莱克或罗塞托这样的地方，20世纪50年代的时候"人们不可能一出家门连一个自己认识的人都看不见"。[32]

不要将社群过于浪漫化，这也是非常重要的。根据社群的定义，它是排外的，同时可能极度地孤立外来者，并对其抱有敌意。它们通常不允许存在差异或标新立异，无论是不同的兴趣、非传统的家庭结构，还是其他的信仰或生活方式。比如，在哈瑞迪派和基督复临安息日会中，那些不遵守团体规范的人可能会发现，自己会被不近人情且决绝地快速扫地出门。

然而对于这一类圈内人来说，社群又显然能够带来健康红利。这个红利不仅源自社群所提供的实质性支持或放心有人会支持自己所带来的安全感，更在于某些嵌入我们进化历程中更本源的东西——我们天生就不该是独自一人。

"共同"的生物

与其他全部的灵长类动物一样，人类也是社会性的动物。从母亲和婴儿之间原始的化学纽带，到更大的家庭单位，乃至如今庞大的民族国家，我们的正常运转都依赖于复杂、紧密联系的集体。事实上，人类能爬升到地球的行星食物链顶端，在很多方面都可以归功于我们对于"共同"的狂热——从为了食物我们发展出精密的集体狩猎采集技术，到为了安全我们创造的群体防卫策略。[33]在人类的发展历程中，直到近代，独自一人还是非常容易遭遇死亡——在一个依靠群体才得以生存的世界里，人类是极为脆弱的。与他人保持联系是我们天生的、实际上最渴望的状态，无论我们是否能意识到这种内心的渴望。

这就是为什么"不与人联系"会对我们的健康造成如此深的不利影响。为了鼓励我们脱离根本不利于我们生存的状态，生物进化为我们配备了应对孤独的生理反应，提升身体的警觉，让我们在生理上和心理上感受到不愉悦，让我们有动力尽快结束孤独。

在某些方面，当感受到与他人的疏远之时，我们有能力体会到孤独、痛苦和焦虑，这是一项我们在进化过程中获得的绝佳特质。美国芝加哥大学教授约翰·卡乔波（John Cacioppo）是研究孤独的先驱人物之一，他这样说道："你们绝对不希望切断对孤独的感知能力。这就像完全屏蔽饥饿感一样，那样我们就会丧失进食的信号。"[34]

然而当今的世界与我们祖先进化出这种感知能力的环境相比，有了如此大的差异，以至于这一特质看起来更像是个累赘，而不是一项有用的功能。所以，正如伦敦大学学院附属医院的安东·伊曼纽尔（Anton Emmanuel）教授向我解释的那样，由孤独所引发的应激反应就像是让汽车挂在第一档上行驶——这是获得加速的最有效方式，能让车子开动起来。但若要是在整个行程中都保持在第一档上，甚至更糟的是，有多个行程都在使用这个第一档，那么汽车的发动机就会出现过速、疲劳和损坏。依照设计理念，汽车就不该一直保持在第一档位上，就像我们的身体天生不是为了不断地感到孤独。如此说来，一次次暴露在这种压力下的身体必然会出现损伤的迹象。又何必为此感到惊讶呢？

著名的 18 世纪苏格兰人威廉·卡伦（William Cullen）是最早将孤独和疾病联系起来的医师之一。卡伦的一位病人"雷太太"患有一种怪病，对此卡伦开出的处方包括可可、骑马以及陪伴——最后这一点对本书来说，也是最重要的事物。"不管有多么不情愿，她都应该多见见她在国内和国外的朋友，"他建议道，"要避免沉默和独处。"[35]

到如今，良好的关系对健康的益处已经在许多研究项目中得到了证实。在著名的哈佛成人发展研究（Harvard Study of Adult Development）中，研究人员从 1938 年开始对 238 名哈佛大学大二的男生进行了长达 80 多年的跟踪研究——实测了他们的运动量、婚姻和事业的发展情况，以及他们最终的寿命[36]（最初的招募对象包括后来的美国总统约翰·肯尼迪和《华盛顿邮报》编辑本·布拉德利，后者的大名因汤姆·汉克斯在电影《华盛顿邮报》中的演绎而成为经典）。结果表明，那些在 80 岁时最健康的人，就是那些在之前的 30 年里对自己的人际关系最满意的人。并不是完全只是那些有幸在 20 世纪 30 年代进入哈佛大学的人才能获益，通过相同时间段的跟踪，这一点在波士顿市中心居民（一个更为多样化的群体样本）之中也同样有所体现。该研究如今的负责人罗伯特·瓦尔丁格（Robert Waldinger）表示："照顾好自己的身体十分重要，但留意自己的人际关系也是一种自我照顾。我认为，这就是（上帝的）启示。"[37]

我们当然可以分辨出什么是糟糕的人际关系，什么又是孤独。正如之前所强调的那样，孤独不仅体现在我们自认为与其他个人的关系上，也反映我们感受到与群体、制度以及整个社会的联系。从数以百计的医学研究中可以看出，社群和牵挂感有益健康，但孤独，即使是最狭义的孤独，也会带来危险。

所以问题在于，到底孤独仅仅是我们生活中诸多危害身体健康的压力源之一，还是孤独会引发某种特别的压力，从而带来严重的长期健康问题？答案似乎介于两者之间。

一方面，孤独的身体就是一副有压力的身体——它容易疲倦，反复发炎。炎症本身并不一定就是不好的。正常程度的发炎确实是有益处的，它是人体抵抗感染和修复损伤的防御机制的一部分，主要功能是发现受损的组织，并帮助身体愈合。事实上，如果没有炎症反应（典型的症状是红肿），自愈机制就不会发生。[38] 问题在于当致病的威胁减轻或损伤愈合之后，正常的炎症就会消失。对于孤独，尤其是长期的孤独，并没有"关闭按钮"来提醒身体平静下来。因此，孤独引发的炎症可能会变成慢性的——这是一种新常态。[39] 慢性炎症与动脉栓塞、心脏病、中风、抑郁症、关节炎、阿尔茨海默病和癌症等一系列的顽疾有关。事实上，在2012 年有关这个方向的一篇医学文献综述指出，长期以来被认定与传染性疾病有关的慢性炎症，现在也"与相当广泛的非传染性疾病密切相关"，还令人不安地补充说"甚至有可能与所有的非传染性疾病有关"。[40]

另一方面，孤独也是一种压力，可以极大程度地放大其他压力的作用。以免疫系统为例，健康的身体具备多种机制对抗侵袭，无论侵袭来自病原体（细菌和病毒）还是癌细胞。孤独已经被证实会降低身体对抗这两种威胁的效力——它让我们更虚弱，更容易染上疾病，特别是感染病毒。[41]

而且，孤独不仅仅让我们处于持续的"高度警觉"状态（相当于一辆车连续 8 个小时在第一档上行驶），还会损害我们的免疫系统，并且在细胞和荷尔蒙的层面上，我们也会受到影响。一项颇具影响力的研究表明，孤独会损害一些内分泌腺的功能，这些遍布身体的内分泌腺会分泌激素，与我们的免疫反应息息相关。[42] 加利福尼亚大学洛杉矶分校医学和精神病学教授史蒂夫·科尔（Steve Cole）同时发现，孤独之人的血液中去甲肾上腺素的水平要高得多——这种荷尔蒙会在危及生命的情况下逐渐关闭对病毒的防御机制。这类免疫的弱化还会涉及癌症——人体通常通过"自然杀伤（NK）细胞"摧毁肿瘤细胞及受病毒感染的细胞来部分地抵抗癌症。一项对医学院大一学生的研究表明，较为孤独的成员体内的 NK 细胞活性会比其他同学低得多。[43]

就像孤独可能会引发各种疾病，若是我们本来就身体不适，孤独也会阻碍我们的康复。正如伊曼纽尔告诉我的"我可以百分之百确定，孤独会影响到健康和恢复。如果孤独的病人与不孤独的病人接受同样的治疗，不孤独的那位会好得更快。就像同样在治疗克罗恩氏病，不吸烟的人的治疗效果就会好于吸烟的人，相同的情况也会发生在孤独的病人和不孤独的病人身上"。

有数据支持这一点。例如，社会性封闭的病人之中，在遇到紧张的事件后，血压（以及男性的胆固醇水平）需要更长的时间才能平复。同样，孤僻老人的平均寿命低于有固定社交老人的主要因素被认定为，孤独之人在诸如中风、心脏病发作和手术等事件后，"重置"身体炎症水平的能力下降。[44]

正如英国皇家全科医师学院的院长海伦·斯托克斯－兰帕德（Helen Stokes-Lampard）2017 年在该机构的年度会议上所说的那样："就其影响患者的健康和幸福而言，社交封闭和孤独就类似于一种长期的慢性疾病。"[45]

孤独呵孤独，我独自一人

当然，孤独不仅仅损害我们的身体。就像柯尔律治诗中的古水手在谈及"孤独呵孤独，我独自一人，在那辽阔无际的海面！"的感受时，他指出了这正是"心灵上的痛苦"。孤独还会导致严重的精神创伤和痛苦。

诚然，文学作品中就充斥着孤独的人类，他们也同样生活在抑郁或精神失常之中——从夏洛特·珀金斯·吉尔曼（Charlotte Perkins Gilman）1892 年的短篇小说《黄色墙纸》（*The Yellow Wall*）中的无名主人公，由于"轻度歇斯底里的倾向"被禁锢在一个单独的房间里而逐渐患上了幻觉性妄想，到盖尔·霍尼曼（Gail Honeyman）2017 年科斯塔奖（Costa awards）获奖小说中的埃莉诺·奥利芬特，她的孤独不但会自我强化，还阻挠了她从过去创伤中的恢复。

然而，相当令人惊讶的是，直到最近十年左右，精神医学领域才开始将孤独视为一类特别的心理体验进行广泛的研究。因此，尽管孤独本身并不被划归为精神健康的问题，但它现在已经被认定为与包括焦虑和抑郁等一系列的精神疾病相关联，而且这种相关性是双向的。2012 年一项对超过 7000 名英国成年人的研究得出结论，抑郁症患者感到孤独的可能性比没有抑郁症的人高出 10 倍以上。[46] 同时，美国一项具有里程碑意义的研究对参与者进行了 5 年的跟踪调查，发现从患者第一次报告感到孤独时算起，在 5 年后他们比其他人更有可能患上抑郁症。[47]

孤独和精神疾病之间的关系是复杂的，我们只是刚刚才有所了解。但似乎能够确定的是，孤独感和封闭感能够恶化遗传或环境造成的抑郁倾向，部分原因在于它们在生理上的影响——比如说，当我们感到孤独的时候，我们的睡眠会有所减少，而睡眠不足会引发抑郁的症状。同样，抑郁的症状本身也会加剧孤独感——抑郁的人更难与他人沟通。这个关系可能就像是"鸡生蛋，蛋生鸡"一样。

对于焦虑也是如此，孤僻既表现为症状，也是病因。亚历克斯是一位患有社交焦虑失调症的英国少年，他说道："社交焦虑让我的世界变得更小了。随着情况变得越来越糟，我逐渐变得更为孤僻。焦虑感越强烈，我就更加感到极其孤独和封闭……我会避免去购物，也尽量不在高峰期乘坐公共汽车，因为人太多了……持续的时间越长，对工作、亲密关系和友情的影响就越严重……所以我的社交生活变得……好吧，其实我并没有什么社交。"[48]

即便是短暂的隔离，比如我们在新冠疫情期间所经历的集体隔离，也可能会对心理健康产生显著的影响。[49] 有些情况下，这种影响在持续很多年后还很明显。研究人员发现，2003 年在"非典"暴发期间被隔离的医护工作者比没有遭受隔离的人，在 3 年之后更容易患上严重的抑郁症，即便是非典隔离期通常持续的时间不超过一个月，甚至很多才不到两周。另外还有针对相关医院员工的一些研究，结果发现在"非典"暴发的三年之后，在曾遭受隔离的人之中，酗酒的比例比没有受到隔离的人更高，其中相当一部分人还患上了创伤后应激综合征——他们的症状包括过度警觉、噩梦和病理性的闪回。

在我们正在经历新冠疫情之时，这一类的发现应该被非常认真地对待。无论作为个人还是政府，我们都必须留心我们近来受到的强制隔离对长期精神健康可能造成的影响，政界人士也一定要投入足够的资源用于应对这一后果。

最极端的情形，孤独会导致自杀。[50]

弗朗茜·哈特·布罗格哈默（Francie Hart Broghammer）是美国加利福尼亚大学欧文分校医疗中心的精神病科首席住院医师。在最近的一篇论文中，她动情地描述了她在近期接诊的两位病人，孤独感让他们感受不到活下去的意义。其中的一位年轻女性最近因为自残而接受过救治——"她在试图自杀时特意用一把 8 英寸[⊖]长的菜刀切断了自己的喉管和脊髓"。布罗格哈默在访谈中谈到"照顾生病的祖母让这名女子感到孤立无援，无法找到人能真正与她探讨这一困境"正是她感到绝望的原因。[51]

另一位是"怀特先生"，38 岁、男性、有自杀的倾向、父母刚刚离世、工作四处碰壁、穷困潦倒、手足不容、没有亲近的朋友，甚至到了无家可归的地步。他的狗的走失似乎成了压倒骆驼的最后一根稻草——那是

⊖ 1 英寸 =0.0254 米。

他仅剩的唯一陪伴。

在谈及自己的宠物狗时，怀特先生说道："它是世界上唯一还视我为所爱的存在。我睡在公园里，每个经过的人都认为我比流浪汉还糟糕，我就是低人一等。没有人会关心像我这样处境的人。除了它……它关心我，而我的人生目标就是要用同样的关心回报它。如今它不见了，我在这个世上也没有什么牵挂了。"

不幸的是，布罗格哈默医生在职业生涯中经常得治疗这类病人。她对于孤独和自杀之间存在联系的第一手理解，也得到了研究的证实。总共有 130 多项研究指出了孤独与自杀、自杀意图及自残之间存在联系。[52]这种联系适用于包括年轻人在内的所有年龄段人群。一项对超过 5000 名美国初中生的调查发现，自称极度孤独的青少年中有自杀念头的人的比例比其他人高出 1 倍。[53]这一发现不仅在英国得到了同样的证实，在肯尼亚、基里巴斯、所罗门群岛和瓦努阿图等偏远国家的年轻人之中也是如此——这提醒人们，孤独并不仅仅存在于高收入国家中。[54]而且，这些影响会在许多年之后还阴魂不散——一项研究发现，15 岁青少年的自杀想法与他们在 8 年前（也就是 7 岁时）自我报告的孤独感密切相关。[55]考虑到儿童和青少年中的孤独程度之高，这一发现尤其令人担忧。

重要的是要理解，能够引发如此程度之绝望的孤独可能源自相当广泛的环境因素，从一个儿童在游乐场或社交媒体上被孤立所经历的社交排斥感，到一位老年人由于整月无人探访可能体会的现实孤立感，再到一名成年人从社区割裂、保障系统崩溃中或许感受到的社会抛弃感。就是像怀特先生这样的人所能体会到的种种孤独感。

确实在美国（以及程度稍轻一些的英国），近些年来我们目睹了所谓"绝望弃世"（deaths of despair，死于吸毒过量、酗酒和自杀的绝大多数是工薪阶层中年男人）出现激增的地区，通常正是那些传统意义上保障体系出现崩塌的地方。这些男人极可能是离过婚，不太会去参加礼拜，更可能失去了工会或工作上的兄弟情谊，因为他们早已失业或从事着那些收入不稳定、没有工会组织的临时性工作。[56]

这就是为什么尽管大型制药公司热衷于开发孤独药（确实也有一种用于减少孤独感受的药物正在验证之中，这种药物中的化学成分可缓解因孤独而造成的某些生理影响），我们也绝对不能仅限于治疗孤独的症状，更不能只是从表面上试图遮掩它们！[57] 我们必须要解决造成孤独的根本原因，并要认识到解决的方法将需要从政治、经济，当然还有社会方面入手，而不能仅仅依靠药物。

并且我们要坚定一个事实——"解决方案是可行的"，并从中获得希望和勉励。割裂的社群会导致孤独和潜在的不健康生活，但正如我们所看到的，反之，成员间关系良好的社群也能解决这些问题。

正如《李尔王》中的埃德加所言："倘有了同病相怜的侣伴，天大痛苦也会解去一半。"即使是与他人短暂的积极联系也会对健康产生重大的影响：在紧张的境况下，哪怕有一位朋友在场都可能会导致更为平静的生理反应，比如血压和皮质醇水平的降低。[58] 与相爱的人牵手能够达到比肩于服药的镇静效果。[59] 同时，近期对衰老的一项研究发现，我们上了年纪后仅需要与他人保持一种相对平淡的人际交往，比如参加休闲性桥牌俱乐部的活动、跟他人在节日互递贺卡、与邮递员闲谈等，这些活动就可以成为预防健忘和痴呆的有力屏障。

这样看来，决定我们健康的，不仅是社群和与他人有关联的感觉，还有被善待。朋友和家庭的善待，同事、雇主和邻居的善待，还有陌生人的善待。当处于后疫情时代的世界重建之中时，我们需要记住这一点。我们还要知道，深受新自由主义的影响，我们早已集体性地贬低了善良的价值。

助人的快感

助人的快感很好理解，就是在说被善待、被关怀会让我们减轻孤独感并获得健康上的益处，[60] 但并非那么显而易见的是，对他人友善、关心他人、乐于为他人贡献微薄之力而不求任何的回报，也能有不逊色的效果。

有一项研究的主要成果所支持的观点就是帮助他人对我们自己的健康有好处，特别是我们能够直接接触到所帮之人时。[61] 21 世纪初，研究人员对全美 2016 名长老会教堂的信众发送了调查问卷，询问受访者的宗教习惯、身体和心理健康以及他们给予和接受帮助的经历。[62] 即便考虑到性别、生活中的压力和总体健康状况的影响，那些总是能伸出援手通过志愿服务、社区活动和照料所爱之人等活动来帮助他人的人，明显有着更好的心理健康状况。

有相当数量的其他研究也同样发现，帮助他人对于提供帮助者的身心健康有着直接、有益的影响。患有创伤后应激障碍的退伍军人在看顾自己的孙辈后，他们的症状会得到一些缓解。[63] 在托儿所照料儿童能够降低老年志愿者唾液中的皮质醇和肾上腺素（另一种应激激素）的水平。[64] 在青少年帮助了其他人之后，他们抑郁的程度也有所下降。[65] 相反，在一项由密歇根大学社会研究所实施的研究中，研究人员发现出于逻辑或情感上的原因，从不为他人提供帮助的人在五年之内的死亡率要比照料他人之人高出两倍，而不论被照料的人是伴侣、亲戚、邻居，还是朋友。[66] 想一想查尔斯·狄更斯《圣诞颂歌》中的埃比尼泽·斯克鲁奇吧！从一个吝啬的倔老头到一个慷慨施恩者的转变，使得他在故事的结尾活得既快乐又健康。

在帮助别人的时候，只要不心怀怨念或是被迫行事，我们就能经历一种积极的生理反应。[67]这就是助人者为什么经常能体会到所谓的"助人的快感"，这就是一种活力、力量、温暖和平静的感受。

这就意味着在"孤独的世纪"之中，最为重要的不仅仅是人们需要体会到被关怀的感觉以及真正被关怀着，还要让大家有机会去关怀他人。

那么，我们如何确保每个人都有能力给予，并接受帮助和关怀呢？解决办法中有部分是结构性的。因为，若是无须整日工作到筋疲力尽，我们帮助别人才会容易得多；若是不用同时打几份工或老板能给出富余的时间，我们才更有可能去做义工。在这方面，政府和雇主们能够也必须要采取一些措施，我们并不能放任当前的经济状况妨碍我们。就像大萧条后的美国和第二次世界大战后的英国，工人们得到了更多的权利和保护，在公民福利方面也获得更大的保障，[68]而我们如今也需要将此次新冠疫情视为一次机会，开发出新的结构和新的行为方式，便于我们能更好地相互帮助。

同时文化上的转变也是必要的。关怀、友善和同情心需要成为我们积极鼓励彼此的品质，同时也要更明确善行能够带来的益处。在最近的几十年之中，这些美德被贬损了，也未得到充分的激励。2020年1月，一家头部招聘网站上的搜索结果显示，工作描述上明确要求"友善"的职位的薪资只有平均水平的一半。要想往前更进一步，我们必须确保友善和同情心能获得应有的赏识，它们的价值不应由市场经济来主导。2020年春在全球各地此起彼伏的"喝彩关爱"（The claps for carers）行动必须转化为切实可行的永久性事物。[69]为了我们的身心健康以及未来的安全，我们要确保我们作为一个有凝聚力的社群团结在一起，并维护社交联系的益处。

第 3 章

孤独的老鼠

白毛、粉鼻子、长长的尾巴。这只老鼠有三个月大。它被关在笼子里4周了，这是一段强制的独处时间。可是，它今天会有一名访客。

一只新的老鼠进入了它的笼子。"我们的"那只老鼠打量着访客。会有一个"试探性活动的初始模式"，正如进行实验的研究人员所说的那样。突然，"我们的"那只老鼠做出了一个令人吃惊的行动。它用后腿站立起来，猛烈地摇动尾巴，凶狠地撕咬着"入侵者"，将其掀翻在地。随后的战斗被研究人员用视频记录了下来，野蛮、暴力仅仅是由另外一只老鼠的加入所引发。研究人员以前也见识过相似的场面。在几乎所有的案例之中，一只老鼠被孤立得越久，它对新来者的攻击性就越强。[1]

所以，老鼠一旦被单独隔离后，就会与其他老鼠争斗。但是，对于人类，这一真理同样适用吗？在几周到几个月的社交隔离和封锁加持之下，如今的孤独危机会不会加剧到不仅让我们自我伤害，更是互相残杀？是不是孤独不但有损我们自身的健康，还让这个世界变得更加暴力、更加愤怒了呢？

老鼠与人

现在有许多的科学研究将孤独与对他人的敌意联系起来。[2] 哈佛大学精神病学教授杰奎琳·奥尔兹（Jacqueline Olds）解释说，这就是一种

"退守"——在一定程度上源自一种初步的防御行为。孤独之人常常会通过否认对人性温暖和陪伴的需求，而给自己构建一个保护性的套子。不管有没有意识到，他们"开始释放信号，通常是非语言性的，告诉其他人'让我一个人待着，我不需要你，走开'"。[3]

还有一些其他的因素在起作用，那就是孤独对于我们大脑造成的某种影响。一些研究人员发现孤独与同理心（empathy）的下降存在联系——同理心是一种让自己与他人感同身受的能力，借助同理心，我们能理解他人的观点和痛苦。这不仅体现在行为上，也反映在大脑的活动上。[4]

如今多项研究显示，当孤独之人面对他人的苦难之时，他们大脑中与同理心联系最紧密的颞顶联合部的活动水平有所下降，而不孤独的人这一方面则会上升。与此同时，孤独之人的视觉皮质（大脑中通常负责处理警戒、关注和视觉信息的部位）会受到刺激。[5]这意味着孤独之人对他人痛苦的反应反而更为快速，实际上真的会快上几个毫秒，但他们的反应只是"关注性"（attentive）的，而非"理解性"（perspectival）的。就像孤独的身体会提高自身的应激反应一样，孤独的心灵是焦虑和高度警觉的，让人运行在自我保护的模式之中，随时搜索周边环境中的威胁，但从不尝试从受害者的角度看待问题。[6]"你们有没有在树林里散步时将地上的一根棍子误以为是蛇而被吓得跳起来后退的经历？"芝加哥大学脑动力学实验室（Brain Dynamics Laboratory）的负责人斯蒂芬妮·卡奇奥波（Stephanie Cacioppo）博士问道，"孤独的心灵看到什么都像是蛇。"[7]

直到最近，研究人员还发现孤独不仅仅会影响到我们看待世界的方式，还会影响到我们如何将世界归类。伦敦国王学院在 2019 年开展了一项研究，要求 2000 名 18 岁的青少年描述当地邻里的友好程度。他们还向受访者的兄弟姐妹调查了相同的问题。总的来说，更孤独一些的孩子相比孤独感不那么严重的兄弟姐妹，要更认为他们的邻里不那么友好、不怎么团结、也不值得信任。[8] 因此，孤独不单纯是一种个人的状态。用约翰·卡奇奥波（John Cacioppo）教授的话来说，孤独"在一定程度上影响了人们对他人的期望和看法"。

愤怒、敌视，将所处环境视作威胁和冷漠的倾向，削弱的同理心——孤独感能引发不同情感的危险组合，对我们所有人都能产生深远的影响。因为孤独危机不只发生在医生的治疗室中，更会影响到投票选举，其对民主影响的后果会让那些深信一个社会应以团结、包容和宽容为根基的人深感不安。

这是因为民主制度的良好运作，我指的是公平地调和不同群体的利益，并保证"全体"公民的诉求和不满能够得到倾听。这需要两类强大的纽带：一类是连接政府与公民的，另一类是连接公民彼此之间的。当这些连接的纽带断裂时（无论是情感上、经济上、社交上或文化上）；当人们感到自己无法信任或依靠彼此并且无法沟通时；当人们无法相信政府在照护他们并感到被边缘化、甚至被抛弃时，不仅整个社会要崩离分化，人们也会对政治本身丧失信心。

这就是我们如今所处的境地。将我们彼此相连的纽带，以及将我们与政府相连的纽带，二者在这个"孤独的世纪"中都已经残破不堪了，因为越来越多的人感受到被排挤和疏远，感受到与同胞们和主流政治家们的格格不入，他们认为后者并不在乎他们的声音，也不会看顾他们的利益。

尽管这已经成为近一段时间以来的趋势，但危险之处在于新冠疫情将会加剧这一趋势。经济困难可能会造成我们对政治领袖们更深的失望，特别是有人会认为自己在其中所承担的责任并不公平，而对于染上新冠病毒的恐惧又让我们之中的很多人对同胞们产生发自内心的极度惧怕。

这应该引起我们所有人的担忧，因为正如我们在最近所目睹的，这样的状况正在成为让那些极端政客和民粹主义者可以从中捞取好处的沃土——他们精心打探人民的不满，痴迷于服务自身的政治利益。

我所指的"民粹主义者"就是那些政客，他们旗帜鲜明地自称能够代表"人民"且有独一无二的能力去代表"人民"，对立于往往被他们妖魔化的经济、政治和文化"精英"。而"精英们"一般包括议会、司法机关或自由媒体等，它们是能将一个法制化且包容的社会维系在一起的关键性机构。[9]特别要提到右翼的民粹主义者，他们的言论通常强调文化上的差异以及民族认同的重要性，他们经常将自己的国家描绘成正在遭受移民或其他的种族或宗教的"入侵"。通过这样做，他们就可以将一项严重的威胁摆在一个对那些有助于约束我们的制度和规范抱有足够尊重的团结社会面前，也摆在一个包容、理解和公平的文化面前。他们寻求分裂社会，而不是团结社会，如果能够符合自己的目的，他们还愿意去挑拨种族、宗教和民族间的紧张关系。那些孤独的人焦虑又缺乏信任，渴望归属感但又"看到什么都像是蛇"，这正是那些不怀好意者理想的，也是最容易捕获的受众。

孤独与不宽容的政治

汉娜・阿伦特（Hannah Arendt）是第一位写出孤独和不宽容政治之间联系的人。作为 20 世纪知性思考的巨擘之一，她成长在德国的哥尼斯堡（如今俄罗斯的加里宁格勒），这同样也是对她的哲学成就影响最大之人伊曼纽尔・康德（Immanuel Kant）的家乡。康德的生活方式可谓是一种极端的"雷打不动"——他从未离开过自己的家乡，而且有一个流传很广的故事，据说哥尼斯堡的市民会将康德极有规律的散步当作时钟。而阿伦特的一生则是不断地颠沛流离。

阿伦特出生于一个归化犹太人的家庭。她后来回想起"在家里从来不会提到'犹太人'这个词"，但是当时德国日益高涨的反犹太迫害之风，让她迅速意识到自己的宗教认同。[10] 转折点发生在 1933 年，正是发生国会纵火案和希特勒掌权的同一年。当时阿伦特正生活在柏林，她将自己的公寓提供给希特勒的反对者作为藏身之地，并且为德国的犹太复国主义组织（German Zionist Organization）非法地调查反犹太主义的程度。盖世太保发现了她的行动，将她和她的母亲监禁了 8 天。在释放候审期间，尽管没有合法的旅行证件，她们二人还是逃离了德国：先是在一个同情犹太人的家庭的帮助下跨越边境，穿过厄尔士山脉的森林，到达了布拉格；然后在一位为国际联盟工作的社会主义者同时也是她家族朋友的帮助下，她们又前往日内瓦。那时候的阿伦特失去了国籍，接下来她又想办法来到了巴黎，在那里她以"无证件难民"（undocumented refugee）的身份待了 7 年。[11]

1940 年纳粹入侵了法国，阿伦特与丈夫海因里希·布吕赫（Heinrich Blücher）分开了——海因里希同样也是一位从希特勒统治下的德国逃离的激进分子，阿伦特被带到了法国南部臭名昭著的居尔集中营。在法国战败后的混乱中，她逃了出来，并在小城蒙托邦与丈夫团聚。接下来这对夫妇设法获得了去美国的紧急签证，翻过比利牛斯山进入了西班牙境内，搭乘火车到了里斯本，然后等了 3 个月，终于在 1941 年的 4 月得以启程前往纽约。[12]

这是一次幸运的逃脱。在 1941 年的夏天，美国国务院终止了紧急签证计划，关闭了又一条让犹太人逃离德国的通道。[13] 在阿伦特 8 年的逃亡生涯中，她过着漂泊无定、死里逃生的日子，原因无他，仅仅因为她是一名犹太人，当时的德国人已经深深陷入了纳粹极权主义的魔咒。

第二次世界大战（简称"二战"）结束之后，在纽伦堡大审判上展示的文件证据公开了纳粹种族灭绝机器的恐怖。阿伦特想知道，这样的事情如何能够发生？是什么驱使一个普通人参与或至少能容忍一份犯下种族灭绝谋杀罪行的系统化方案？[14] 阿伦特试图"找到纳粹主义的要素，追本溯源，发现其背后真正的政治问题"。[15] 1951 年，她针对这一主题出版《极权主义的起源》一书，这本书是标志性的，但又富有争议。该书的内容涉猎甚广，包括了反犹太主义的兴起、宣传活动的作用以及帝国主义对种族主义和官僚政治的融合。但到了书的结尾，她转而给出了一个似乎让人感到吃惊的因素——孤独。在阿伦特眼中，极权主义"是建立在孤独的基础之上……而孤独是人类最激进、最绝望的体验之一"。[16] 发现极权主义信徒们来自一些"主要人格特征……并非残忍愚昧，而是自我封闭并缺乏正常的社交关系"的人之后，阿伦特认为对于那些"觉得自己在社会上无立锥之地的人来说，只有通过将个人自我屈服于意识形态，孤独的人才能重新发现自己的目标和自尊"。[17] 她写道，孤独，或被称为"对这个世界完全没有归属感的体验"，是"极权主义政府的本质，为极权主义准备好了刽子手和受害者"。[18]

阿伦特所谈到的孤独印证了我的定义中几个关键点：被边缘化和无力感，被孤立、被排斥以及被褫夺了地位和支持的感受。另外，孤独的这些方面成为当前 21 世纪明显且日益严重的危险。

孤独与民粹主义者的新时代

需要澄清一点，我们现在的世界并非 20 世纪 30 年代的德国。尽管在过去几年里，民粹主义在全球部分地区有兴起的苗头，但我们并未发现极权主义统治在全球的泛滥。

然而，我们不能忽视来自历史的警告。新冠病毒的影响让许多人将当前的状况与20世纪30年代的大萧条做比较，当年也伴随着失业人口和贫困人口的激增。并且，孤独和经济形势的衰退通常是相互关联的：研究人员早已证实正反两方面的影响——失业的人比正常上班的人明显要更加孤独，同时贫困也增加了被社会孤立的风险。[19] 不仅如此，孤独已经成为"越来越多的人的日常经历"，即使在新冠病毒来袭之前，阿伦特就曾用过这样的话来描述"二战"之前的德国。[20] 近年来，右翼民粹主义领袖们和极端势力为了政治利益而积极地游走在民主的边缘地带，他们当然也利用了这一现象。

当然，孤独并不是民粹主义的唯一动力。当代民粹主义的兴起既有文化、社会和科技的基础，同样也有经济上的原因。其中包括虚假信息的快速散播和社交媒体上的分裂，自由与保守之争、发展的与传统的价值观冲突以及人口结构的变化。[21] 此外，经历着民粹主义的不同国家可能有不同的原因组合。就像不是每个孤独的人都会生病一样，我们也不能说，每个感到孤独或边缘化的人都会投票给右翼或左翼的民粹主义者。即使在那些觉得自己在社会、政治或经济上被边缘化的人之中，显然仍有很大一部分继续希望主流政党能够响应他们的需求，而且还有另一些人的选择是对选举完全漠不关心。

但是对于为什么近些年来会有这么多人投票给民粹主义领袖，特别是右翼的民粹主义者，一个主要但又常常被忽视的驱动力正是孤独。正如我们将看到的，越来越多的数据显示，被孤立和排挤的感受对于改变我们的政治格局，扮演了重要的角色——这令人不安地印证了阿伦特的发现。

孤独与不信任的政治

早在 1992 年,研究人员就开始注意到社会孤立与投票给法国极右翼的国民阵线(Front National)的让·玛丽·勒庞(Jean-Marie Le Pen)之间的关联。[22] 在荷兰,研究人员分析了 2008 年从 5000 多名参与者中收集的数据,发现人们越不相信周围的人会照顾他们的利益并且不会故意去伤害他们,他们就越有可能投票给荷兰的右翼民族主义民粹政党——自由党(PVV)。[23]

在大西洋的另外一侧,2016 年选举与民主研究中心(Center for the Study of Elections and Democracy)开展的一项民意调查询问了 3000 名美国人,关于若是他们在育儿、资金援助、人际关系和"搭便车"等问题上遇到困难需要帮助时,他们会首先向谁求助。调查的结果是有启发意义的。相比较希拉里·克林顿或伯尼·桑德斯(Bernie Sanders)的支持者,投票给唐纳德·特朗普的人的回答中提及邻居、社区组织或朋友的比例显著更低,他们只会说"我只依靠我自己"。[24] 他们也更有可能报告说很少有亲密的朋友和熟人,即使有,每周与这两类人相处的时间也更短。另外,公共宗教研究所(Public Religion Research Institute)的研究人员调查了美国共和党支持者在 2016 年共和党初选最后阶段的一些特征,发现唐纳德·特朗普的支持者之中很少或从不参与诸如运动社团、读书俱乐部或家校组织等社群活动的人,在数量上可能比他主要对手泰德·克鲁兹(Ted Cruz)要多上一倍。[25]

由此推演下去的结果也是必然的。一项重要的研究在过去的 15 年调查了欧洲 17 个国家的 60 000 名个人,发现那些所谓"民间社团"(例如志愿者组织和邻里协会)的成员明显比那些未加入任何组织的人,更不太可能投票给自己所在国家的右翼民粹主义政党。研究人员在拉丁美洲的国家中也得到了类似的结论。[26]

似乎，我们越是能融入更广泛的社群，我们就越觉得身边有人值得信赖，我们就越不可能听得进右翼民粹主义者的危言耸听。虽然有相关性并不一定意味着确定的因果关系，但从逻辑上讲，这是说得通的。因为通过加入本地的社团、参加志愿服务、担任社群的领导角色，或是仅仅参与社群活动或保持一定程度的友谊，我们就能够践行包容式的民主——不仅能学会如何与人相处，而且可以掌握如何去求同存异。[27] 相反，社会关系的缺乏会让我们感到更加孤立。在解决分歧、文明行事和相互合作等方面的实践越少，我们就越有可能不去信任我们的同胞，我们也越会感到民粹主义者所兜售的排外和分裂的社会形态更加引人入胜。

被边缘化的孤独

然而，孤独并不仅仅是感到社会孤立或缺少公共的纽带，还包括不被倾听和理解。瑞士心理学家卡尔·荣格（Carl Jung）认为："孤独并不是来自身边无人。感到孤独的真正原因是一个人无法与他人交流对其最要紧的感受，或是他持有他人无法接受的观念。"[28]

正如我们在最近一段时间所目睹的，民粹主义者的支持者们尤其迫切地希望自己的经济困境及由此产生的边缘感和孤立感，能够得到那些掌权者的承认。同时他们也深深地意识到，他们并没有得到认可。美国铁路工人在 2016 年总统大选前的证词揭示了特朗普如何通过让许多认为自己在经济上被遗弃、被忽视的人，特别是那些此前从未有过如此经历的人，觉得自己又重新被倾听了，重新划分了美国的政治地图（在 2020 年的美国大选中还有大量的选区延续着相同的套路，这样的情形让人不禁感到唏嘘）。

鲁斯狄是一名 40 多岁的火车司机，他来自田纳西州东部麦克明县的埃托瓦。他的祖父和父亲都在铁路公司工作，并且两人一辈子都拥护民主党。鲁斯狄直到 2016 年也是如此。"从小到大，我受到的教育就是，如果我想成为一名工会成员，我想当一名蓝领工人，亲力亲为、踏踏实实地干活，我就必须是民主党人。"他说，"但说实话，我越是努力工作，得到的就越少。你懂的。我没有感到自己的生活有任何改善。"对于鲁斯狄和他的司机同事们来说，他们的劳动对于每年数十亿吨的煤炭运输至关重要，而奥巴马时代法令的结果也许不过是锱铢必较，但对他们来说，简直就是背叛。[⊖]鲁斯狄说："我只是觉得他带着《清洁煤炭法案》（*Clean Coal Act*）[⊜]和他的一些政策出现了，然后让我受到了伤害。"他的声音哽住了，"他伤害到了我个人"，并造成了严重的"困难"。相比之下，唐纳德·特朗普是唯一一个敢于"实话实说"的候选人，也是唯一一个关心鲁斯狄的感受、想听听他的难题的人。

同为铁路工人、前民主党人加里对这位晒得黝黑的总统候选人抱有同样的信仰。"当特朗普说他要把工作岗位带回美国、他要重新谈判贸易协定的时候，我不禁想到'我要投票给特朗普'。"加里继续说道，"特朗普是穷人和中产阶层的唯一选择。他是唯一一个似乎有兴趣帮助劳动人民的候选人。他是我们唯一的指望。"

特里也是一位民主党的前支持者，他对此表示赞同。²⁹这位来自田纳西州东部的父亲有 8 个孩子，在铁路上工作了 20 年。他发现自己并不能像以前那样过着"很好的生活"，如今他活得就像个"月光族"。他的说

⊖ 奥巴马政府曾推出《清洁能源计划》的一揽子清洁能源方案，其中对于煤炭行业，一方面加以限制，另一方面却对行业从业人员的补偿并不到位。——译者注

⊜ 严格意义上讲，《清洁能源计划》并不是一项针对煤炭行业的法案，甚至都不是一个具体的法案，但是受访者似乎觉得整套一揽子计划就是针对自己所处的煤炭行业的。——译者注

法与加里和鲁斯狄差不多——"特朗普将会照顾他的人民。"在他看来，以往的政治领导人在涉及保护他们的就业和确保他们维持体面的生活水准上，忽视了他们的需求。

曾几何时，民主党或最低限度还有工会组织也许能够提供一些希望，但如今很多感到被边缘化的人，特别是白人选民，在2016年和2020年将自己全部的信任都交给了特朗普。在社区基础设施薄弱、社会纽带遭到侵蚀、居民感到经济脆弱的地区尤其如此。[30] 像在特里和鲁斯狄的家乡——田纳西州东部，过去十年里经历了大量的煤矿关闭，[31] 并且2008年金融危机造成的创伤仍未愈合——所有人都相信，华盛顿的权势人物根本不屑于操心普通工人的日常需求。

特朗普的政策能否真正改善其支持者的生活似乎并没有那么重要，人们更在意他表现出的倾听行为，反衬出其他政客似乎对他们的呼声和经济受损社区的需求视而不见。特朗普在竞选连任期间加倍押宝于一个策略，那就是"我是唯一真正在乎的人"。在2020年竞选的巡回演说中，特朗普宣称："南希·佩洛西（Nancy Pelosi）只想着去救助那些管理不善、犯罪猖獗的民主党的城市和州。⊖她只关心这些。她对帮助人民不感兴趣。"尽管拜登主动尽力反驳了这种说法——拜登在竞选中传递了恢复就业的信息，提醒工人阶级的选民他曾作为工会工人盟友的历史，并充分利用了自己工人阶级的出身，但对许多投票给特朗普的选民来说，这些说辞还远远不够。经济上的不安全感会让人心生孤独。但更让人感到孤独的是，自己的努力没有受到他人的关注，尤其是那些被我们认为应该提供帮助和支持的掌权者。这就是特朗普的伟大成功，让如此多的人

⊖ 在2020年大选年，发生了黑人弗洛伊德案，民主党人借题发挥，推动了又一次"黑人的命也是命"（Black Lives Matter）运动的高潮，佩洛西等人为了选举胜利，不惜以此大力抨击美国警察，相当一部分州甚至削减了警察的相关预算，最终导致美国穷人区的治安急剧恶化，"零元购"现象被纵容。特朗普的发言就是针对民主党的相关举措。——译者注

相信他在乎自己。

民粹主义者还继续让许多人信服不已，这不只是发生在美国。埃里克是巴黎一位年轻的糕点师，他喜爱苏格兰舞、说唱和电子游戏。当我在 2019 年与他交谈时，我发现他这个人真挚、坦率、非常有礼貌。他开诚布公地谈到了努力工作的痛苦和挫败感，而且依旧只能在稍高于最低工资的水平上生活。和许多年轻人一样，埃里克觉得这个社会对他极为不利。"经济体制是不公平的。"他解释说，"光靠努力是不够的，你必须要加倍努力。光是优秀也不够，你必须要极其优秀，而且要认识有用的人——要不就挣不到足够生活的钱。"他让我了解到，这种"被遗弃"的感受已经到了让人痛苦的程度。埃里克还告诉我，他是如何不相信国家在他生病或老去之后还会照料他！这让他感到多么孤独！他的声音既悲伤，又愤怒。

埃里克是"国民联盟"（Rassemblement National）青年团的杰出成员。这个有着长期仇外历史的右翼民粹主义政党的前身被称为国民阵线，在 2018 年改头换面之后，它当前仍是法国最受欢迎的政治党派之一。未更名之前，它曾多次涉嫌淡化犹太大屠杀的恐怖，包括其创始人兼领袖让－玛丽·勒庞曾称纳粹的毒气室只是"第二次世界大战历史上的一个细枝末节"。[32] 最近在老勒庞的女儿玛丽娜的领导下，该党派的反移民言论直指法国的穆斯林社区。她将其描绘为激进分子的天然温床，称其为"一只触手无所不在的八爪鱼，从（移民）社区，到各种协会和体育俱乐部"。[33] 玛丽娜·勒庞在 2015 年被人权组织以煽动仇恨的罪名起诉，因为她发表了将在街头祈祷的穆斯林比作纳粹占领军的言论。她最终没有被定罪，到现在她的言辞依然故我。[34]

要是过去，埃里克可能会在法国左翼的社会党（Socialist Party）找到自己的政治家园，但如今，他在激进的右翼民族主义和民粹主义政党处寻得了归宿。与在 2016 年转投特朗普的前民主党铁路工人一样，埃里克相信只有国民联盟才能够"保护卑微之人"，这些人被其他政党"抛弃"了，而他自己本人就自豪是其中的一员。左翼政党的失败之处在于，在很多人眼中它们不再被视为一个致力于以"被遗忘"和"被抛弃"之人的利益为核心的政治团体。

类似这种被抛弃的感觉在横跨欧洲的更广泛的研究中得到了共鸣。研究人员分析了来自法德两国右翼大本营共 500 份的访谈资料，其中有盖尔森基兴东区这样一个位于埃森市东北、失业率居高不下的破败城郊，反移民政党"德国选择党"（Alternativ für Deutschland，AfD）在 2017 年的选举中从这个地区获得了近 1/3 的选票，这是它全国得票率的三倍。位于法国北部洛翁普拉日的 Les Kampes 周边地区，有 42.5% 的选民在 2017 年法国总统大选中支持玛丽娜·勒庞。[35] 研究人员发现，受访者中"被抛弃"的感觉普遍存在，并且这是一个占主导地位并反复被提到的话题。

纵观全球，有些人感到自己在社会中和经济上被边缘化，有些人感到曾经将自己视若上宾的政党如今却对自己弃如敝屣，对自己的担忧置若罔闻，或对自己的不满无所作为，他们之中在 21 世纪的最初十年已经投入极端主义政党怀抱的人数居高不下。事情会如此发展是说得通的。如果一个人感到自己被边缘化、被忽略、被视而不见，此时有人现身承诺重视他的需求，其中包含的诱惑是可以理解的。无论是特朗普在集会上嘶吼出"曾经被忽视的美国人不会继续被忽视"，还是玛丽娜·勒庞发誓要为"一个被遗忘的法国、一个被自封精英们所抛弃的法国"服务，这些精心挑选的信息都可能极具蛊惑。[36] 但现实是许多人早已经被遗忘了几十年，与其相伴的是新自由主义和去工业化，以及紧跟其后的 2008 年金融危机和随之而来的衰退，并且同期还伴随着政策上的紧缩。这些因素共同造成的经济伤害是极其不对称的,特别是那些技术水平较低的男性感到自己在这个过程中遭受的损失最大,而他们正是右翼民粹主义者争取的目标。[37]

孤独与地位和自尊的丧失

许多民粹主义领袖还懂得一些其他的东西:孤独不仅仅是感到被遗忘、被社会孤立或失去话语权,它还是一种丧失感。失去社群的感觉是肯定有的,失去经济上的安全感也同样有,还有关键的是失去在社会中的立足之地。还记得阿伦特将孤独定义为那些"在社会上无立锥之地"的人吗?社会地位不可避免地与一份工作(一份具有历史感、团结感、使命感的体面工作)所伴生的友情、自豪和阶层息息相关,尤其对于男性来说更是如此。[38]确实在特朗普式的言论中,让"美国再次伟大"就是为了恢复旧世界的秩序,彼时传统产业是社区的重心,其提供的工作岗位还能创造强大的自我价值感和强烈的社群精神。还记得特朗普不知重复多少次的保证——让"我们伟大的煤矿工人回去工作"[39]吗?在一个"我生产故我在"的世界里,没有工作或从事社会地位低下的工作让人自惭形秽,因此人们尤为欢迎对于复兴社区和重拾社会地位的许诺。

因此,也就难怪特朗普的许诺能够如此地吸引像特里这样的铁路工人,特里曾哀鸣道:"我们曾经为能在铁路上干活而感到自豪,为我们做的事情而骄傲,而如今没有人会这样了。"或者加里,他曾按照时间顺序记录下周边倒闭的能生产产品的工厂,包括利比 - 欧文斯 - 福特玻璃厂、联合碳化厂、True Temper 工厂,还有他家乡南查尔斯顿附近的海军兵械厂。加里继续解释道,"尽管人们还可以找到其他的工作……如快餐连锁店、杂货店或沃尔玛的工作,但这些全都是低收入的岗位"。

那些岗位的收入一定会低于在旧式工厂工作的收入吗？答案还有争议的空间。但核心的原因不仅是这些"新"工作的收入很低，更大的问题在于选择这些岗位会被他人视为社会地位和阶层的下滑，从事这类工作的人不大可能为此而感到自豪。即使在新冠疫情导致失业率飙升之前，这种"地位低下的工作"就已经成为能给越来越多的人提供的仅有的工作空缺，尤其是在昔日的制造业中心和去工业化的地区。低失业率的数据掩盖了这一点，从而粉饰了隐藏在统计数字之下的牢骚和不满。

事实上，社会学家诺姆·吉德龙（Noam Gidron）和彼得·霍尔（Peter A. Hall）认为，感觉到社会地位下降，甚至可能比收入降低更重要，这就是如此多的白人工薪阶层男性（像加里、鲁斯狄、特里和埃里克）近年来倒向右翼民粹主义的根本原因。在 2017 年的一篇论文中，吉德龙和霍尔分析了从 1987 年到 2013 年在 12 个发达国家中社会地位的丧失感和投票偏好之间的关系。他们发现，在没有大学学历的白人中，那些认为自己社会地位不高的人，要么是因为只有缺乏前途的岗位可选，要么是因为他们根本就没有工作，抑或他们觉得受过大学教育的非白人和女性地位的提高导致他们的地位降低，与没有这种感觉的人相比，明显更有可能投票给右翼民粹主义政党。[40] 因为这些政党向他们做出许诺，会尊重他们并恢复他们的地位。

正如唐纳德·特朗普在 2016 年的竞选活动中所言："虽然我的竞选对手诬蔑你们是可悲的、无可救药的，但我要称赞你们是辛勤工作的美国爱国者，你们热爱自己的国家，也希望我们所有人都能有一个更好的未来。你们是……士兵和水手、木匠和焊工……你们是美国人，你们有资格获得一个尊重你们、珍惜你们、捍卫你们的领导者。在我们的国家里，每个美国人都有权获得尊严和尊重。"[41]

回到 2020 年大选主题，特朗普再次选择以对地位和自我价值的渴望来激励他的票仓："像你这样骄傲的公民建设了这个国家。"他在 2020 年 10 月发推特说："我们正在一起夺回我们的国家，我们正在把权力还给你们——美国人民。"

叫卖社群感

民粹主义者们还提供了别的东西——归属感。对于一个社会中坚分子来说，若失去的不仅仅是社会地位，还有一直以来由工作和所属工会提供的社群，他就会产生超乎寻常的孤独感，并觉得自己极度缺乏社会纽带——这时，归属感对他就至关重要。[42]鲁斯狄失去了"兄弟情谊"，而且他不得不和曾经的司机同袍们争抢越来越少的工作岗位，这让他们这些人尤其感到悲哀。

只有这样，特朗普之流的民粹主义者才能别有用心地怀着自身对于归属感极为明确又强烈的观念，成功地填补社群和相互关系的缺失。

想想特朗普搞的那些集会吧！这才是他整个政治生涯中最主要的贡献，他不仅在赢得总统大选之前搞集会，而且在赢得总统大选之后还在搞集会。在其总统任期的头三年里，特朗普一共举行了将近 70 场集会，甚至在疫情最严重的时期也未曾中断。[43]当然，其他的美国政客也举办集会，但特朗普的集会在本质上与其他人的集会有所不同。它能吸引人们的原因，不仅在于政治的展示，更是一种大规模的群体仪式，让人们感受到自己是一个团体中的一分子。它是一项家庭活动，往往是三代人全体出动，前面是母亲和儿子，后面跟着爷爷奶奶。不同于其政治对手集会上的参与者通常只是依照日常穿搭，在特朗普的集会上，我们可以看到一片红衣的海洋，参与者们醒目地戴着与红衣相配的"让美国再次伟大"的帽子、别针，穿着 T 恤。[44]反复播放的曲目（《为身为美国人而自豪》(*Proud to Be an American*)，有时还会循环播放）意味着人们可以随着熟悉的曲子中充斥的爱国口号，而放声歌唱。[45] 同样的曲调和朗朗上口的歌词让每一位听众都感觉与周围成千上万的人步调一致。[46] 相比之下，希拉里·克林顿的集会是严肃的，甚至有些人可能会感到些许无聊，拜登却表现得很克制，他承诺遵守新冠疫情安全和预防协议。特朗普的集会则更戏剧化和娱乐化，就像世界摔角娱乐（World Wrestling Entertainment，WWE）的赛事那样，即便当时新冠疫情还在肆虐。[47]

接下来就是辞令的选择，特朗普用上了可以加强团结感和共同感的语句。特朗普在绝大多数时候会使用第一人称的复数形式，反复使用"我们"一词来加强关系的纽带，尽管他肯定与他的许多支持者毫无共同点可言，[48] 但这"让人们觉得自己融入了正在发生的事件之中"，并让人们在一瞬间感到与彼此相连，也与特朗普相连。[49] 与此同时，他还要反复提及"人民""美丽的人民""了不起的人民""伟大的人民"。事实上，"人民"是他所有演讲中最常用的一个名词。[50]

可以认为，这些技巧（带标志的装备、口号以及包含"我们"字样的声明和不停地呼吁团结起来）所体现出的政治表演力和洞察力，能够追本溯源到美国式的超级教会（mega-church），甚至更古老的19世纪复兴运动。因此，特朗普的集会远不止表面上的巡回竞选演说和握手。这就是作家约翰尼·德怀尔（Johnny Dwyer）笔下的"一种交融"(a kind of communion)。[51] 特朗普本人也曾评价其集会上热火朝天的准宗教氛围。2017年8月21日，在他首次集会的开场中，他注视着人群，提到了美国一位最著名传道者的大名。"太美了，"他说，"现在我体会到伟大的葛培理牧师（Billy Graham）的感受了。"[52]

特朗普能够让人们感到自己在某个独特的方面对美国政治举足轻重。他满足了许多人对归属感的渴求，让他们感受到自己也成为失去传统工作场所，乃至更广泛社区的人们中的一员，并直指我们内心中想成为比自己更伟大事物之一分子的进化本能。[53]

　　欧洲的情况也非常类似——社交聚会形式的竞选集会有效地将人们吸引到民粹主义政党及其领导人周围。在比利时，在右翼民粹主义政党弗拉芒利益党（Vlaams Belang，一个将反对移民当作一项核心信条的党派[54]）资助的节日庆祝活动上，支持者们"兼顾暗地里进行的反移民演讲和明面上的喜庆活动，后者包括脸部彩绘、充气城堡和摆放着《绑架欧洲》（*The Kidnapping of Europe*）[55] 一书的货摊"。在边境另一侧的德国，德国选择党（AfD）的集会与唐纳德·特朗普的集会有很多相似之处：一个个家庭带着气球，在野餐桌上分享饮料，紧握自制的标语——上面写着"比约恩·霍克：爱心总理"（Björn Höcke: Kanzler der Herzen）。[56] 同期在西班牙，右翼民粹主义的呼声党（Vox）将人们聚拢在只针对年轻人的"啤酒之夜"——举办这类活动的夜总会和酒吧，不允许超过 25 岁的人进入。[57]

　　同样，他们所使用的语言也是社群化的，意图创造一种归属感——这种归属感是那些支持者在 21 世纪无法从其他地方获得的。意大利右翼民粹主义党派"联盟党"（League）的政客们在他们的集会上一次又一次地重申："联盟党是一个大家庭"。[58] 从声称要代表意大利北部地区利益的一个地方主义政党起家，如今的联盟党（之前的北方联盟）在过去十年中转向了右翼，并在全国性的政治舞台上变得更为强大。自从不再拥护北部地区脱离意大利之后，它现如今发动了反移民、反欧盟的运动，并获得了至关重要的政治基础。[59] 在 2019 年的欧洲议会选举中，联盟党获得了意大利 1/3 以上的选票。[60] 与特朗普一样，该党的党首马泰奥·萨尔维尼（Matteo Salvini）也把语言当作利剑，经常用"老妈"（Mamma）、"老爸"（Papà）和"朋友们"这样亲密的词语来取悦他的支持者，强化他所提供的社群感。[61]

民粹主义政党不仅仅在大型聚会上提供归属感。联盟党支持者乔治是一名衣冠楚楚的米兰小商人，酷爱板式网球。他骄傲地给我看他与萨尔维尼在一起的照片，并讲述了联盟党是如何在 2019 年让自己不再感到那么孤独。多亏了联盟党，"一年半之前，我开始参加晚宴和派对——他们管这个叫委员会，其实就像是派对上的人们相聚。大家确实都非常好相处。你可以认识很多人。我们一起唱歌，这样做有非常强烈的传统感，并且所有人都在用北方方言唱歌。每个人都很开心，因为他们觉得自己就是这个团体的一分子"。

巴黎的埃里克同样谈到，他从周三的常规政治聚会上获得了愉悦感，会后大家一起去小酌、共同张贴海报和分发传单，"找到一些志同道合的人并一起建立社群是多么难"，好在他通过"国民联盟"找到这样的人和这样的社群，并且他也明确地承认，如果没有加入这个党派，他将会极为孤独。国民联盟给了他所渴求的生活目标和团体。在过去，社群可能会存在于工会、传统的政党、教会，甚至是某个充满活力的社区中心或居民区的咖啡馆之中。[62]

尽管在过去的几个月里，保持社交距离的规定限制了支持者们参加现场集会，但现在就此断定民粹主义政客们的支持率会下降还为时过早。毕竟在美国 2020 年的大选中还有 7000 万人投票给了特朗普，甚至比没有发生疫情的 2016 年还多。就像是在击鼓传花游戏中，民粹主义政党在未来的政治表现在相当大的程度上将取决于当音乐停止时它们所处的位置——毕竟经济危机往往不利于当前的执政党，因为所有国家都一样，对执政党的能力评判不仅在于挽救多少工作岗位或拯救多少生命。[63]民粹主义政党的受欢迎程度还取决于它们能否控制媒体的叙事角度，以及它们的追随者是否相信它们对后危机时代的判断。然而在隔离期间，民粹主义党派提升它们在线社区服务的速度令人感到震惊，因为它们现场交流能力被削弱了。除去美国总统个人站在每日电视新闻简报会的舞台正中，公开地向他的"部族"发布信息（包括反复谴责制造"假新闻"的媒体，抨击国际组织），特朗普的竞选团队已经在社交媒体上拥有了大量的追随者，提高了在 Facebook 上的存在感，大幅升级了其数字化产品，利用 Zoom 会议开展了大规模的志愿者培训，举办了一场纯线上的"虚拟集会"，并获得了近 100 万的直播流量。[64] 意大利的联盟党、西班牙的呼声党和比利时极右翼的弗拉芒利益党全都是社交媒体的行家里手，它们也纷纷提升了自己的线上服务水平。[65]

移民问题的武器化

无论是线上还是现场提供社群感，它们都有一个共同的特点：公开地排斥其他方。与右翼民粹主义政党对于归属感的关注如影随形的，始终都有一个明确的信息：哪些人是不受邀请的？就像在特朗普的集会上，成千上万的声音像唱赞美诗一样嘶吼着"建起那堵墙"。右翼民粹主义者所表达的团结背后的潜台词是种族、宗教或民族主义上的排外，将"我们"和"他们"对立。这才是他们最大的危险之处。

民粹主义领袖以那些感到孤独、感到被抛弃的人为目标，沿着民族主义或种族主义的方向打造社群意识，将自己的"部落意识"武器化，处处针对那些与自身不同的群体。这些政客已经意识到，对于那些感到被排斥、被遗弃和孤独的人，对于那些不习惯于应付差异的人，对于那些传统的身份来源（无论是阶层、工作还是教会）不再像以前那样稳固和安全的人，事实正如米科・萨尔梅拉（Mikko Salmela）教授和克里斯蒂安・冯・舍夫（Christian von Scheve）教授所写的一般："国籍、种族、语言和性别等具有社会认同感的事物，变成了更有吸引力的生命意义和自尊的来源。"[66] 除了这些"来源"之外，我还要加上一条——归属感的诱惑。

正是在这一点上，民粹主义者对于孤独和封闭的玩弄，将自己的丑陋和分裂用到了极致。还记得孤独之人易于认为他们的邻居更有敌意、更具威胁性吗？还记得我们那只孤独的老鼠吗？当有另一只老鼠来与它分享空间时，它变得多么好斗？记住我们大脑的同理心是如何被孤独所抑制的。右翼民粹主义者通过增强他们的追随者被抛弃和被边缘化的感受，并利用这种感受激发追随者与表面上受到政治偏袒、与他们不同的群体（通常是移民）的对立——他们贩卖恐惧的行为调动了他们的追随者的情绪，激发了追随者的焦虑和不安全感，操控了种族和宗教的差异，从而获得追随者的忠诚和支持。右翼民粹主义者将这一点与人们对过去好时光的怀旧之情相叠加——根据他们口中的历史，在过去，人们关系更为紧密、更幸福、生活得更好，而且都发生在"那些移民到来，并偷走你们的福利和工作"之前。

当然，现如今右翼民粹主义者还要补充一条，那就是"在那些外国人用一种致命的病毒感染你们之前"。疫情暴发后，很快就有相当数量的民粹主义政客利用这场危机对种族、民族和宗教上的本就紧张的事态火上浇油，妖魔化那些与自己不同的群体。

在匈牙利，总理欧尔班先是指责一群被隔离并随后新冠病毒检测为阳性的伊朗学生要为匈牙利的疫情负责，后来又宣称所有的大学都是病毒的聚集地，因为"那里有很多外国人"。[67] 在意大利，马泰奥·萨尔维尼也很快指鹿为马地将疾病的传播联系到穿越地中海从北非到意大利寻求庇护者的身上。他并没有为这个说法提出任何证据。[68] 将疾病当作种族分裂和民族主义狂热的武器，当然不乏历史悠久的先例。大流行病和仇外心理历来是相互关联的。

然而，即便是在新冠疫情提供了一条新的"排他"攻击思路之前，意大利的联盟党支持者乔治早就明确地收到过这类仇恨性部族主义的信息。"政府一直以来就把自己的公民放在第二位，我们还不如那些来自非洲的移民，"他告诉我说，"这些人不但来这里了，而且还能够度假，而许多意大利本国人却在没有社会权利的情况下去田间干活。你们必须照顾你们的社区和那些已经居住在你们国家里的人，而不是那些从非洲来的人。"

柏林的马蒂亚斯是一名 29 岁的物流业专家，他曾是一名中左翼选民，但出于近似的原因，他转投了右翼民粹主义政党德国选择党。[69] "现实情况就是，政府为难民做的事情比为我们做的更多。"他在 2017 年就这么说。而在这一年之前，德国依照总理默克尔欢迎难民的"我们可以做到"（Wir schaffen das）政策，接收了 100 万的难民，[70] "我有很多朋友还在找工作。难民们就可以平白去领钱。在公寓方面，他们甚至得到了优惠待遇——所有东西对他们都是免费的"。[71]

来自田纳西州东部的特里支持特朗普，他同时也责骂"那些本不该在这里的人，他们从为我们国家战斗过的人手上夺走了福利、资助和工作。有些退伍军人无家可归，而那些人却要从其他国家引入难民。我们需要照顾好自己的人民。"

就像那些关于新冠病毒的阴谋论一样，这些论述也都不是事实。在德国，除了每个公民都能得到的同样金额的大众福利外，难民们并没有"平白地领到钱"，事实上在很多地方，他们在住房上还会遭到歧视；在美国，退伍军人和公民比难民和无身份移民有资格获得更多的福利。但对于那些感到自己被抛弃、孤独和被忽视的人；对于那些认为不再需要为同胞或国家负责的人；对于那些早已更喜欢认为自己的环境充满恐惧和敌意的人，他们眼中处处是杯弓蛇影，并且他们也更易于接受类似于阴谋论的东西（就像最近的研究证实，那些认为被社会排斥或孤立的人就是如此）。诸如右翼民粹主义者散布的故事明显是有吸引力。[72]

事实上，作为欧洲社会调查（European Social Survey）（许多社会科学家都在使用这份细致的调查问卷）的一部分，对其中招募的 3 万多人的最近分析发现，那些表现出最极端反移民观念的人，在性别和年龄等基本的人口统计因子上并不显著，反而明显表现出了经济上的不安全感、对同胞和政府很低的信任度，以及社会的孤立感。[73] 研究人员总结道："总而言之，那些在政治上感到无助、经济上没有安全感、缺乏社会支持的人最有可能对移民的态度变得极度负面。"而这三个特征又代表什么呢？它们全部都是导致孤独的关键因素。

提出一些可供指责的其他人、一些被描述为与我们不同的人、一些我们根本不了解的人[74]，已被证实是一项成功的策略。因为，反移民热潮最强烈的地方，往往就出现在很少有移民的地方。在很多情况下，指责移民比指责全球经济、新自由主义、工业自动化、削减公共开支或扭曲的政府开支倾斜方向更有效，哪怕上述这些问题更明显能够导致人们的边缘感。右翼民粹主义者比所有人都更深刻地理解情感如何能够战胜理智以及其中的复杂之处，还有恐惧可以成为多么强大的工具。并且他们通过一遍又一遍地重复他们的"排他"的信息，充分地利用了这一点。即使在未来几年里右翼民粹主义者的支持率可能会有所下降，但现在就为民粹主义敲响丧钟，还为时过早。民粹主义对于相当一部分公民的想象力、情感和投票意愿的控制力，很可能还会持续下去。

另外让人担忧的是，分裂的、带有种族色彩的言论本身往往具有传染性。荷兰中间偏右的非民粹主义首相马克·吕特（Mark Rutte）为了应对右翼民粹主义候选人海尔特·威尔德斯（Geert Wilders）的挑战，在 2017 年煽动性地在报纸上刊登广告，指示移民们"要么表现得正常些，要么就走人吧"。[75] 丹麦中左翼的社会民主党在 2019 年的丹麦大选中获胜，其竞选纲领中涉及移民问题的部分令人不安地想到了极右翼。[76] 的确，从许多方面来看，近年来民粹主义崛起带来的最大危险在于，它进一步将右翼和左翼的传统政党推向了各自的极端，让分裂、不信任和仇恨的言论常态化。

我担心在后疫情时代的世界中，这些本能会被进一步放大，单个国家内部的健康和生物安全不但会被民粹主义者视为可以利用的沃土，而且更多的中间派政客为了谋取政治资本，也会号召修建围城、归罪和妖魔化"他人"。

这么讲并不是为了推卸人们的个人责任。通常情况下，很难确定到底是哪一个先出现：种族主义情绪、民粹主义领导人传递的排外信息（以及社交媒体对这类信息的放大），还是导致如此多的人感到被边缘化、缺乏支持、无人重视和恐惧的经济、文化和社会的转变。但是我们明确的是，就像汉娜·阿伦特在纳粹德国的所见所闻，对于那些认为他们在世界上不再有一席之地的人；对于那些缺乏归属感和缺少团结感的人；对于那些忧心自己的前程并感到被遗弃和孤独的人，仇恨别人可以成为一种"定义自我的方式"，借以减轻他们的孤单感。"恢复一部分的自尊……这些本来源自他们在社会中所发挥的作用"。[77] 我特别要强调，在经济危机时期更是如此。

阿伦特在这里的描述统一了跨越几代人的孤独感和无依无靠感，从 20 世纪 30 年代的德国人，到此时此刻 21 世纪的现代人。一个叫作威廉的年轻男子就是所有人的典型代表，而单单从他的话语来判断，这个人可能生活在德国的第三帝国时期，也可能是在任何一个经济受创的当代国家。这个英俊的年轻男子身高接近 6 英尺[⊖]，有着单薄的身材、褐色的

⊖ 1 英尺 =0.3048 米。

头发和眼睛以及极端睿智的面庞。[78] 自从经济衰退之后就长期失业，他解释了自己的感受：

> 那里容不下我们任何人。我们这一代工作如此努力，承受着如此可怕的苦难，但还是根本没有人要。大学毕业时，我失业了一年……五年后我还是没有工作，如今身心俱疲。（德国）不需要我，而且如果这里不需要我，肯定世界上也没有任何需要我的地方……生活对我来说变得彻底绝望。

对于威廉来说，他只是在描述自己在 20 世纪 30 年代的感受。他继续说道："正当那时，我知道了希特勒……生活对我来说有了不凡的新意义。从那以后，我全身心地投入到这场复兴德国的运动之中。"

■■■

孤独的成因和后果正处于我们社会面临的最大政治和社会问题的核心。在最近，民粹主义政客成了最容易明白这一点的人，尤其是那些右翼人士。但我们不能眼睁睁地看着，人们将他们视为唯一能为那些正在经历孤独的人提供解脱的政治家。这样做太危险了。

这就意味着，林林总总的政治家们需要为一些最棘手的问题找到答案。如何保障社会中那些本来就很脆弱的群体不会被进一步边缘化？在这个资源更为稀缺的年代，如何让人们体会到支持和关怀？重要的是，如何让人们不仅关心那些与他们有着相同的历史、文化和背景的人，也要关心那些与他们不同的人？在一个已经割裂的世界里，如何把人们凝聚到一起？

同样关键的是，我们的领导人必须找到办法，让所有公民感到他们的声音被听到，并且他们的状况被看到。他们必须确保人们有足够的机会，在日常生活中实践包容、文明和宽容。现在我们比以往的任何时刻都更需要政治家们在其计划的核心，让人信服地承诺重构地方层面、国家层面乃至全球层面的社群。令人感到鼓舞的是，拜登政府能如此明确地承诺了这一点。

但为了理解我们如何有效地逆转孤独的趋势，重振公民的社群意识，并开始修复我们中间的裂痕，我们就要更为深入地挖掘。我们需要更具体地理解，为什么不仅对那些在意民粹主义者危言耸听的人，而且对我们所有人来说，如今都是一个"孤独的世纪"。这项工程要从我们的城市中开始，因为它们正日渐成为孤独的中心地带。

| 第 4 章 |

孤寂的城市

2019 年的纽约。

每次离开纽约，弗兰克都会取下亡父的照片，把它与其他贵重物品一同锁进橱柜，"保护"它们免于落入几小时后将会睡在他房间里的爱彼迎（Airbnb）房客之手。

这并不是 32 岁的弗兰克在几年前搬到曼哈顿时所设想的生活，当时他希望在平面设计方面成就一番辉煌的事业。然而，数字化内容的兴起，以及随后平面媒体的式微和广告预算的削减，导致他所在的行业出现大规模的裁员。因此，在 2018 年，尽管有些不情愿，他还是成为"零工经济"（gig economy）中的一员，在 Upwork 或 Fiverr 上找些糊口的差事，有时甚至还靠口碑的介绍。通过爱彼迎找陌生人来他家里住宿，是他能负担得起度假消费的唯一办法。他总是担心自己的工作不稳定，害怕失去继续支付房租的能力。

这一类经济上的不稳定对任何人来说都是难题，但对于弗兰克，活在这座城市本身就更是让他深感生活的不易。开始的时候，他还曾经因为能够为自己的第一个住所（一套位于市中心的微型高层单配公寓）付出定金而感到非常自豪。但没过多久，当晚上回到他的空房子里，或者更糟糕的是，困在屋中整日工作时，他坦言这里常常让他感到房间就像是个棺材，毫无舒适可言。尤其是在他所居住的整栋大楼里，没有一个人让他觉得可以熟悉到能串个门喝杯咖啡，更不用说在一天的工作结束后找个人一起去喝杯啤酒放松一下。因为尽管他在这栋楼里住了好几年，但"没有一个邻居能叫出我的名字"，并且"每次我在走廊上或电梯里与他们擦肩而过时，他们就好像从来没见过我一样"。

在我看来，弗兰克所住的公寓大楼里那种冷冰冰的互不相识感，似乎是他在大城市生活经历的一个缩影。他在谈到曼哈顿时说："在这里没有人会笑。"人们把脸贴在手机上、用 fitbit 计算着步数、带着不真实的表情，这座城市让他感到冷酷、敌意和苛刻。他还告诉我，如果不是在他有时带着笔记本电脑去工作的那间当地咖啡厅里有一位友好的苏丹服务员，他可能会连续好几天根本不跟任何人讲话。

弗兰克还谈到了在这样一座城市里交个朋友是何等困难，每个人似乎都很忙，来去匆匆，每个人都如此专注于他们的自我进步，似乎没有时间停顿，没有时间聊天，更不用说结交新的朋友或维护现有的关系。结果，他常常会发消息给"在 Tinder 上随机遇到的女人"来打发晚上的时间，但其实他并不打算出去见一见她，这会让他感到太过于费事了，他只想有人能一起"交谈"，其实就是找一些可以联系到的大活人，来帮助减轻他的孤独感。并且，尽管他过去生活的中西部小镇让他感到过于窒息，尽管纽约是让他觉得为了"事业有成"而"不得不"待的地方，但当我们在交谈的时候，很明显他如今体会到了失落感，因为在他的住所，他对隔壁的邻居们一无所知，因为在这座城市里，每天都有无数人在人行道上从他身边匆匆经过，却丝毫不在意他的存在。当他谈到"回家的好处"时，特别是他回忆起自己在家乡青年俱乐部位居领导者的时光，通过他那充满活力的声音和激情所表达出的一个社群的融入感，正是弗兰克在搬去大城市之后所失去的，并至今感到难以忘怀。

在这里没有人会笑

城市是孤独的地方，这一点当然不新奇。就像散文家托马斯·德·昆西（Thomas De Quincey）曾写道："不要把一个第一次来伦敦的男人，独自留在大街上，否则面对他的处境油然而生的被遗弃之感以及极度的孤独，定会让他感到伤心和苦闷，也许是惊恐之极……一张张的面孔川流不息，但不与他交谈一词一句；无数双的眼睛……男男女女匆忙的身影往来交织……看起来像疯人的面具，或者更多地，像幽灵们的盛会。"[1]

德·昆西所写的正是 19 世纪的伦敦，但他的描写适用于当今"孤独的世纪"中的任何一座城市。即使在新冠疫情暴发之前，保持社交距离和戴着口罩相聚并未成为常态之时，就有 56% 的伦敦人说自己感到孤独，52% 的纽约人表示他们的城市是"一处孤独的所在"。[2]放眼全球，这一比例在迪拜是 50%，香港是 46%，圣保罗是 46%。即使是巴黎和悉尼，它们在城市指数调查（City Index Survey）的最孤独城市榜单上分列第 11 位和第 12 位，仍有超过 1/3 的受访者在那个他们称为家的地方鲜明地指出了城市的孤独感。[3]

孤独并不仅仅是一个在城市里才会有的问题。[4]虽然城市居民往往比乡村居民更孤独，但那些生活在农村地区的人可能会经历他们自己独特且形式深刻的孤独[5]——公共交通的相对缺乏，意味着没有汽车的人会感到非常孤立；年轻人迁移到远离家庭的城市，导致大量的农村老年人缺少照护；[6]政府性支出在很多地方向城市中心地带倾斜[7]这一事实意味着，只要想到政府的工作重心，农村居民更有可能认为自己被边缘化。然而，考虑到全球的城市化程度，理解当代城市中孤独的特质和成因在当下尤为重要。到 2050 年，几乎 70% 的世界人口将居住在城市之中，其中有超过 1/10 的人将生活在居民超过 1000 万的大城市里。随着越来越多的人口不断涌入从未如此拥挤不堪的城市空间，尽管城市人口的增速相对于新冠疫情暴发前可能有所放缓，理解城市对我们情绪健康的影响还是从未像现在这样重要，特别是当我们需要做出抉择，如何过好后疫情时代的生活。

更粗鲁、更唐突、更冷漠

那么，为什么当代城市让人们感到如此冷漠和孤独呢？

如果我们生活或工作在城市里，想一想典型的 21 世纪每日通勤吧——被推搡着挤上人满为患的地铁，开车上班时周围的路怒症司机咄咄逼人地按着喇叭，成群面无笑容的无名人士在匆匆经过时无视我们的存在。

粗暴、唐突、自私的形象并不仅是对都市人的成见。[8] 有研究表明，不光是城市里的社会文明程度更差，而且城市人口密度越高，社会文明程度就越差。[9] 在一定意义上，只是程度的不同。若是我们清楚自己不太可能再次遇到那些萍水相逢的过客，我们就觉得可以对自己的一些不礼貌行为（或是撞到人而不道歉，或是当着别人的面摔门）感到心安理得。匿名感滋生了敌意和轻率，而在城市中充斥着数以百万计的陌生人。我谁都不认识！

"你常会感到有人在周围但自己仍缺少陪伴吗？"我们之前看过的美国加州大学洛杉矶分校孤独量表中有这样一项问题。在城市中，一直都会有人在我们的身边，但很少能让人感到他们正"和我在一起"。

城市的规模不仅造成了粗鲁，而且它还强加给我们许多人一种应对机制，就像当我们在超市里要面对 20 款果酱进行选择的时候，我们下意识的反应是哪个也不买。同样地，当我们面对所有的这些人时，我们的反应往往是回避。[10] 这是避免感到不知所措的理性反应。这是因为尽管与完整且充满活力的其他人类交往，是我们中的许多人所向往的或认为自己所必需的行为，但现实是，城市生活要求我们与太多的人分享空间，面面俱到地呵护每个路人将会很快耗尽我们全部的社会资源。[11] 正如香农·迪普（Shannon Deep）描述她在纽约的经历："如果我们向每个经过的人都问好，到不了中午我们的声音就会嘶哑。从公寓到地铁有十个街区，我不可能对遇到的全部 75 个人都很'友好'。"[12]

所以在更多的时候，我们干着完全相反的事。不堪其扰于城市的熙熙攘攘、城市中的噪声和视觉刺激的无休止轰炸，城市居民们甚至在新冠病毒出现之前就倾向于保持实质上的社交距离（不是身体上的，而是心理上的），打造自己专属的行走屏障：有人用耳机包裹住耳朵，有人戴上太阳镜，或者让自己躲在手机的隔绝世界之中。[13] 感谢苹果、谷歌、Facebook 和三星，让我们如今能够如此轻易地隔绝周围的人和环境，为自己营造数码化的反社交、个人私密气泡。当然，具有讽刺意味的是，我们在现实世界中远离了周围的人类大众，却在翻阅 Instagram 上人们的生活图片或浏览 Twitter 上他人的感想之时，进入了另外一个虚拟的大众空间。

一些社会理论家和符号学者甚至说城市已经进化出了"消极礼貌文化"（negative politeness culture）——在这种社会规范下，无缘由地侵入他人的物理空间或情感空间被认为是粗鲁的，当然这也存在一定程度上的地缘和文化差异。[14] 例如，在伦敦地铁上，大多数人会认为来自一个路人的热情问候让人感到很奇怪。如果有一个陌生人试图和我们搭讪，会让人觉得惊讶，甚至恼怒。在地铁上，已经确立的社会习俗是安静地读报纸和看手机。

我了解隐私的重要性。我也明白，为什么农村中家长里短的习俗会驱使大批的人前往城市及其周边的区域，因为在那里他们可以按照自己的意愿去生活，无须顾忌社会的非议。然而，在隔离期间城市里出现的隔阂更加鲜明地揭示了城市匿名生活的后果。团结与合作的感人故事在发生的同时，也有令人心碎的故事——这也极为清晰地说明，城市生活的隐私性是有代价的。70岁的黑兹尔·费尔德曼（Hazel Feldman）独自住在曼哈顿市中心的一套单间公寓里，她非常动情地描述了在隔离期间，她发现自己竟然没有可以依靠的邻居来帮她买菜："新闻里一直在说，'人们正在凝聚到一起'。他们可能会团结到一起，但并没有在这附近。也没有发生在这一类的建筑物里。"就像弗兰克一样，虽然她经常在这栋拥有100套公寓的大楼的走廊和电梯里遇到其他的居民，但她并不真正"认识"其中的任何一个人，更不用说把哪个人当成朋友了。

在新自由主义的加持之下，我们自力更生和奋力前行的文化伴随着巨大的代价。因为当邻居变成了陌生人、当友谊和联系远非常态之时，危险之处就在于，当我们最需要社群的时候，它根本就不在了。

在城市中，我们与周围人交往的社会规范一直没能对我们有很好的帮助，我们需要一段时间才能知道，新冠病毒的影响是否会长期改变我们的行为？这个改变到底是好是坏？如果城市里的人们由于"消极礼貌文化"而抗拒友好的提议，那么当对感染的恐惧进一步加剧时会发生什么呢？和陌生人的偶然闲聊会变得越来越怪异吗？我们之中那些愿意为年迈的邻居买菜、并把他们带到户外活动的人们，在危险过去后还会继续关照那些人吗？还是重新变得对他们漠不关心？

反社交

然后是城市里的快节奏。城市居民总是来去匆匆，但在这个"孤独的世纪"之中，他们的节奏甚至比以往更快。现代城市中的平均步行速度比 20 世纪 90 年代初提高了 10%，在远东地区更是如此。[15] 一项比较 20 世纪 90 年代初和 2007 年步行速度的研究发现，在全球 32 个城市中，中国广州的生活节奏提高了 20% 以上，而新加坡增长了 30%。[16] 城市变得越富有，人们的步伐就越快。[17] 在世界上最富裕的城市中，人们的走路速度比不那么富裕的城市要快上好几倍。[18] 时间就是金钱，尤其是在城市里，城市居民的工作时间通常比那些生活在城镇化程度较低的地方的人要长。我们在路上你超我赶，边走边发短信，过劳工作，时间紧张，骄傲地忙碌着，很容易忽视周围的人。一天早晨，我走到伦敦的尤斯顿火车站，想记录下从我身边经过但不看我一眼的人数。但数到 50 以后，我就不再数了。虽然理智让我知道这只是他们个人高度专注的结果，而不是一种攻击性的行为，但被人视若无睹仍让我感到苦闷，就好像我的存在毫无价值。

然而，城市生活的快节奏不仅让我们不社交，还会使我们出现"反社交"。在 1973 年的一项开创性实验中，美国社会学家约翰·达利（John Darley）和丹尼尔·巴特森（Daniel Batson）布置给年轻的牧师们一项讲经的任务，他们可以选择布道《好撒玛利亚人》的故事，或者另外一段随机选择的圣经经文。[19] 在去布道的路上，牧师们会经过一个瘫倒在人行道上、咳嗽不止的男人——这是研究人员暗地里安排在那里的一个演员。巴特森和达利事前假定，被分配到布道《好撒玛利亚人》的牧师更有可能停下来施以援手。但事实证明，牧师们被安排去研究哪一段经文对他们在这件事上的选择并没有什么区别——预测他是否会成为一个"好撒玛利亚人"最关键的一个因素是，他是否认为自己会迟到。如果他觉得自己还有时间，他就会停下来。但如果他的时间紧张，留给施善举的时间也很紧张。也许这个实验与我们许多生活在城市空间的人产生了共鸣。快节奏和自私自利不仅仅让我们总是没有注意到周围多彩的人类生活就匆匆而过，甚至让我们经常看不到那些明显需要帮助的人。

就我自己而言，写这本书让我意识到，自己也极少对路过的陌生人微笑，也很少抽空与邮递员或遛狗经过的人聊天。在伦敦的每一天，我都表现得与那些在尤斯顿火车站里无暇顾及我的人一模一样。这很重要吗？值得让人深思的证据表明，这确实很重要。

为什么我们要与咖啡师聊天

尽管与陌生人的萍水相逢无法给予我们在更为亲密的交谈中获取的那种情感满足，但事实表明，即便是极短暂的交流，也真的能够决定我们是否会体会到孤独。[20]

在 2013 年，加拿大不列颠哥伦比亚大学的社会学家吉莉恩·桑德斯特伦（Gillian Sandstrom）和伊丽莎白·邓恩（Elizabeth Dunn）开展了一项研究，她们调查了"微互动"（micro-interactions）能否对人们的幸福感产生可量化的效果。她们蹲守在一家位于闹市区的星巴克的门前，招募上门的顾客们参与一项实验：一半的顾客被要求表现出友善并与咖啡师闲聊，而另一半则应显得"高效"并"避免不必要的交谈"。[21] 即便是那些被随机指派为"友好"的人只有持续 30 秒时间的短暂互动，但在交流发生之后，他们报告说自己比那些唐突无礼的人幸福感更高、与周围人的联络感也更强。

对此有些冷嘲热讽是可以理解的。毕竟，面对一个按照星巴克员工手册的要求而表现出友好的人，或者一个口中说着由沃尔玛总部撰写的"祝你今天愉快"的人，我们又能真的感觉到什么样的联系呢？或者对于美国"最礼貌的连锁餐厅"福来鸡（Chick-fil-A）的服务员，他们被要求回复"我很荣幸"而不是"谢谢你"——但这真的是他们的荣幸吗？[22]

然而，这一类照本宣科般的微互动可能会产生的影响，远比我们许多人意识到的更为重大。这不仅是因为当我们对有些人表现出友好之后，他们也可能会对我们报以更为友好的态度，或者因为友好的行为本身会带来情感上的提升，更是因为只要表现得体，我们真的很难区分表演出来的友好和真正的友好。以微笑为例，有相当数量的研究表明，我们识别假笑的能力出奇的差劲。[23]

还有其他的原因在此不可避免地发挥着作用，那是一些更深刻的原因。无论是出于真心还是虚情假意，对他人表现得友好，或者成为这种友好的接受者，即使只有非常短暂的时刻，都会让我们想起大家的共同之处——我们人性中的共同之处。照此行事，我们就不太可能感到那么孤独。[24]

这就很好地解释了，为什么近年来的生活会让人感到如此的脱节和孤立。因为我们不仅正在经历比以往大为减少的日常微交流，而且即便我们在进行这些交流之时，往往还要戴着口罩，这意味着我们无法知道别人是不是在对我们笑，他们也不能分辨我们是否在对他们笑（在两米的社交距离外，大多数人甚至看不清戴口罩之人眼睛周围的笑意）。遮住了脸，也掩藏了我们的同情。具有讽刺意味的是，我们这样做的动机很可能反而并不是出于自身的利益，而更多的是出于保护他人的责任。

飘忽不定的邻里

然而，能够影响到我们情绪的不仅仅是我们的行为。正如我们所见，孤独也有其结构性的成因。以许多大城市中生活的瞬息万变为例——人们不断的来来往往、无休止的搅扰。在许多主要的大都市之中，租房住的人数会远超自有住房的人数，而租房一族往往比坐拥房产的人更频繁地搬迁。[25] 例如，在伦敦，2016 年租房客的人数略高于拥有住房的人数，而平均租期只有 20 个月左右。[26] 在纽约，绝大多数人都是租房居住的，2014 年有近 1/3 的人在之前的三年内曾搬过家。[27]

这对于社会凝聚力的影响可就大了，因为无论我们是那个总在搬家的人，还是那个留在原地不走的人，都要面对同样的问题——大家都不太可能了解自家的邻居，进而很可能就会感到更为孤立。在隔离期间，如果我们连邻居的名字都不知道，几乎就不太可能去敲开他们的家门，向他们借牛奶或帮他们捎带些杂货。并且，如果我们认为自己很快就要搬去另一个新的居民区，也就不太可能愿意花费时间和精力，去建立纽带，以及对社区做出贡献。

对许多城市居民来说，不断上涨的租金和难以承受的房价，使得他们扎根于某一个社区并在那里进行情感投资成为经济上越来越难以为继的选项。再次重申，这是关乎我们所有人的一个共同问题。要想让邻里充满活力，而不仅仅是砖块、柏油路和人行道的简单堆积，就需要培育和参与。而这一切又需要以信任为前提。但问题是，如果我们不认识自家的邻居，又怎么可能去信任他们呢？这就很好地解释了为什么在美国，只有不到一半的城市居民表示，他们有一个值得信任的邻居可以托付家里的钥匙，而在农村居民之中，这一比例是 61%。[28]

所以，为了让邻里关系更为亲密并且让自己感到不那么孤独，少一些辗转迁移就是重要的一步。国家和各级地方政府都可以在这方面发挥作用。在某种程度上，这就是如何稳定房租支出的问题，而有一些机构正在直面解决这个问题。比如在柏林，当地政府于 2019 年 10 月宣布，将要实施一项为期 5 年的租金冻结令。[29] 还有其他一些城市，包括巴黎、阿姆斯特丹、纽约和洛杉矶，有的已经推行了某种形式的租金稳定措施，有的则正在酝酿初步的方案。[30]

对于这些举措是否能达到人们想要的效果，现在下结论还为时过早。根据经济学理论，由于限制租金会降低建造新住房的动力，这些政令最终会加剧住房供给的短缺，因而导致房租价格的上扬。[31] 因此，其他形式的干预措施可能会产生更好的结果，比如准许更长期的租约，乃至无期限的租约，这样租户们就知道自己能够在这个社区长期居住——尽管为了达到这一点，想必也需要某些相应的租金稳定措施。一些城市还对任何一套房屋在爱彼迎或同类的短期租赁平台上在一年之中能够出租的天数进行了限制，以图阻止滚滚而来的住客"传送带"。不管哪一项措施最管用，所有的这些例证都表明政府和地方当局已经初步认识到，为了我们的集体利益，需要对住房领域中的市场力量加以调控。

一个人生活……

住房的所有权只是影响到城市生活孤独感的结构性因素之一，导致城市生活封闭的另一个因素是都市人越来越多的独居生活。

过去，这在农村曾经是一种更普遍的现象。在 1950 年的美国，像阿拉斯加、蒙大拿和内华达这样幅员辽阔的西部州，独居生活的人占大多数，因为正是在这些发展较晚、土地富余的州之中，单身的男性移民有机会寻求冒险际遇，获取财富或作为劳工得到一份稳定的工作。[32] 然而，如今在像纽约、华盛顿和匹兹堡这样的大城市里，孑然一身才是最普遍的。[33] 在曼哈顿，超过一半的居民自己一个人住。[34] 东京、慕尼黑、巴黎和奥斯陆[35]这样的城市情况也类似，大约有一半的居民也是独身居住。[36] 在伦敦，预计在未来 20 年之内独居人口的数量将会增长 30%。[37]

对于一些人来说，独自居住无疑是一种主动的选择，标志着独立以及经济上的自给自足。[38] 直到最近，婚姻才不再是女性经济上的必需品，这意味着更多的女性可以选择独自过日子。[39] 我自己就曾这样过了很多年。但对于许多人来说，独居只是有限的选项之一，更多情况下，独居可能是丧亲或离异的结果。还有一些人可能非常想与伴侣共同生活，但只是还没有遇到"对的人"，因为他们投入在工作上的时间太长、经济上没有安全感或者在数字时代约会存在困难。有些人甚至想找人合住，但发现自己无法"通过"合租的"筛选程序"，因为他们年纪太大、身体不好，或者性格内向，因此被认为"不适宜"与人合住。

不管出于什么原因，并不是每一个独自居住的人都是孤独的。[40] 事实上，独自生活可以给我们走出家门与他人互动的动力，而这是那些与他人一起生活的人不一定有的。[41] 在遇到我丈夫之前，我肯定比现在更想晚上与朋友们一起出去消遣。此外，和他人住在一起并不能保证有真正的陪伴，反而可能会让人感到极度孤独，那些与患痴呆症的伴侣一起生活而感到孤立无援的人可以证实这一点。

然而，数据是非常清晰的——根据欧盟委员会的《2018 年孤独报告》（*2018 Report on Loneliness*）[42]，独自生活的人感到孤独的风险比与他人一起住的人高出 10 个百分点。此外，独居的人比与他人一起住的人，更经常地会感到孤独，特别是在生活中最困难或最脆弱的时刻。[43] 正如 70 岁的英国离异妇女希拉满含泪水地跟我解释的那样："生病时身边连个能倒杯茶的人都没有，这很孤独。"当时她刚从一场流感中恢复过来。

……独自进餐

一个人品茶可能会很孤独。独自用餐也一样。然而，独自一个人吃饭是独居者增多的必然结果。看一看近年来"一人食"套餐的销量是如何飙升的！[44] 在一天之中，吃饭的时候往往最让那些独自生活的人强烈地感触到自己的孤独和寂寞。他们中的一些人挖空心思地想缓解这个问题。

这一点在韩国尤为明显，所谓"吃播"（mukbang）的市场正在蓬勃地发展，许多人在屏幕前观看别人吃（大量的）食物，同时自己也在旁边用餐。[45] 虽然听上去令人难以置信，但在过去的十年里，这已经成为全球范围内快速增长的一个趋势。在日本、马来西亚、印度和美国，吃播也越来越受欢迎。[46] 在 2019 年，吃播在马来西亚的观看时长增长了150%。[47]

最受欢迎的吃播网红能有超过 200 万的粉丝，每年可以从直播之前和穿插其间的广告中赚取六位数（以英镑计）的收入。[48] 最成功的网红甚至开始寻求赞助的机会。印度尼西亚的吃播主播 Kim Thai 与助消化药佩普（Pepto-Bismol，碱式水杨酸铋片）的合作简直就是天作之合，而美国网红 Nikocado Avocado 则为一款电脑游戏《烹饪日记》（*Cooking Diary*）打广告。[49]

吃播的观众主要是那些独自居住的人。"对着电脑屏幕，把吃播的主播当成'饭友'和他们'闲扯'，可以缓解吃饭时候的孤独感。"首尔国立大学的研究人员朴昭静（Sojeong Park）2017 年在一份与他人共同撰写的吃播报告中如此写道。[50] 确实，2020 年 1 月发布的一项研究中回顾了 33 篇关于观看吃播的影响的文章，发现观看吃播能显著降低人们的孤独感。[51]

看吃播主播吃东西并不是一种被动的体验。非要给个评价的话，那是一种社交的经历或至少称得上是一种模拟社交的经历。观看者花一些钱，就可以为喜爱的吃播主播送上"星星气球"，"气球"会闪现在直播屏幕上让所有人都能看到。每当有"气球"飘入公共聊天窗口，主播通常会停止咀嚼，甚至念出打赏人的用户名以表示感谢："感谢这 10 只星星气球……hbhy815，我谢谢你……你想让我先吃哪一个？奶酪炸丸子，怎么样？"[52] 这些吃货网红承认他们给粉丝们带来了陪伴感。"我已经成了他们的朋友。"吃播主播 Kim Thai 说。[53] 但就像我在"租个朋友"上遇到的布里塔妮一样，这份友谊是我花钱买来的。与"点赞"或"送心"不同，购买这些气球花的可是真金白银。一位名叫 Haekjji 的吃播网红在一次直播中收到了 12 万个气球，大约价值 10 万美元。[54]

我明白与 Kim Thai 或者 Haekjji 一起吃饭可能远比独自进餐更好，但我担心这一类商业化和商品化人际关系的社会后果，就像我会担心买来的友谊的后果——比如我与布里塔妮的经历。并非因为这种交易得来的人际关系不能减轻孤独感——它们能在相当大的程度上减轻孤独感，至少对某些人是这样的，危险在于，由于买来的人际关系几乎不需要我们情感上的投入（它们是买来的，而非争取到的），它们很容易最终成为我们的首选项。正如近几十年来对人类学和商业的研究表明，人类毕竟天生会选择最轻易的方式。[55] 事实上，布里塔妮告诉我，她的一些客户跟她讲，他们更喜欢租用她，而不是"把精力和时间花在可能会给自己带来麻烦的人身上"。

也许，这就是为什么有一些吃播的粉丝宣称，"真正"的友谊会让自己觉得是一种负担，就像有一个女人说自己正要吃晚饭，此时以前大学室友打来电话，而自己不得不接听，这件事让她感到不胜其烦。"我本来要坐下来观看 YouTube 上的视频，却不得不一边吃饭一边和她说话，这真的让我觉得冒火。"[56] 是的，这位年轻的女士宁愿一个人坐着，看着 Nikocado Avocado 吃掉 4000 卡路里的食物，也不愿意与一个真正了解她的朋友交谈。

这些也许都是极端的例子，但反映了更为广泛的一个问题，并且也会对社会产生影响。因为，我们越多地参与有偿的人际关系（无论是虚拟的，还是当面的），或者更多地继续独自生活，我们就越发疏于练习打造社群和巩固包容性民主所需的技能。[57]

打磨我们的民主技能

与别人一起生活或一起吃饭就能让我们实践民主，这听起来像是天方夜谭。但通过这些更细微的互动，我们确实能够学到成为更大的事业中一分子所需要的技能。

我们每个人都能想起自己生活中遭遇困难的时刻。也许只是一些琐碎的小事，比如谁该负责倒垃圾，或者轮到谁来做饭。与别人一起居住生活让我们学会如何去解决很多的问题，让我们学会权衡自身与他人的欲望、学会妥协、学会解决分歧、学会与人和平相处。我们中的许多人最早都是与父母兄弟住在一起的，后来又依次变为了室友、伴侣、配偶和子女。也许我们为了一间单配公寓多付的 20% 租金或者为了租个朋友花的每小时 40 美元，真正买到的东西之一就是不必去应付那些麻烦事情，也就是能够在任何时候都按照自己的方式行事。我们买的就是随心所欲，然而在我们付出的代价之中，可能包括失去了机会去升华我们亲社会（prosocial）的民主本能。

因为与室友、邻居或者伴侣，无论是讨论、商量还是带有敬意地反对，都是我们必须要练习的重要技巧，为的是学会包容性民主的一个关键信条——有时候为了"大我"不得不牺牲"小我"。

更重要的是，这些技能最好是通过亲力亲为地练习。在民主的萌芽阶段，6000 位雅典公民会经常聚集在靠近市中心的山顶上，或者城市广场（Agora）（市中心附近的一处开放场地）上绝非是巧合，这在塑造民主的过程中发挥了关键的作用。[58] 身体上的共处能产生一些非常珍贵的东西，而数码化的人际关系，甚至通过 Zoom 这样的视频服务进行交谈，顶多只能算是拙劣的替代品。因为只有当我们能看清对方的眼白、能分辨出肢体语言甚至气息等非语言性的表达时，我们才能最好地体会到同理心、实践互惠与合作。而且相比关机下线或挂断电话，当面交流时我们也很难因与他人意见相左就径直走开。这就是为什么在我们的数字化生活中保持面对面的交流是如此重要，特别是在这个零接触的时代（我们将在下一章看到这一点）。

| 第 5 章 |

零接触的时代

　　我正在曼哈顿东 53 街的一间杂货店里。荧光灯照亮了摆满五彩斑斓的商品的货架。麦片、冷饮、蔬菜和冷冻食品，这里全都是些常见的货品。

　　如果不是入口处有一排整齐的白色闸机，这家店看起来很平常——就像是一家普通的城市便利店。但仔细往四周察看一番，我们会发现这里有些不寻常。商店里没人在工作——没有收银员、没有穿着制服的工人往货架上摆放商品，也没有人帮我们弄明白如何在烦人的自助收银台上扫条形码。抬头看看，我们就会明白为什么会这样。我们头顶上方明显可以分辨出星星点点地安装着几百个摄像头：我们的一举一动自始至终都被监视着。所以，也就失去了排队的必要。我们可以随意把饼干尽可能隐蔽地放进口袋里——无论多么细小的动作，都会被数码化地记录下来。当我们离开商店时也不会有保安追出来，但我们会被自动扣款。

　　这是 2019 年的 9 月，我去了当时 Amazon Go 最早的一家便利店购物。当时亚马逊的目标是到 2021 年在全球拥有超过 3000 家这样的店面。[1]

　　那在当时是一种非常怪异的购物体验。一方面我享受其中的便利之处，就是我可以没有顾忌地随意进出——跟我交谈过的顾客也都非常喜欢这一点。但我也对其中的寂静感到不适——这个地方有一种修道院般的氛围。我还惦念收银台旁的闲碎聊天。让我感到烦恼的是，当我走近其他购物者询问他们的体验时，他们似乎有些不快，就好像我说上几句话就侵犯了他们的私人空间。

世事的变化也太快了。因为不久之前还像是未来主义的玩意儿，如今似乎已经成为我们生活在新冠疫情下的典型方式。

以亚马逊为极端代表的零接触商业，自然早在 2019 年秋季之前就已经成为越来越清晰的产业趋势，因为越来越多的自助收银台、网站和手机应用，让我们能够让人将从日常杂货到宠物用品，再到处方药的几乎所有商品送至门口。其实更早之前，我们开车停在麦当劳的服务窗口，在屏幕上轻点几下，就可以买到巨无霸汉堡；无须跟有血有肉的书店售货员尬聊，经由亚马逊算法的"专属推荐"，就可以获得书籍读物；有赖于像 Asana Rebel 一类的在线瑜伽应用或者像爱德琳这样的 YouTube 主播，我们就可以在自家私密的客厅里挥汗如雨地锻炼；借助 Deliveroo、Seamless、Caviar、Postmates、Just Eat 或 Grubhub 等网站的服务，就可以方便地将餐厅的美食送到我们的家中。

然而，新冠疫情所成就的就是将之前存在的趋势形态，从缓慢且稳定的增长转变为急剧而又快速的拉升。仅仅经历了几周时间的隔离，就发生了 200 多万人同时跟着 YouTube 视频上的爱德琳一起做瑜伽、40% 的美国杂货消费者完成了自己的第一次网上购物、我的 82 岁的老父亲也通过 Zoom "参加"了当地社区中心的课程等事件。[2] 一夜之间，零接触在众多方面成为我们唯一的选择。

准确预测这种情况的长期后果是不可能的。正如我们所见到的，人类对于近距离的接触和身体上的联系存在着深深的渴求，在本书的后面，我们也会看到欣欣向荣的"孤独经济"又如何成为一种制衡的力量。但事实是，新的习惯一旦形成，很快就会固化下来。就像很多经历过大萧条的人一生都很节俭。[3] 最近，我们看到在 2008 年金融危机导致的家庭开支削减过去了这么久之后，奥乐齐（Aldi）和达乐（dollar General）这样的大型连锁折扣杂货店、自有品牌的零售商和一元店仍然在欧美的中产阶层消费者当中深受欢迎。[4]

考虑到消费者们对于感染的担忧很可能还要持续很长的一段时间，而且很多在隔离期间使用过零接触购物的人对其有良好的体验，并且感觉很舒适——便利性及选择更多样性的双重叠加。在后疫情时代的全球重建中，很可能至少在一些品类上的零接触式互动还将保持强劲的增长。许多人在疫情隔离期间第一次尝试了零接触的方式，他们可能会继续使用所谓的"低人类触碰"（low human touch）的消费模式，特别是伴随着很多企业正在大力投资于用于减少客户与员工的互动的某些技术和工作实践。

早在2020年4月，连锁餐厅就在开发技术，让顾客无须与服务员接触就能点餐、支付。允许司机不下车就能向加油站付款的手机应用也越来越受欢迎。由于可以节省相应的劳动力成本，许多精打细算的公司热衷于维持这些消费者消费习惯的变化。而当前的情况更是如此，因为人们依然对未来的隔离存在担忧，保持社交距离仍然是"官方"的建议，经济仍被认为是脆弱的。

系统化的零接触式生活才是引起我担心的真正缘由。因为，若是越来越多的人从我们的日常事务中被排斥出去，难道不会注定让我们感到孤独？若是轻快的城市生活不再能包含收银台旁的寒暄或与酒保的打趣，若是我们不再能看到面容友善的人在熟食柜台后面为我们制作三明治，或不再能看到成功完成自己第一次的徒手倒立后瑜伽导师那鼓励的微笑，如果我们丧失了从已知能让我们感到更紧密联系的微互动之中能获得的所有好处，不就注定要加剧已存在的封闭和脱节吗？

此外，危险之处在于，我们做事的方式越是不接触，我们就会变得越不擅长与人自然地进行沟通。因为尽管那些创新无疑能够让我们活得更安全（至少在某个时期如此）、更方便（或用科技语来说就是"无摩擦"），但人类彼此之间的碰撞不仅让我们感受到彼此相连，而且也教会我们如何做到彼此相连。即便是像在杂货店过道上心照不宣地让谁先通过，或瑜伽课上把自己的垫子放在什么地方这样一些简单的事情，都在逼迫我们做出妥协，并考虑他人的利益。

除此之外还存在超越个人或个体层面的后果。让我们回想那只孤独的老鼠，当它被另一只老鼠"打扰"时出现的发狂行为。当我们感受不到与邻居的关系时，我们会滋生出多么大的敌意及对自身环境的危机感。零接触时代的危险在于我们彼此之间的了解会越来越少，彼此之间的联系会越来越淡薄，从而对彼此的需求和渴望越来越漠不关心。毕竟，如果我一个人坐在家里独自吃着外卖，又如何学会与他人一起分享面包呢？

然而，零接触的生活不仅是技术进步、消费者对便利的贪求甚至世界被新冠病毒所裹胁的后果。其实早在新冠病毒来袭之前，我们就已经在构建一个四处分隔和原子化的世界。

带敌意的建筑

第一眼看上去，那就是一张说不出形状的、长条状的混凝土板凳。如果我们只是想找个地方小坐一会儿，它上面的任何一个微微倾斜的不规则表面都很适合。但如果我们想干点儿别的事情，它的不规则形状就开始捣乱了。躺下吧，总会有那么一个棱角顶着身体上的某个部位。坐着吧，超过 15 分钟也会感觉不太对劲。这个名为"卡姆登长凳"（Camden Bench）的玩意儿被科学作家和评论家弗兰克·斯温（Frank

Swain）称为"终极的非物体"（the ultimate non-object），而名为"百分之九十九隐形"（99% Invisible）的播客节目将其描述为"不友好设计之集大成者"。[5]

出现这么一张很难让人感到舒适的长凳并非偶然。不舒服才是该长凳设计的全部出发点。如果这个凳子能让一个无家可归的人很难在上面休息，能让滑板手无法尝试在上面施展滑板技巧，甚至能让一群年轻人坐在一起的时候感到腰酸背痛，那么这些人自然而然就只能换个聚集的地方。

卡姆登长凳的出现并非个案，我们的城市设计越来越多地排斥那些被视为"不受欢迎的人"。它的本质就是一个"敌意建筑"（hostile architecture）——聚焦于"排斥"的城市设计理念，带有抑制群体活动的特点，并表明"哪些人是受欢迎的、哪些人不是"。

在我们居住的附近找一找，很可能会看到很多类似的例证——公交车站里巴掌宽的座椅，勉强能让人半倚着"坐"在上面；有诸多扶手的公共场所座椅；店铺大门外人行道上的金属格栅，在晚上会长出尖钉；公园栅栏上布满了在城堡防御中使用的倒刺。我们可能会好奇，长椅上多几个扶手有什么不好？当然，如果只是坐在长凳上，那么有东西可以支撑手臂会很舒服，但将长椅分割成好几个部分的真正原因就很阴险了。多个扶手让人们没法子躺在长椅上，这一点就特别针对那些无家可归的流浪者。

就像在"孤独的世纪"之中出现的很多趋势，这个问题也是全球性的。在加纳的阿克拉，大桥下都会放置很多巨大的石块，以防大桥下被无家可归者当作庇护所；在西雅图，很多有遮挡的平坦之处被装上了闪闪发光的自行车停车桩，那些地方之前被流浪汉所占用，市政府后来承认这一举措的初衷并非为了照顾骑自行车的人，相反作为"无家可归者的紧急响应工作的组成部分"，为的是"防止该场所被反复占用"。[6] 也许称得上最恶毒的事情发生在 2015 年的旧金山，圣玛丽大教堂采取了一个非常不符合基督教教义的措施，在入口通道的上方安装了一套洒水系统，用于喷淋睡在门口的流浪汉（不出所料，这激起了公愤）。[7]

敌意建筑并不仅仅限于对付无家可归者。在费城和美国其他的 20 个都市圈里，运动场外的路灯上都配有一种小型设备——恰如其分地被命名为"蚊音器"（Mosquitoes）。这种设备能发出一种尖锐的刺耳声音，但只有青少年能听得到，而年长者则对这一频段免疫（这一现象被称为老年性耳聋，因为某些种类的听觉细胞会随着年龄增长而相继死亡）。[8] 制造这一设备公司的总裁表示，蚊音器的目的是"赶走"不守规矩、"闲混"的青少年，顺便腾出空间让成年人感到舒适。[9] 出于类似的理由，英国各处的公共场所都安装上了粉光灯，用来突出粗糙的皮肤和痤疮——这是一种"反游荡的策略"，让虚荣的青少年在青春痘和瘢痕被暴露之后就离开。[10] 据一位诺丁汉的居民说，他一开始认为这个主意"不那么靠谱"，但是"这一招管用啊"。[11]

尽管有人会说"敌意建筑"并不是一个新的概念，比如城堡周围的护城河和古代城市的防御城墙，但它的现代形态源于美国在 20 世纪 80 年代施行的"破窗"（broken windows）政策。在那个时代，无家可归者在公共场所像站着、等候和睡觉等日常行为（尤其是有色人种"犯"下这些行为），开始被妖魔化地视为"扰乱秩序"和"反社会"。[12] 从逻辑上讲，阻止这些行为会让周边地区更加"有序"，并且说服本地人"认领他们的公共空间"也能预防犯罪。[13] 于是，在外面玩成了"游荡"，睡在大街上成了"不正当的借住"，消磨时间成了"闲混"，（观察形形色色的人来）打发时间变成了"窥视"。[14] 事实是，"破窗理论"已经被揭示存在着严重的缺陷，它导致对少数群体的吹毛求疵[15] 和对更严重犯罪的无效威慑，但这并没有阻碍许多城市继续依赖它的策略。[16] 结果是，在过去的 15 年里，全球各地的城市还继续喷涌出各式各样的尖桩。

在某种程度上，这让人感到不可思议。相比于乡村，城市压倒性地倾向于社会自由政策。历史上，城市的地方政府偏好在社会福利和食品券等社会项目上的人均支出更多，即使当地的贫困状况不那么普遍，[17] 而且当选的官员也普遍更为左倾。[18] 考虑到这一切，我们或许期望在城市环境中发现更高程度的同理心——毕竟，投票支持贫困人口（通过左派的福利议程）本应出于关心和同情，以及要帮助有需要之人的共识。然而，这些富有同理心的想法，无论饱含多少热诚，并不一定在实践中，让我们对那些与自己一起共享公共空间的人转化出多少共鸣。[19]

究其本质，那些赞成社会项目的城市居民就是将自己的同情心完全托付给政府，只要自认为不会让自身的生活质量受损，就全心全意地支持任何一项新锐的设计方案。对于很多自诩是自由主义者的城市居民，他们中间的"邻避"（not in my back yard）心态就很全面地被记在了史册上。[20] 此外，政治学家梅丽·隆（Meri T. Long）的研究表明，在美国，虽然民主党人更有可能"凭本心去投票"（vote with their hearts），但没有证据能表明他们在日常生活中表现得更富有同情心。[21] 因此，尽管旧金山市自 1964 年以来一直由民主党的市长胜出，同时也是身为众议院议长的民主党人南希·佩洛西的家乡，但在无家可归者的数量和敌意建筑的方面领先于全美国。[22]

敌意的环境加剧了已经被边缘化群体（比如无家可归者）的孤独程度，我们本就应该帮助这些群体，而非不让他们使用长凳。[23] 进一步讲，其实我们所有人都因这类排斥性的建筑付出了代价。就是这么一张公园的长椅，尽管它的设计初衷是为了让流浪汉睡得不安稳，但也让我们不太可能提议与朋友去那里坐下闲聊。就是这一类公交候车亭内倾斜滑溜的靠椅，不仅对那些"游荡之人"不友好，也让那些挂着拐杖坐车去购物的人或去探望朋友的多发性硬皮病患者难以使用。不待见滑板手的卡姆登长凳也让老年人反感，因为他们本来可能坐在上面享受阳光并度过一个愉快的下午，或者在午餐休息时与店主聊天，或者守望路过的儿童——社区中这些忠诚拥护者的身影被城市规划的积极分子简·雅各布斯（Jane Jacobs）称为"街道眼"（eyes on the street）。[24]

在承担一项在道义上值得怀疑的任务（保护社区免受那些被认为是"不受欢迎之人"的侵扰）的同时，敌意的建筑也拒绝给予我们一切的共享空间，尽管在那些地方，我们可以一起围坐、一起休闲、一起聚集。值得讽刺的是，如此一项初衷在于保护社区的策略很可能造成了适得其反的后果。

暗藏的排斥

购物中心的高频声波驱散器、充作长椅的混凝土板以及袭扰教堂外无家可归者的洒水器，这些事物所传递的关于"哪些人是受欢迎的、哪些人不是"的信息是非常明确的。然而，在我们城市之中的排斥方式即便不那么明显，也会引起不安、疏远感，最终引发孤独。

位于伦敦纽汉区的皇家码头项目时尚又优雅，宣称能"利用河流、城市景观和我们周围的开放空间，提供设计精美的住宅和公寓，采纳个性化和变革性的理念"。[25]光鲜亮丽的项目营销小册子中展示了游泳池、桑拿房、俱乐部和配备私人教练的"科技健身房"，吹捧这些设施是"把人们凝聚在一起的完美平台"。

从外表看，这个绿意盎然的滨河社区"从内到外体现了让生活更好的设计理念"，显然是一处豪华的生活港湾。开发商巴利摩集团显然把重点放在创造社区的空间上，配套了一个古色古香的"商业街"区域——"科林斯广场"，并且沿着泰晤士河畔铺设了木板路。但问题在于，这片区域并不能供所有人使用。对于那些加入巴利摩集团综合改造项目中廉租房计划的低收入租户来说，这是显而易见的。

埃德·厄洛斯（Ade Eros）带着两个儿子在 2018 年搬进了一套三居室的平层公寓，他非常期待能在皇家码头的游泳池里教孩子们游泳。然而，他很快就发现，与其他 17% 接受租金补贴的租户一样，他的家庭无法使用俱乐部会所或其配套的设施。[26] 另一位居民也说："我们就像是借住在这里的穷亲戚。"

在伦敦南部的贝利斯旧校住宅区之内，类似形式的隔离也正在发生。在那里，归功于那些难以穿过的灌木篱笆墙，指定用于社会保障住宅所在的街区被从"公共"游乐空间分隔出去，低收入的居民无法进入游乐场。萨尔瓦托雷·雷亚（Salvatore Rea）就是一位住在这里的廉租房的居民，像他这样的家长在看到其他人家的孩子能玩耍的地方却对自己的子女禁入，所体会到的苦楚可想而知，而原因仅仅在于他居住建筑的所处位置。他解释道："我的孩子与其他住在这片新建住宅区的孩子是朋友，（但是）他们没办法跟那些孩子一起玩。"[27]

上述的两起事件中，在公众的强烈反对之下，隔离的规定后来被推翻了。[28] 然而，在许多情况下，将一部分居民（包括儿童）无形地排除在外的措施仍然坚不可摧。

在伦敦市另一头的韦斯特伯恩广场住宅区，接受补贴的租户们（其中有一些是格伦费尔大厦大火[⊖]悲剧的幸存者）在我撰写这部分内容的时候，仍被排除在自己公寓可以俯瞰的公共花园之外。[29] "我 7 岁的儿子在班上

　⊖　2017 年 6 月 14 日，伦敦格伦费尔大厦发生火灾，造成数十人死亡。这幢高 24 层的公寓楼是 20 世纪 70 年代廉租公屋政策的产物，居住在其中的多数是收入较低者。——译者注

有个最好的朋友就住在私家住宅的那一侧。"住在这里的艾哈迈德·阿里（Ahmed Ali）说，"他们在学校坐在一起，回家却无法一起去玩。私家住宅的住户可以使用所有的东西，他们可以使用所有的门，他们自始至终都可以从我们的这一侧穿堂而过，他们还在这里遛狗。这是公开的歧视。我们也工作，我们也付物业费，我们也交房租，我们不应该被如此对待。"

这不是英国特有的现象。纽约和华盛顿也跟伦敦一样，竟然都出现了"穷人入口"（Poor doors），指的就是在更富有的小区之内对廉租住户的独立入口。[30] 一直到 2015 年，在那些美国城市里，甚至在它们的建筑隔离了不同的租户的情况下，只要房地产开发商将一定比例的市价公寓用作低收入人群的保障性住房，就能够收到税收的减免或分区限制的放宽，尽管这些优惠政策的本意是造就更好的融合和包容。[31] 在温哥华（北美房价第二高的城市）也发现有些项目为商品房住宅和公共的廉租房分别提供了独立的游乐区域。[32] 这一次，在遭到强烈的反对后，开发商做出了让步，他们换了一种方式将其隔开，并非融合不同的游乐区域（他们认为这是"不可行"的），而是让在不同区域玩耍的孩子们看不到其他的区域。[33]

禁止孩子们在同一个场地一起玩耍，这尤为让人感到震惊！确实，这勾起了我们脑海中一些令人不安的画面，既有历史上的，也有当代的——从种族隔离的南非，到美墨边境上隔离墙两侧想一起玩跷跷板（跷跷板就跨在边境线上的铁链和带刺铁丝网之上）的孩子们。[34] 问题在于，除非明令禁止或会因此受到惩罚，否则市场的动力往往是制造隔离。想一想私立学校、私立大学、私人庄园、私有的豪华轿车、主题游乐园的"快捷通行票"、餐厅和酒店里的专属会员、交通工具的头等舱或俱乐部的 VIP 区。现实情况是，富人为了将自己与普通大众区分开，往往愿意支付溢价。古往今来一贯如此。

那我们就一定要问自己一个问题，在什么情况下这样的排斥性措施是不可接受的？既要考虑道德上的原因，也要出于利己主义的层面。因为正如我们之前看到的，当人们感到受冷落的时候，其实我们每一个人都会付出代价。我们也见识过，当人们互不了解的时候，就更容易滋生仇恨和恐惧。记住最强烈的反移民情绪往往出现在极少有移民的地区——在那些地方，人们很有可能极少会当面遇到移民人士，跟他们交流或建立友谊。如果出身于不同收入水平的家庭、不同的背景和不同的种族的儿童们连在自己所住的街区都无法一起玩耍，那我们岂不就在为自己营造了一个更加支离破碎、更为社会分裂的未来？

社会学中有一个长期流行的观念，即一个社区越多样化，其成员之间的信任程度就越低，但最近对伦敦（也许是地球上种族最多样化的城市）的研究，破除了这个荒诞的迷信。[35] 因为，若是这些社群内部较小的团体间"互不交往"，相互之间信任的程度可能会受到影响，但研究人员发现，不同种族群体之间的接触越多，整个社会的凝聚力反而就变得越强。[36] 事实上，在"种族多元化的社区"之中，研究人员得出结论："那些报告说经常和住所周边人接触的人，一般比那些很少或根本没有人际接触的人更容易相信周围的人，信任的对象也包括陌生人，而不仅限于住在周边的人。"这一结论与接受调查对象所属的种族无关。[37]

简而言之，与那些跟自己不同之人的每日面对面交流，更容易让我们发现彼此之间的共同之处，而不是有区别的地方。为了让这个"孤独的世纪"变得不那么孤独，我们需要更多的接触，而不是更少。

这就是为什么近年来我们城市环境中最令人担忧的一个趋势就是削减公共资金。这部分资金本该用于支持我们所有人都可以交流的场所，无论是青少年活动中心、图书馆、社区中心、公园或是游乐场。而在2008年金融危机和随后的经济衰退中，随着政府开支的削减，这一趋势还有所加剧。

在英国，自 2008 年的金融危机以来，有 1/3 的青年俱乐部和接近 800 所的公共图书馆[38] 被关闭[39]。在危机后的 10 年里，全国 41% 的成人日间照料中心（这些是老年人、弱势群体以及社会上一些最孤独群体的救生索）也被关闭了。[40] 公园作为近百年以来所有不同群属的人们共同漫步和嬉戏的场所，仅仅在 2017 年至 2019 年之间就失去了 1500 万英镑的地方资金资助。[41]

其他地方也是差不多的光景。从波士顿到巴塞罗那，从休斯敦到勒阿弗尔（法国港口城市），从堪萨斯州到加利福尼亚州，全球各地的社区也都面对必要社会基础设施匮乏的困境。[42] 并且，这个问题在城市里通常要比在其他地方更严重。[43]

为了让人们能感到团结，就需要公共空间有充足的资金支持，并能够受到大家的珍惜——在那里，人们可以形成、发展和巩固各式各样的关系，包括跟与自己不同的人交往；在那里，无论种族、民族或社会经济背景，我们所有人都可以互相产生影响。如果不能互相交流，我们就无法加入到一起；如果失去共用的场所，我们就不能找到共同之处。

这一点需要强调，因为鉴于我们面对新一轮窘迫的经济形势，各国的中央及地方政府将有动力在未来的几个月、甚至几年里，进一步削减在这些空间上的公共开支。如果要开始修复在新冠疫情期间变得越来越明显的社会分裂，我们就不能任由这种情况发生。自 2008 年的经济下行以来，公共空间的生命力早已经油尽灯枯，而让公共空间再次获得资金并重新焕发活力的举措是没有商量余地的。不仅仅要重新资助现有的公共空间，地方政府和国家政府也必须尽一切所能，将包容之理念置于新建设项目的核心地位。

芝加哥前市长拉姆·伊曼纽尔（Rahm Emanuel）在任期内曾发起过一项提案，其内容为所有地方政府的力所能及之事务提供了一个启发性的例证：有三个新公共住宅开发项目被设计为配套了芝加哥城市公共图书馆的分馆。图书馆是社区聚会的场所，是隔代人的交流纽带，是来自不同社会经济背景的人们聚在一起阅读、聆听、观看影视作品、享受成为社区环境一分子的地方。在图书馆之中，靠政府救助的家庭的孩子和住在商业住宅的孩子一样受欢迎——有条件甚至并肩坐在一起。"芝加哥正在打破成规，"在宣布这一任务时伊曼纽尔讲道，"将世界级的图书馆与住房建设结合在一起，可以构建强大的社区，并为所有的社区居民提供一个可以聚集、分享并获取成功的地方。"[44]

事实上，图书馆的引入提升了社会的凝聚力，因为原有的居民（通常相对比较富裕）并没有怨恨新的"住房项目"在他们周围的突然出现，而是把这个开发项目积极地视为他们自己所住的社区、自己的孩子们及他们的住所的福利。

"有时候，只要听说福利房来到了自己的邻近区域，有些人可能会非常不开心，'嗯，是的。在其他地方提供福利房没关系，反正不能在我的后院'。但这次整个社区对此都非常支持。"负责设计该区域的建筑公司常务主管道格·史密斯（Doug Smith）这样说。[45] 谢利·麦克道尔（Shelley McDowell）也表示赞同："我希望这能帮助那些没有经济保障的人改善他们的生活环境。"麦克道尔是芝加哥公共图书馆的常客，她也是一位施行在家教育⊖的母亲，"对于更富裕的人来说，我希望这个项目能让他们了解其他群体，并在社会地位不同的群体和社区之间架起桥梁。"[46]

芝加哥配备图书馆的开发项目就是一个强有力的标志，让我们看到了希望。这些项目表明，我们还有办法克服城市生活的原子化，并且物

⊖ home-schooling，在家学习、不去学校的教育模式。——译者注

理环境可以极大地影响到我们交往的方式和对象。

通过另外一种方式，政府还可以施加干预：承认当地的商铺和咖啡店可以成为社区的枢纽和邻里生活的中心。尽管我们不能让市场成为社会的单一监护者，特别是正如我们所知道的，市场经济不会在乎包容性，但重要的是，要承认本地商业在缓解我们集体性孤独上发挥着关键的作用。我会在后面的部分更详细地讨论，私营部门在重新激活社群方面能够发挥哪些作用，但明确的是，考虑到新冠疫情对商业街区的打击，政府部门为了不让本地店铺倒闭更要给予一些实质性的支持。

这类措施也同样有先例可循。比如，比利时的鲁瑟拉勒在 2015 年引入了对房东征收的"店铺闲置税"（门店空置一年以上就会开始生效，空置的时间越长，赋税就越重），打击了房东们为了能将房租提高到小微企业无法承受的水平而主动选择空置的积极性，对当地的商铺空置率产生了重大的影响。当地政府还出台了一项政策，拒绝任何市区以外新开设零售场所的申请，防止位于郊区的商场和超市开业把消费者从市中心吸引走。

同时，现在也正是一个好时机，依照英国森宝利（Sainsbury's）超市前首席执行官贾斯珀·金（Jasper King）的呼吁，对商业街店铺商业税实施减半征收。尤其是考虑到当地店铺不仅要应对社交距离和经济低迷，还要忍受在近期一系列事件的催化下购物习惯从线下到网上的突然转变。英国免除 2020 ～ 2021 年度商业街店铺营业税的决定，应该被视为一个开端。

政府显然可以采取一系列的财政政策和区域规划方案，主动帮助我们的商业街区生存下来。但我们的政治领导人还能够做更多的事情。

因为，想象一下，如果我们的城市被主动设计为热情好客的，而非敌意的，那会怎么样？如果没有凸起的尖桩和表面上是长椅的混凝土板，而是把这份聪明才智引向去解决如何把我们凝聚到一起，而不是让我们分隔，又将如何？

在一个疫情肆虐的世界中，呼吁去制定这样的议程听上去有如镜花水月。当然，现实是由于对遭到感染的持续担忧，中央和地方政府在短期内更有可能会朝着另外的方向行动。正如建筑评论家奥利弗·温赖特（Oliver Wainwright）写道："形式与功能一样，总是顺应对感染的恐惧。"[47] 事实上，在我写这本书的时候，有些地方的人行道已经被拓宽了，好让人们可以保持距离。

然而，至关重要的是，不能让我们当前的恐惧心态决定我们城市在长远未来的形态，也不能让子孙后世为我们眼前的疾病承受代价。我们也许已经为自己建成了一个孤独的世界，但我们现如今有机会理顺我们的想法，重新定义我们对彼此的义务，打造一个以包容和社群为核心的世界。

还有其他具备启发性的城市规划方案同样值得我们效仿。比如，巴塞罗那市政府已经启动了一项雄心勃勃的城市规划方案，将居民区变成"超级街区"——在这些区域之内禁止车辆穿行，并将空间改造成免费的公共区域，如游乐场、公园和露天表演场所。[48] 这一方案的愿景是，居民们再也不需要忍受车辆的噪声或尾气，居民区将变得对行人和骑行客更加友好——他们可以随心所欲地"游荡""闲混"或"窥视"。正在规划的503 个超级街区之中，现在有 6 个已经建好了。

很多住在波布伦努社区的居民最初很是抗拒这个似乎在一夜之间就出现的首个超级街区。[49] 有些事情很容易引起大家的共鸣——那些仍旧依赖汽车的人发现自己的通勤时间增加了两倍，那些想要卸货的企业主突然找不到地方停车。但随着当地人开始欣赏他们新建的公园和游乐场，随着这座城市兑现了投资于优质基础设施的承诺，人们的态度发生了转变。超级街区项目背后的策划者萨尔瓦多·鲁埃达（Salvador Rueda）指出，自 2007 年起的十年间，在贯穿整座城市的格拉西亚超级街区，步行的人流量增加了 10%，骑行的增加了 30%。[50] "这是一种更慢的生活节奏。"巴塞罗那的一位居民卡莱斯·佩纳（Carles Peña）说，"这让我们得以重新发现自己的家园和自己的邻居。"[51]

确实，数据以惊人的方式证实了这一点。研究人员已经发现，那些居住在车流量较少的街道上的人，其社会关系、朋友和熟人的数量普遍是生活在车流量大的街道上的人的 3 倍。[52] 进一步说，他们的"家园"区域（让他们具有占有感、投入感和归属感的街区范围）反而扩大了。这不难想象其中的原因。车流量少的区域的居民觉得他们的街道，乃至他们周边的社区更加安全、空气污染更少、他们的孩子在外面玩的时候更不太可能被车撞到、在周边闲逛也让人感觉更愉悦了。因此人们也不太愿意逃离公共区域，躲避到建筑物之内，他们更可能与彼此相交往。

对于城市居民，他们在封城期间已经习惯了城市中失去无休止的交通噪声以及空气明显更清新的生活，所以现在很可能比以往更喜欢这样的城市规划。因为最近的一系列事件清楚地表明，我们的幸福程度取决于我们所居当地的地理环境和社区环境，这即使对那些可能自认为是"他乡之客"的城市居民也是如此。

当然，仅仅依靠政府、建筑师、开发商或城市规划师的顶层决策，并不能解决城市的孤独问题。政策、建筑物和人，全部合在一起决定了城市给我们带来的感受。

在疫情造成的隔离期间，这一点明显触痛到了我们很多人的内心。除了孤独和封闭如曼哈顿的黑兹尔·费尔德曼，或自私如为了厕纸大打出手的悉尼购物者之外，新冠病毒让城市社区以前所未有的方式凝聚到一起。

在英国伦敦的肯宁顿，健身爱好者西蒙·加纳（Simon Garner）在他住的那条街上发起了每天的锻炼活动。困在家里的邻居们一致地站在各家门口的台阶上，同步地做着伸展运动，他们的"负重"就是扫帚和烘豆罐头。在美国得克萨斯州的休斯敦，当餐馆只允许自提和外卖的消息传出后，一对匿名夫妇显现出了真正的团结奉献精神，他们在总共90美元的消费账单上附加了9400美元的巨额小费，并附上了一句留言："这是接下来的几周里支付给你的员工的小费。"[53] 在西班牙的马德里，一名出租车司机因义务为当地医院往返运送病人而受到赞扬。[54] 在英国、美国和全球的其他地方，我们中的许多人每周一次团结一致地站在自家门口、在我们的阳台上或者在我们的窗边，用鼓掌或欢呼等行为，对奋战在对抗新冠病毒前线的人们表达自己的感激之情。

我们永远不能忘记，即便是在一个全球化的世界之中，我们也需要根基强大的本地社群。如果我们希望能巩固疫情期间很多人在邻里之间经历过的那种团结，并对居家隔离期间为我们提供食物和营养的当地商贩表示感激，那就意味着我们必须有所承诺。为了让我们所有人都能感受到益处，我们就必须积极地一同打造我们的社群。

我们需要支持本地的咖啡馆，即使这比在其他地方买咖啡还要多付一点钱，我们可以把这多付出的部分当成某种社区税，用这小小的代价来保护和帮助我们的家园。我们需要尽力在实体商店购物，哪怕相对于网购，这只是其中的一小部分，因为我们知道，要是没有我们的经常光顾，它们将会无以为继。并且，如果我们希望所住的地方能更有凝聚力，那么就需要致力于积极地与自己不同的人交往。如果我们不能充分利用本地社区中心和当地商业街所提供的机会，去接触更为广泛的社会群体，那么二者都无法实现它们对社区本应发挥的作用。就这点而言，我知道自己也需要做得更好。

更普遍来说，如果我们希望自己的本地环境能焕发生机和热情，我们需要与周围的人进行更多的身体上的互动、当面的交流。放慢脚步！找准节奏！停顿下来！微笑！聊天！我们就要这样做，即便在我写下这部分内容的时候我们还需要保持社交距离，即便我们的笑容仍被口罩所遮挡，即便当面的人际交往如今还让我们心生惧怕。现在，我们比以往任何时候都必须做好准备，哪怕会给自己带来不便，也要支持我们的社区和住在社区里的人们，并有意识地努力向我们之中最孤独的人伸出援手。

我们可以从艾莉森·欧文琼斯（Allison Owen-Jones）身上获得启发，她在 2019 年 5 月注意到一位老人独自坐在家乡卡迪夫一所公园的长椅上。在长达 40 分钟的时间里，人们只顾着市井中的忙碌，而忽视了这位老人。"英国人的矜持让我感觉，如果我坐在他旁边，他可能会认为我很奇怪，"她后来这样告诉 BBC 的记者，"我想，若是有一种直接的方法，可以让人们知道你愿意和他们聊天，岂不是很好？于是我想到了一个主意，制作一个标牌帮助人们敞开心扉。上面就写着'乐于聊天的长椅。如果不介意有人会停下来打招呼，就坐在这里。'"[55]

并且，有人也这样做了。不仅仅如此，欧文琼斯最终与当地慈善机构和警察部门合作，在卡迪夫各处建立了永久性"乐于聊天"长椅。这不仅仅是一种可以让人们相互交谈的途径，它帮助人们感到自己被倾听和被关注，尤其是那些通常被视而不见的人。就像欧文琼斯说的那样："突然之间，你不再是无人注意的了。"

第 6 章

我们的屏幕，我们的自我

苏格兰博物学家戴维·布鲁斯特（David Brewster）是英国摄政时代最杰出的科学家之一，他一生痴迷于钻研光学器件，小时候是爱丁堡大学的神童，在 10 岁时就造出了自己的第一台望远镜。作为一名虔诚的新教徒，他早年曾在苏格兰教会从事神职工作，但发现自己难以承受在公众面前演讲的压力。有一次，他受邀在晚宴上做祷告的时候竟然晕倒了。[1] 所以，他投向了另一种不同形式的福音传道：在科学上的福音传道。布鲁斯特在 1817 年已经是英国皇家学会的院士，并因其在光学领域的一项名为"哲学的玩具"的专利——利用互相成角度的镜片组和彩色的小块玻璃产生出形状美丽的对称影像，获得了著名的科普利奖章（Copley Medal）。布鲁斯特希望这个装置可以让人们在得到消遣的同时，欣赏到科学的奇迹。

布鲁斯特的发明其实就是"万花筒"，英文的万花筒（kaleidoscope）一词来自希腊语的词根"美丽"（kalos）和"形状"（eidos）。万花筒的风靡程度很快就超越了布鲁斯特最大胆的想象。几乎在一夜之间，英国上下就陷入了"万花筒热"。1819 年出版的《文学总览及全国名录》（*Literary Panorama and National Register*）一书中这样惊呼道："每一个年龄段的人都有自己类型的万花筒——青年款、老年款；几乎所有的行业、所有的岗位、所有的国家、所有的政府、所有的教派、所有的党派，都热衷于各式各样的万花筒。"[2] 诗人塞缪尔·泰勒·柯勒律治十几岁的女儿萨拉·柯勒律治（Sara Coleridge）就是这一器械的众多爱好者之一。一位从伦敦来的访客为萨拉带来了这个"非常稀奇的玩具"，然后她极其兴奋地对她的朋友、同样居住在湖区的多拉·沃兹沃思（Dora Wordsworth）说："透过一个中空的管子，你可以看到管子的另一端有各种形状的美丽的小玻璃片。只要摇动管子，这些玻璃片的形状就会起变化。而且哪怕摇上一百年，你也永远见识不到完全一样的形状。"[3]

"万花筒热"迅速蔓延至欧洲大陆以及更远的地方。布鲁斯特估计，在不到 3 个月的时间里伦敦和巴黎就售出了 20 万套，并且"有大量的货品被销往海外，特别是东印度群岛"。[4]不久，美国的杂志上就大量充斥着关于这一奇巧装置的文章。[5]布鲁斯特的女儿玛格丽特·戈登（Margaret Gordon）回忆道："这个漂亮的小玩意儿凭借其对光线和色彩的神奇操纵，席卷了欧洲和美国。这场轰动至今还让人觉得不可思议。"[6]

然而，对于布鲁斯特来说，万花筒的广泛流行——用现代的语言形容就是"病毒般的成功"（viral success），成为他一段苦乐参半的经历。作为最早的盗版受害者，布鲁斯特几乎没能从这项发明上获利。他刚与伦敦的制造商合作时，仿制产品就充斥了整个市场。此外，他那个可怜的玩具由于对人们的无尽吸引力，而开始遭到了批评。《文学总览及全国名录》在评论这一时尚潮玩让人欲罢不能的特性时，不无嘲讽地观察到："街上的每一个男孩都在研究自己的万花筒，他们就是撞上墙也不稀奇。"[7]彼时有一幅名为《英国珠宝玩家的万花筒》（*La Kaleidoscomanie où les Amateurs de bijoux Anglais*）的版画就用上了这一主题，绘制了有人因为沉迷于观看万花筒，专注程度之高甚至没有注意有人在身后"勾引"他的伴侣。[8]

批评者认为万花筒热是大众消费文化的一种表现，可能所有人都太容易被闪亮至极的新奇玩物和新鲜感受所吸引。珀西·比希·雪莱（Percy Bysshe Shelley）在 1818 年写道："你的万花筒就像里窝那的黑死病一样在蔓延。我听说全国的人都沉沦于万花筒主义。"当时，他的朋友、传记作家托马斯·杰斐逊·霍格（Thomas Jefferson Hogg）给他邮寄了如何制作万花筒的说明。[9]

快速回顾发生在两个世纪之前的事情，我相信大家也知道我接下来要讲些什么。史蒂夫·乔布斯在 2007 年推出的 iPhone 引发了一场革命，也就意味着我们大多数人如今的口袋里都有一个现代世界的"万花筒"。它远比布鲁斯特当年的玩具更强大，而且玩起来令人更为着迷。

超级的万花筒热

两百二十一。这个数字是我们平均每天查看自己手机的次数。[10]另外，还有平均每天 3 小时 15 分钟的使用时长，一年加起来总共几乎是 1200 个小时。[11]差不多有一半的青少年"几乎经常"上网。[12]全球有 1/3 的成年人在起床后 5 分钟之内会查看自己的手机，我们中的很多人（说的是谁，谁自己清楚）如果在半夜醒来，也会这样做。[13]

在悉尼、特拉维夫和首尔这样智能手机使用率特别高的城市里，数字分心（digital distraction）已经到了非常严重的地步，以至于城市规划者们已经采用了一些极端的手段来管理公共安全。[14]"走 / 停"灯被安装在人行道的路面上，这样行人不必抬头看信号灯，就能知道马路是否可以安全穿过。首尔的一条道路甚至在十字路口部署了激光发射器，能在"行尸走肉一般"的行人的智能手机上触发一条通知，警示他们即将踏入车流。这无疑是一项创新，受启发于在韩国试行了 5 年的"走 / 停"灯的良好效果——因为"走 / 停"灯，过街行人的受伤率下降了 20%，致死率下降了 40%。[15]看起来对我们中的某些人来说，相比于确保自己不被车撞死，我们智能手机上永无止境的资讯流似乎更有吸引力。

当然，我并非第一个强调我们在手机上花费太多时间的人。这也不是针对我们口袋里那些"小电脑"不分青红皂白的反技术进步的攻击。我摆出的问题很有针对性：这些手机设备对于这场 21 世纪的孤独危机有多重要？并且是什么使得这个 21 世纪的通信创新与之前的创新如此不同？

毕竟，从古腾堡印刷机到如今的智能手机，每一项通信技术的重大进展都是既改变了我们与彼此的交流方式，又不总是受到人们普遍的欢迎。在古希腊，苏格拉底警告说，书写的实践会"导致惯于笔录的人形成健忘，因为他们不会再经常锻炼记忆力"。[16] 在 15 世纪，本笃会修道院院长和博物学家约翰尼斯·特里特米乌斯（Johannes Trithemius）责备僧侣们支持古腾堡的印刷技术而放弃了手抄，因为他相信严谨自律和知识将会因此消失（然而他的那本广遭非议的著作却也是印刷而成的——这是让所有人都能读到的唯一办法）。[17] 还有在 1907 年，《纽约时报》的一位作者哀叹道："电话的日常使用，非但没能提升文明和礼仪，反而会让我们所剩无几的事物迅速消亡。"[18]

然而，如今智能手机的使用与之前几个世纪中的通信创新产物有着一个根本的区别。简单地说，这个区别在于我们对它的依恋程度。在过去，我们如何使用电话呢？可能是一天只会用到那么几次？如今，就像我们鼻子上的那副眼镜，我们甚至不再会留意到智能手机的存在，我们的手机实际上已经成为我们身体的一部分。[19] 正如我们所看到的，这不是一场"幸运的意外"（happy accident）。为了实现这一步，数字时代之中庞大的兽性企业早已付出了非常大的努力。

在一起，但还是孤独

正是这种长久联络的状态，让我们的手机和对社交媒体的使用成为人类史无前例的存在，它以非常深刻的方式助长了 21 世纪独特的孤独危机。

因为，不是忙碌和城市生活的快节奏阻碍了我们在医生诊所里对病友微笑，或在公共汽车上对另一位乘客点头，对周围的人表现得淡漠也并非当代的社交规范。在我们接听电话、滚动屏幕、观看视频、阅读推文、评价图片的每一刻，我们其实没有跟周围的人真正融到一起，丧失的诸多日常社交互动本应让我们感到自己成为更广泛社会的一分子——我们已经知道，那些体察到被注意和被肯定的细微时刻真的很重要。仅仅一部智能手机就能改变我们的行为，改变我们与周围世界互动的方式。在最近的一项研究中，研究人员发现，带着智能手机时，彼此陌生的人们之间的笑容明显减少了。[20]

甚至更让人担心的是，我们的手机设备导致我们与早已熟识之人的疏远程度之深，包括与那些我们挚爱和关心的人。因为，我们在使用手机设备时，就一定是我们无法真正与我们的朋友、我们的同事、我们的爱人、我们的孩子在一起的时候。我们从未有过如此持续地分心，也从来没有过这么多的人同时受到折磨。越来越多地，我们在有人陪伴的环境中却还是孤身一人。

在极端情况下，这种"持续局部注意力"（constant partial attention）可能会导致悲惨的结局。近年来已经发生过好几起婴儿死亡的案例，就是由于他们的父母被手机分心所致。[21] 在得克萨斯州帕克县的一起案件中，一位悲痛欲绝的母亲声称，就在她去照顾另一个孩子的时候，把 8 个月大的女儿留在浴缸里"仅仅几分钟"。[22] 警方在调查了她的手机之后发现，在她的孩子死在浴缸里的同时，她用了超过 18 分钟在 Facebook 上。

当然，这都是一些极度疏忽的案例，但我们都见识过看护人在发短信、玩手机游戏或遍览社交媒体的时候，幼年的孩子被忽视了。我们所有人都在公园里目睹过那些周末带孩子的爸爸，有人在玩手机的时候疏忽了秋千上的孩子。我们所有人都在餐馆里目睹过全家坐在一起却不理睬彼此，因为每个人都全身心地投入到自己的手机设备上。所有这样的行为都能产生深远的后果。

瞧一眼那条狗

克里斯·卡兰（Chris Calland）是一位儿童成长方面的顶尖专家。她早先当过教师，现在为英国各地的学校和托儿所提供咨询，并且对养育子女的问题特别关注。卡兰的研究让她得出了一个令人担忧的结论：越来越多的儿童在刚开始上学的时候缺乏必要的人际交往能力，并且缺少相应年龄段该有的基本语言技能。她认为手机是问题的核心所在：一直忙于滚动屏幕的家长们无心顾及与子女的交流，结果妨碍了他们向下一代传授至关重要的沟通技能。

卡兰对这一问题的解决方式让人感到惊奇。在一家托儿所，她甚至给家长们发稿子，让他们照着读，帮助他们学会跟自己的孩子相处。一条直白得令人发指的句子是"告诉我今天你做过的一件好事"，还有一条是"瞧一眼那条狗"。她还建议在托儿所里贴满打上红叉的手机图片，提醒家长们重新思考自己与科技的关系，并克制在托儿所内手机的使用。[23]

受到损害的其实不仅仅是孩子们的沟通技巧。初步的研究表明，父母整天玩手机，孩子们更容易发生挑食或过量饮食，也更容易出现运动技能的发育迟缓。从情感上的依恋（"为什么妈妈爱手机胜过爱我"）到情绪的平复能力，儿童成长中一些不太经常观测的指标也被发现受到了影响。[24] 还有证据表明，整天玩手机的父母的孩子们很容易吵闹，他们难于控制一些强烈的负面情绪（例如愤怒），或者在要求得不到满足时表现出幼稚的行为。[25] 就像语言能力一样，这些情感效应在经过了孩子们学习驾驭亲子关系的幼年时期后，还要持续很长的时间：那些注意到父母被电子设备夺走的青少年，反馈说更少感到父母的"温情"，并更可能产生焦虑和抑郁。[26]

当然，并不只有儿童被忽视。想一想我们自己有多少次，和伴侣一起躺在床上，两个人都在看着手机。或者有多少次，一边接听工作电话，一边刷着 Twitter。或者有多少次，我们宁可戴耳机看 Netflix 的剧集，也不去跟室友聊天。或者有多少次，我们把全部的时间和精力用于打造完美的 Instagram 假日照片，而这些时间本来可以用在与一起度假的人交流，留下一段相识、相交且有助于建立长期关系的记忆。

我和其他人一样，在这方面都做得不好。手机是我们的情人。如今，我们公然对身边的人不忠，并且在某种程度上，我们都开始坦然接受了这种不忠。我们人在这里，心却不在这里；我们在一起，但还是孤独的。[27]

分裂的自我

至于我们产生同理心的能力，智能手机让人沉迷的特性极大地削弱了这一有助于我们彼此理解和彼此联结的关键技能。因为它们碎片化了我们的注意力，创造了一个分裂的自我，让我们夹在了现实与屏幕之间——一边是能够亲密地当面交谈的物理现实世界，一边是同时出现几十条、甚至成百上千条文本或图像对话的屏幕。当被拉扯到这么多不同的方向上时，我们就完全不可能全身心地关注和同情面前之人，或者从他们的视角来看待问题。

令人震惊的是，我们甚至不需要使用手机就能产生这种效果。一项对于在华盛顿特区咖啡馆里聊天的 100 对情侣的观察研究表明，当情侣之间的桌子上放有一部智能手机或者仅仅是其中的一位把手机拿在手中时，情侣们都会觉得彼此多了一点点疏远，难以感受到心意相通。[28] 非常显著的是，二人的关系越是亲密，手机对双方共情能力的削弱程度就越大，各自能感受到被理解、被支持和被重视的程度就越低。这一点尤其让人感到担忧，因为同理心就像民主一样，也需要练习和实践。若是不经常使用，就会退步。

智能手机对于同理能力的削弱不仅仅源于其扩散注意力的特性。作为加州大学伯克利分校在 2017 年的一项研究的一部分，人们被问到了如何根据其他人对有争议政治问题的观点来评价他们所具有的"人性"。研究人员发现，这些人给出的评价不仅仅取决于自己是否同意被评价者所持有的观点，在很大程度上还要依赖于传递这个观点的媒介，比如影像、音频或文本等。[29] 人类的形态和声音被剥离得越多，评价者就越有可能认为这个人"缺少人性"。当所有的评价者只能了解到被评价者的书面观点时更是如此。正如斯坦福大学的教授贾米勒·扎基（Jamil Zaki）所说："淡漠的交流方式更难以触动同理心。"[30]

这一点也让人非常担忧，因为在过去的十年中，明显趋势只在向着一个方向发展：人们的交流方式越来越淡漠。这方面，在年轻人之中尤为真实。2018 年针对美国、英国、德国、法国、澳大利亚和日本的4000 名 18 ～ 34 岁年轻人的全球调查发现，75% 的人更喜欢用短信息交流，而不是打电话——这种在很大程度上限于功能设计的原因造成的转变，让他们变得越来越局限。[31] 智能手机上相对困难的文字输入法（尽管带有自动纠错和联想输入等功能）促使我们把文字写得更为短小精炼。推文的字数限制导致我们必须用上明确、简短并缺少修饰的表达方式。事实上，我们发布在 Facebook 上的消息越是简短，我们就越有可能得到回复（80字符以下帖子的"互动"会增加66%）——这就鼓励了我们主动去缩减文字。思考一下，要是我们只需要轻飘飘地点个"赞"就能表达自己的意思，又何必耗费精力在文字上呢？[32]

疫情带来的隔离改变了这一点。一夜之间，之前毫不起眼的打电话迅速变得流行起来。4月全美国电话的日均通话量是前期平均水平的两倍；通话的平均时长飙升了33%。[33]就连年轻人也改变了自己的方式。20岁的大学三年级学生埃米莉·兰西亚（Emily Lancia）讲述了自己在校园散步时，就突发一个念头，给儿时最好的朋友打电话。其实她这么多年来几乎每天都给那个朋友发信息，但从不打电话。[34]据英国的移动电话运营商 O₂ 透露，其18～24岁的客户中有1/4的人，在2020年3月的疫情隔离开始后才首次给朋友打电话。[35]

视频电话当然也成为疫情隔离的另外一个巨大受益方。随着聚会、猜谜游戏和商业会议转移到网络上，Zoom、Houseparty 和 Skype 等程序在2020年3月的全球下载量呈现了指数级的增长。微软的 Team 发现视频电话的数量在那个月增长了超过10倍。有些情侣甚至开始在视频上约会，因为他们只有在屏幕上才能"见到"彼此。

我们当前还无法准确预测，在度过眼前的危机之后我们对语音和视频交流的需要还能保持什么样的程度，尽管由于社交距离的要求和旅行的限制，以商务为目的的视频可能将会持续相当长的一段时间。但是由于我们正在做出的选择关乎度过疫情危机之后的交流方式，所以如果我们把简短当成了目的、文字交流当成首选并且更为普遍地选择用虚拟交流替代面对面的交流，就该重点反思这样做会让我们失去什么？正如我们中许多人在疫情隔离期间发现的那样，尽管还能通过视频交谈总聊胜于无，但这种虚拟交流中最不淡漠的方式还是让人难以满意。

这本质上是由于我们的脸部表情在产生同理心和建立联系上，发挥了重要的作用。表情不仅仅是我们与其他人交流中最重要的非语言信息的来源（我们的情绪、想法和意图都展示在上面），并且进化论的生物学家们还相信我们面部的可塑性（利用数百块肌肉表达微妙表情）也是严格进化出来的，为的就是让早期的猿人能够更好地合作和互相帮助。[36]

科学证实了这一点：功能性核磁共振成像的扫描结果显示，在面对面交流时，我们不仅仅在下意识地模仿对方，而且部分区域的脑电波实际上也是彼此同步的。[37]《我想好好理解你》(*The Empathy Effect*)一书的作者海伦·莱斯（Helen Riess）博士解释说："当我们与正经历某种情绪的人在一起的时候，我们会感知到，因为他人的情感、面部表情和所体会到的痛苦实际上会映射到观察者的大脑之中，反映到我们自己的大脑之中。举例来说，我们看到别人哭泣，大脑中一片区域就会轻微地激活，而这也是我们自己经历悲伤时会刺激到的区域。"这就是为什么当在场有人流泪或悲伤时，我们也会感到难过，或者为什么像兴奋这样的积极情绪会传染。"大多数感觉是互通的"这一说法确实是有神经生物学上的依据。[38]

这一映射现象对沟通和同理心非常重要。就目前来说，至少问题在于，视频通话中常常发生不稳定、不同步、人像的卡顿和模糊，这既妨碍了我们完全看真切对方，也做不到无缝隙地完全同步。很多人都知道，网上的治疗师为了能更有效地交流，会要求他们的病人夸大自己的非语言行为。[39] 尤为严重的是，在通常条件下我们交流的对象甚至无法直视我们的眼睛——要么是由于摄像头的角度造成的，要么对方注视的其实是屏幕上他自己的影像。

怪不得一次视频交流之后，我们可能会莫名地感到不满意，在某些情况下，甚至感到比之前更加孤立或脱节。正如密苏里州立大学斯普林菲尔德分校信息技术与网络安全系的教授谢里尔·布拉南（Cheryl

Brahnam）所说："比较当面的交流和视频会议，就像比较现烤的新鲜蓝莓松糕和袋装的防腐蓝莓松糕，后者之中没有一颗蓝莓，但含有人造香料、粗糙的口感和防腐剂。吃多了就会让人感觉不对劲。"[40]

电子邮件和短信更是误解的培养皿。2016 年明尼苏达大学的一项研究发现，人们在看到同一个表情图片时，有 1/4 的情况对其代表的含义存在反差很大的解读——这就为误解制造了前提。同样，一系列的研究也表明，邮件中的讽刺经常被认为是出于真诚，而热情总是像在嘲笑。[41]即使是愤怒这一最容易识别的文字情绪，也很难被精确地表达出来，即便与亲密的朋友交流时也是如此。[42]

由此看来，在表达情感的投入、同理心和理解等方面，21 世纪数码化的新型交流方式存在着严重的缺陷和不足，它削弱了我们对话的质量，进而影响到我们关系的质量。它们只不过是我们与所关心之人当面交谈的次等替代品，并且对于造成我们互相脱节的集体状态，产生了重大的作用。

如何读懂表情

更麻烦的是，智能手机在很多方面正在日益削弱我们的沟通技能，即使是在彼此面对面的情况下也不例外。这种情况在年轻人中尤为严重。

在多年以前的一次晚宴上，我坐在某个常春藤盟校的校长旁边，我才第一次意识到这一点。令我惊讶的是，这位校长告诉我，他比以往更加担心，会有很多即将入校的学生无法在当面的交谈中读懂哪怕最明显的暗示，所以他决定开设一门补救性的"如何读懂表情"的课程。

在波士顿学院，一位颇有远见的教授采用了另外一种不同的策略。由于担心她的学生越发觉得面对面沟通之困难，克丽·克罗宁（Kerry

Cronin）想出了一个独特的方法来提高他们在这方面的技能。她的学生中如果有人能够当面邀某人出去约会，她就给他一个额外的学分。

克罗宁为她的学生们提供了 22 条重要规则，他们必须遵守才能成功地完成作业。这些规则旨在帮助他们不依靠约会应用程序、社交媒体等数字信息化的支持，就与约会对象建立感情。学生们必须亲自当面提出约会的请求而不能通过发送文字消息，并且要坚持到底，不允许中途"失联"（突然断掉所有的联系方式）。约会的地点不能是电影院，也不能有酒精或超越友好拥抱的身体触碰。换句话说，就是不能逃避现实世界的交流方式——不能让自己躲在漆黑的电影院里、不能依靠"酒壮怂人胆"。约会的过程必须包括真正地与人交谈，还有内心中的尴尬、忐忑和紧张。

克罗宁还建议学生提前准备三到四个问题，再加上两到三个有助于交谈的话题。她也竭力让他们理解到，谈话中出现冷场是很自然的——对他们这一代人来说，在社交媒体上的交流和娱乐是随时随地、随用随取的，所以她要向他们表明，现实生活中存在沉默的空档。

正如一位学生所形容的那样，习惯用智能手机交流的一代人"害怕人际互动"，所以对他们来说，当面约会的困难并不只是存在于那些波士顿学院参与者的身上。[43] "万事指南"网站上通常会有诸如"如何写一篇散文""食物中毒之后该怎么办"或者"怎么让宠物不破坏家具"等难题的一整套具体解决方案，如今上面又提供了一个简短的教程"在现实的生活中如何邀别人出去"……"12 个步骤（附带图片）"。

就像计算器毁掉了我们所有人的心算能力，数字通信的革命也同样很可能会让我们无力去进行有效的当面交流。事实说明，苏格拉底所警告的"用进废退"（use it or lose it）还是有一定的道理。

有迹象表明，沟通技能上的这种缺陷在人年纪很小的时候就显现了。能够影响儿童们的不只是父母对手机的使用——就像克里斯·卡兰发现的那样。早在 2010 年，布里斯托尔大学的 PEACH 项目就发现，在 1000 名 10～11 岁的儿童之中，那些每天看屏幕（电视或电脑）的时间超过两个小时的孩子，更有可能在表达自己的情绪方面出现困难。[44] 2011 年，纽约的儿童心理学家梅利莎·奥尔特加（Melissa Ortega）注意到，她那些年少的患者把手机当作一种逃避方式，不断地去查看短信以回避她有关他们感受的提问。[45] 2012 年，一项针对美国从幼儿园到高中的 600 多名教师的观察性研究报告称，高强度的媒体使用量（媒体在这里指的是电视节目、音乐、视频游戏、短信、iPod、手机游戏、社交网站、应用程序、电脑程序、在线视频和学生们用于娱乐的网站）正在影响学生们的行为和态度。一位老师表示，即使在幼儿园阶段，孩子们"也缺乏社交和游戏的技能，因为他们忙于使用媒体，而不知道如何与他人面对面地交流"。[46] 最近，一项 2019 年在加拿大的研究追踪了 251 名 1～4 岁的儿童，其中研究人员发现，孩子们花在屏幕上的时间越多，他们理解其他孩子感受的能力就越差，就越少去帮助其他的孩子，并且他们也更具破坏力。[47] 2019 年在挪威的另一项研究追踪了近 1000 名 4～8 岁的儿童，根据预测，相比不常使用屏幕的同龄人，在 4 岁时频繁使用屏幕的儿童，到 6 岁时情感理解水平偏低。[48]

尽管最终结果在很大程度上有赖于屏幕使用对于有效人际交往时间的侵占，以及小孩子对电子设备用途的个体差异，并且依然存在一些矛盾的观点，[49] 但还是有证据表明，屏幕以外的时间有助于提高儿童的交往能力。

在加州大学洛杉矶分校研究人员进行的一项研究中，一组 10～11 岁的孩子在户外的自然营中待了 5 天，在那里他们无法接触到任何数字媒体，包括智能手机、电视和互联网等。在去营地的前后，他们都分别接受了一些简单的测试，比如识别在照片上和视频中的人们所表露的情绪。经过仅仅 5 天的无屏幕日子，他们在认知诸如面部表情、肢体语言和手势等非语言情感暗示以及辨别照片上和视频中人们的情绪方面，都表现出显著的进步——这个提升不仅仅是相较于 5 天之前他们自身的表现，也对比了一组在家里看了 5 天屏幕的同龄人。[50] 研究人员认为，由于失去屏幕的使用，孩子们不得不花更多的时间与同龄人和成年人进行面对面的交流。该研究报告的第一作者雅尔达·乌尔斯（Yalda T. Uhls）解释说："人们能从屏幕上学到的非语言性情感暗示，无法达到面对面交流的程度。"[51]

尽管从 20 世纪 50 年代电视进入家庭起，就已经出现了很多关于屏幕引发儿童问题的警示性信息，但同样这是个程度的问题。在过去儿童能够接触到屏幕的时间是有限的，而如今 10 岁儿童之中的一半人（这是英国的数据，其他高收入国家的情况也差不多）有自己的智能手机，[52] 其中更是有超过一半的人在睡觉时都把手机放在枕边。[53] 电子设备的无处不在和无所不能才是问题的所在，它挤占了我们本该用在高质量的人际交往上的时间。

无屏幕的生活

正是抱有这样的见地，有些家长正在积极地为他们的孩子推行没有屏幕的生活。具有讽刺意味的是，反而是来自硅谷的父母在引领这一趋势，他们是最有可能禁止孩子使用智能手机并把他们送到无屏幕学校的群体之一。很多人都知道，史蒂夫·乔布斯对子女们在家使用科技产品设置了限制，而比尔·盖茨则不允许孩子在 14 岁之前拥有手机，甚至在那之后还严格地限制了屏幕的使用时间。[54] 早在 2011 年，《纽约时报》就报道了华德福学校等学校开设在硅谷和其他科技公司高管及其家人较为集中的区域，并因为无屏幕的体验式学习教育系统而越来越受到欢迎。[55]如今，硅谷有许多要求严格的父母甚至在他们的保姆合同中加入了一项条款，要求保姆承诺不会因为个人原因在被照看的对象面前使用手机。这一做法明显过于虚伪——因为其中一些父母不仅在公司的工作是负责让这些电子设备变得更容易上瘾，并且许多人"回家之后，仍然抓着自己的手机不放，从不去倾听孩子们所说的话"。一名在圣何塞工作的保姆香农·齐默尔曼（Shannon Zimmerman）这样说道。[56]

尽管最富有的人能雇人来照护子女，而不是让他们独自坐在平板电脑前，但对于绝大多数的普通家庭来说，这并不是一个可行的选择。[57]来自美国较低收入家庭的青少年（8 ～ 18 岁）由于负担不起放学后的活动和课外兴趣班费用，每天使用屏幕的时间比富裕的同龄人要多上两个小时。[58]英国教师在访谈中透露，英国也存在类似的情况。[59]

如今，最富有的父母正积极地尽量减少子女们接触屏幕的时间，而且最负盛名的大学也开设了如何读懂表情的课程，所以我们更不能允许一条新鸿沟的产生——让富裕的孩子具备更好的同理心和沟通能力，而贫穷的孩子面临有效沟通能力越来越差的危险。面对我们共同的未来，让所有的孩子都保留这些关键技能绝对是至关重要的。这意味着要确保所有收入阶层的孩子都能参加课外活动，也要确保在学校利用屏幕进行学习的趋势之中不会牺牲面对面地学习、支持和交流。

数码老虎机

在屏幕上花太多时间显然对我们并没有什么好处。但问题是，即便是我们明知道这一点，也要有相当强的决心和毅力，才能抑制住拿起手机的冲动——由于我们对数字设备的痴迷，这正是我们许多人难以做到的。

在儿童中，这种上瘾的状态可能是最为明显的。在美国印第安纳波利斯市，如今有一位老师把从学生们手中没收的手机，放在一个透明的塑料袋里，并挂在她的腰带上，让学生们一目了然，缓解他们因失去手机造成的"分离焦虑症"；还有一些学校在教室里设立了充电站，鼓励学生远离他们的电子设备，并放心地将它们留在自己的视线范围内。如果有学生能够在课堂上控制自己对智能手机的滥用，甚至可以享受到特别的待遇——对于能在课堂上不碰手机的学生，有些老师会奖励给他们额外的学分或星巴克的礼品卡。[60]

然而作为成年人，我们经常会否认自己的上瘾程度。请思量一下如下的这四个问题：我们可曾想到自己应该减少花在手机上的时间？我们可曾对别人批评自己玩手机的时间过长而感到恼火？我们可曾因为自己花在手机上的时间太长而感到愧疚？我们醒来的第一件事是拿起手机吗？如果有人对其中至少两个问题的回答是肯定的，那么用"成瘾"来形容我们现在的状态就再合适不过了。以上这四个问题源自 CAGE 问卷调查——这是一类带有四个问题的筛查工具，被广泛地用在了医院、初级保健中心和康复诊所，用于检测潜在的酒精成瘾症。[61]

但我们到底为何对手机会如此沉迷呢？现在是时候把硅谷的社交媒体巨头送上审判席了。就像老虎机一样，社交媒体平台被故意设计成如今的形态——让我们怀着为了找到支持、共鸣、自信心甚至爱情的希望，不断地滚屏、围观、点赞和刷新。[62] 我们在屏幕上看到的所有字体、页面布局、衬托重点的色调、几乎无法察觉的动画效果甚至每一个像素，都被精心地打造过，就是为了让我们始终在线，并为此而着迷。[63] 事实上，在 2017 年，Facebook 的前总裁肖恩·帕克（Sean Parker）直截了当地告诉新闻媒体公司 Axios，Facebook 在成立之初，驱动其成长的核心问题就是"我们该如何消耗用户尽可能多的时间和有意识的注意力"。"我们清楚我们的产物会让人们上瘾，"他说，"并且我们还是这么做了。"他还说："只有上帝才知道，这对我们孩子的大脑会有什么影响！"[64]

尽管这种成瘾症会让我们感到孤独，但也不是在所有的情况下都必然如此。对有些人来说，这类低质量的虚拟交流仍然比他们能在周边亲身接触到的那些要更好——承认这一点很重要。来自菲律宾的移民工人，每天都用 Facebook 与远在家乡的孩子们保持联系；囊胞性纤维症的患者在附近找不到病友，但在互联网上的互助团体那里获得了安慰；Instagram 让老祖母能够以之前不可想象的方式一直联系到她的孙辈们——社交媒体为一些人提供了他们之前根本无法拥有的社群。正如我们在疫情隔离期间看到的，社交媒体在有些时候还可以提供至关重要的生命线，并减轻孤独感。

然而，过去十年中的许多研究已经证实，社交媒体的使用与孤独之间存在明确的关联。比如，一项研究发现，更多地使用社交媒体的青少年比同龄人更孤独。[65]另一项研究发现，大学生在社交媒体上的负面体验每增加 10%，他的孤独感就会增加 13%。[66]第三项研究发现，在 21 世纪最初的 10 年里，美国青少年（平均）每天面对面社交的时间比 20 世纪 80 年代的那代人减少了整整一个小时，研究人员明确将这一趋势归因于社交媒体使用量的增加。[67]他们还指出，青少年的孤独感在 2011 年之后急剧上升——就是在同一年，拥有智能手机青少年的数量也开始飙升。2011 年，只有 23% 的美国青少年拥有智能手机，而到了 2018 年，这一比例已升至 95%。[68]

难题在于，尽管这些研究都表明社交媒体的使用与孤独感有关联，但几乎全都很难确定二者的因果关系。换句话说，到底是孤独的人会更多地使用社交媒体，还是社交媒体的使用确实能引发孤独？

近期有两项具有里程碑意义的研究开始正面解决这一难题。这两项研究的关键点在于，参与者们并不单纯被要求汇报他们社交媒体的使用习惯，他们还在研究人员的指导下积极地改变这些习惯。这意味着，这些改变对他们行为和情绪的影响可以直接地被观察和比较，并可以确定其中的因果关系。[69]

研究的结果很具启发性。其中一项研究发现，在 Snapchat、Instagram 和 Facebook 之中，每天每个社交媒体平台的停留时间被限制在 10 分钟之内，就可以显著地减少孤独感。[70] 另一项简直达到了研究界的至高标准，该研究涉及了接近 3000 人，并花了两个月的时间。其中一半的参与者正常使用自己的 Facebook，而另一半（"治疗"组）完全停用了他们的 Facebook 账户。研究发现那些停用 Facebook 的一组人并没有把本该花在该平台上的时间直接用在其他网站上。相反，他们减少了使用互联网的总体时间，花更多的时间与朋友和家人面对面地交流。至于他们的感受呢？他们汇报了更高的幸福感、更高的生活满意度、更少的焦虑感以及更少的孤独感。在改善主观幸福感上，停用 Facebook 账户的效果比接受治疗的效果提高了 40%。[71]

更刻薄的世界

社交媒体的恶劣影响甚至更为深远。它不仅把我们驱入了数字化的孤独气泡，取代了更丰富的当面交往，也让这个世界变得更有敌意，更缺乏同理心，更不仁慈。这就严重地伤害了我们的共同利益。

钓鱼引战（trolling）——蓄意发布一些冒犯性或挑衅性内容；人肉搜索（doxxing）——散布私人信息，如家庭住址等，引诱他人实施骚扰；

报假警（swatting）——利用人肉搜索来的信息谎报人质劫持事件，导致警方出动特警队，并可能造成有人在自己的家中遭到逮捕。21 世纪的日常用语中发展出了很多新词汇，用来形容一系列阴暗的新型网络行为。[72]尽管社交媒体平台确实能够让我们分享快乐的时刻，但它们的设计本意也让它们助长了人性中最恶劣的一面：虐待、霸凌、种族主义、反犹太主义等。这类行为无一例外地都在更加频发。2018 年，超过一半的英国成年网民表示在网上看到过有关仇视的内容，比之前的一年增加了 6%。[73]在英国，有 1/3 的女性在 Facebook 上受到过辱骂；在 18 ～ 25 岁的女性当中，这一比例上升至 57%。2016 年期间（最近有确信数据的年份），社交媒体上平均每 83 秒就出现一个反犹太的帖子，其中有 80% 发生在Twitter、Facebook 或 Instagram 上。[74]

目前还没有任何迹象表明这一趋势会在短期内放缓。

当然，仇恨和辱骂并不是新现象。但不同的是，社交媒体用一种全新的、特别令人不安的方式，将它们注入我们的生活，并且其尺度也是前所未有的。最令人恐惧的是，这样做的用户还会收到奖赏。每转发一条 Twitter，我们就会受到多巴胺的刺激——这种神经递质与海洛因和吗啡的成瘾性有关。当然，这个剂量很低，但足以让我们再转发更多。知道什么类型的帖子通常会产生最多的转发量吗？最怪诞、最极端、最充斥着仇恨的！如果在帖子中加入"杀死""毁灭""攻击"或"谋杀"这样的字眼，它的转发量会提升近 20%。[75]

虽然激起有害的行为不太可能是这些平台创始人的本意，但很明显，他们很快就纵容了这一类的行为。因为，激起愤怒确实对生意更有利。比起善良或积极，那些更容易让人上瘾的情绪能够让平台保持较高的流量，从而增加潜在的广告点击率——这正是社交媒体公司的赚钱方式。[76]这种作用于底线上的诱惑，很好地解释了为什么在这些平台之上几乎所有能吸引眼球的东西都可以被容忍，无论它们是多么黑暗、危险或极端。[77] 这是活跃在缺乏监管市场中的不道德行为。对此，Twitter 在 2020 年 5 月 29 日旗帜鲜明地定下了底线——当时 Twitter 以"美化暴力"为理由，将时任总统特朗普如今臭名昭著的"敢抢劫就开枪"的推文隐藏在一条警告标识之下。[78] 然而，Facebook 却在其平台上保留了同样的帖子。[79] 他们的理由是：这不关乎道德，而是言论自由。

不仅仅是成年人会受到平台所内含的道德观的影响，被鼓励传递更为愤恨和更为分裂的言论，并轻易在仇恨中找到同类；对于儿童来说，社交媒体成为侮辱和欺凌的所在，已经达到了一个相当令人担忧的程度。在新加坡，3/4 的青少年说他们在网上被别人欺负过。[80] 在英国，65% 的学生经历过某种形式的网络欺凌，其中有 7% 的人"频繁"如此。[81] 最近在英国一项针对 1 万多名 12 ~ 20 岁青少年的调查中，有近 70% 的人承认在网上侮辱过他人——无论是发送言语恶毒的消息，用虚假的用户名发布的仇恨性点评，还是公开分享了一些有意嘲弄他人的玩意儿。[82]

这种欺侮可能会产生毁灭性的后果，但直到 12 岁的英国网络欺凌受害者杰茜卡·斯卡特森（Jessica Scatterson）的死亡被全面曝光之后，很多人才意识到它的破坏性。在 2019 年，社交媒体平台上收到的大量辱骂性消息直接导致杰茜卡自杀。正如验尸官在调查报告中所写："她在社交媒体平台上的活动水平和强度，尤其是在她走向死亡的过程之中，不可能不影响到她的思维、她的精神状态。"[83]

不是欺负别人，就是被人欺负，这是儿童的天性。但是否成为一个问题，也要取决于程度。因为在过去这类心理上的摧残一般只会限定在游乐场、公园和教室之中，而如今，这些竟无时无刻不伴随在人们的身旁，涌进了人们的家里、卧房里，想躲都躲不掉。此外，欺凌的行为在过去通常只能被实时旁观的人所公开，而如今受害者的屈辱却被放到了网上，让所有人都能看到，永久地刻在了受害者的个人数字印记之上。

社交媒体让我们变得更加孤独，不仅是因为我们把大把的时间花在上面，让我们感觉自己与周围的人更为脱节，还因为它让整个社会变得更加刻薄、更加残忍。而一个刻薄和残忍的世界是孤独的。

最为明显的是，由于数字世界中的旁观者没能提供救助，社交媒体平台也没有采取任何措施来保护他们，使得那些饱受打击的人感受到了这种孤独，他们既承受着被虐待的痛苦，也体会到随之而来的无力感。[84]但我们所有人同样也会感到更为孤独，因为这就像目睹父母争吵或者更糟的家庭暴力事件的儿童很可能变得孤僻、社交焦虑和自我封闭。同样的道理对于我们也适用[85]——花太多时间在一个愤怒和有毒的环境中游览，即使我们没有直接受到攻击，也会冒着感到更加孤独的风险。此外，我们所见所闻的毒害性越大，我们对整个社会的信心就越少。[86]正如我们所看到的，这也会产生更广泛的社会和政治后果。因为，我们彼此的信任程度越低，我们就会变得越自私、越分裂。

BOMP：相信别人比自己更受欢迎

即便是平日里的社交媒体体验也会让我们感到孤独，克劳迪娅的故事就向我们展示了这一点。

大三的时候。高中返校舞会正在举行着。克劳迪娅穿着睡衣坐在家里的沙发上，刷着 Facebook 和 Instagram。她的朋友都说他们是不会去舞会的。"名不副实。"他们都对此表示同意。然后，有照片从她的推送信息中弹了出来。她的朋友们都打扮得漂漂亮亮地出席了返校舞会，一起欢笑，一起闲逛，一起玩得很开心，唯独没有她。她从来没有感到自己如此难过，自己"太卑微了，太孤独了"。她非常抑郁，整整一个星期都不愿意去上学，只是一个人躲在自己的房间里。学习成绩、校内活动甚至大学前程，相比她被排斥到"社会性死亡"程度的痛苦，都显得那么不重要了。她感到绝无脸面再去面对她的朋友们。"如果大家都对我视而不见，我为什么还要去上学？"她说。

有些人可能早就听说过"错失恐惧症"（FOMO）这个词——它指的是担心错过，表现为对别人在外面玩得很开心而自己却要独守空房的不安感。但克劳迪娅的故事可以称得上是更令人痛苦的事件：在一个每个人都有朋友的世界里，对于自己却没有朋友的恐惧。这如今成为一种非常普遍的现象，以至于心理学家开始对此进行了研究。[87] 我将之称为"BOMP"：一种认为别人更受欢迎的看法。就像错失恐惧一样，社交媒体加剧了这种感觉——这太平常不过了。

BOMP 会让人感到沮丧，这是不分年龄的。感觉到自己社会地位的低下或者被社交排斥，这从来也不是一件好事情。事实上，在我的研究中，我遇到过许多觉得自己不受欢迎的成年人，因为他们经历过成人版的克劳迪娅返校舞会的烦恼——在网上看到老同学瞒着自己一起去喝酒的证据或者没有被邀请去参加家庭聚会。曾经，我们可能永远不会发现自己被排除在这样的聚会之外，但如今，我们遭人排斥的事实，在滤镜、视角和音效的多彩渲染之下，实时地给了我们当头一棒。

对于儿童和青少年来说，遇到这种情况尤其痛苦。一名英国少年告诉慈善组织"儿童热线"（Childline）："我看到我所有的朋友都在社交媒体上玩得很开心，这让我感到很沮丧，我觉得没有人能想起来邀请我。我的心情越来越糟，现在总是心烦意乱，经常止不住地哭。"[88] 或者正如一位美国家长告诉我的那样："你不知道这种感觉有多痛苦——看着十几岁的孩子痛苦地坐在家里，盯着被他们当作朋友的人发出的帖子，那些人自己开着派对却没有叫上他们。这感受真的让人受不了。"

然而，社交媒体不单纯是一个展示我们遭遇排斥的实时窗口，这些平台本身甚至可以被更直接地用作排斥的武器。

我把 WhatsApp 主要当作与身在海外的朋友和家人保持联系的方便渠道，另外它还可以用于跟每周活动的即兴表演社团成员保持联系。我丈夫有两个群组，一个用在与他的兄弟姐妹们讨论从家庭聚餐到照料父母的所有事务，还有一个和他的朋友们一起分析足球比赛，其中的细致程度我是没法理解的。这些似乎都是社交媒体中的通信应用在某种程度上的正面用途。然而，在许多十几岁和二十出头的年轻人中，这类的群聊现在成了最主要的交流方式，有 30% 的人每天都会数次使用某种形式的群聊——无论是 WhatsApp、Houseparty、飞书信（Facebook Messenger），还是微信（当然在疫情隔离期间，它们的使用频率更高）。[89]有人可能会问，用了又能怎样？对的，发现自己被这类群组所排斥，已经成为一种令人痛苦的新式孤独。越来越多的年轻人都有过这种经历。16 岁的杰米来自牛津市，她向我解释了她所体会到的痛苦，因为她发现她的同学们都在一个她并没有被邀请加入的群组，这让她意识到有很多交谈都是背着她进行的，甚至有些时候她与其中的一些人就身处同一个房间里。

另一位与我交谈的家长表现出担忧，因为他告诉我，他的女儿和五六个朋友一起在咖啡厅的时候，突然手机的提示音纷纷响了起来，原来是一条邀人去参加在周末举办的派对的群组消息——所有人都收到了这条消息，除了他的女儿。为了能好过一些，她假装也收到了邀请。在这种情况下，撒谎总好过感到被羞辱。遭排斥的感觉是孤独的，而被人发现遭排斥会让人感到更为孤独。

教师和家长们都已经强烈地觉察到了这些新形式的社会排斥及其后果，还有对它们加以控制的难题。寄宿制的英国罗丁女校的校长奥利弗·布朗德（Oliver Blond）向我解释说，由于数码世界的排斥通常是难以觉察的，所以老师们也发现没法解决这个问题。因为在过去，老师可以看到排斥事件的发生——一个孩子在午餐时独坐，或者一群人不再理睬一个他们曾经的伙伴。而今天，许多这一类的事件都发生在虚拟的空间中。并且因为没有被人见到，成年人也无法干预，这就意味着被排斥的孩子甚至遭受着比过往更为严重的孤立。

公开的拒绝和羞耻

社交媒体还在其他方面恶化了当代的孤独：它将我们的社交状态公之于众，包括我们的不受欢迎或遭同类人的排斥。即使是最平淡无奇的社交聚会，也可能会被记录在 Instagram 上，或被发布到 Snap Story，所以我们的缺席很容易被人注意到。不仅如此，转发、点赞和分享成为一种新型的社交硬通货，这意味着每当我们发布了帖子但所发布的内容又被人忽视的时候，我们不仅可能会感到自己被拒绝或丧失了价值，还会感到羞耻，因为我们是在大庭广众之下遭到拒绝。

正是对于在众目睽睽之下遭受忽视的担心，让一位本来自信且成功的成年人（那是我认识的一位英国顶尖政治学教授）花上了几个小时极力打造自己的完美推文：不断地改进，不停地完善。就像他跟我吐露的那样，他也知道这些时间更应该用在他的研究上。也正是这种担心，让一位研究生珍妮弗将更多的时间用到了完善她发在 Instagram 上的照片，以至于她反而总是没有时间去体验她在 Instagram 上所记录的那些事情。比如最近的一次度假她去了哥斯达黎加，她花了太多的时间打造一个题为"珍去滑索"的帖子，结果最终都没机会真正去玩一次滑索。让人觉得讽刺的是，她没能留下一段亲密的回忆——那是一段与一些朋友一起共度的快乐时光。

同样是我们之中的那些年轻人，由于害怕自己的不受欢迎被大众围观，他们才是最痛苦、最容易焦虑的。有一位家长告诉我，他对于看到女儿发疯似地对每个人的每一个帖子"点赞"感到痛苦，他也知道女儿其实就是为了让自己的帖子也能得到同等的回复。九年级的彼得来自伦敦，他的身高正好 4 英尺，还戴着眼镜，他向我描述了他经受的"痛苦"。"发帖，等待，然后期望得到回复。但没有人回复，然后我一遍又一遍地扪心自问'我为什么不被别人喜欢？''我哪里做错了？'"杰米也告诉我，每当自己想到 Snapchat 上任何一个 streak 快要终结时，她都会陷入恐慌。（Snapchat 上不同的用户只要连续 3 天互传照片或影片，就会累积 streak，并在用户名旁边显示火焰的符号，如果其中一方超过一定时间不回传快照，火焰就会熄灭。）她解释道："这会让我的身体感到很不舒服。"

这并非因为对于过去的年轻人，成为受欢迎的人不那么重要。事实上，受人欢迎是大多数高中剧的核心主题。不同之处在于，这一次是社交媒体对这些早就存在的机制产生了强大且无法避免的影响。正如哈佛大学教授肖莎娜·朱伯夫（Shoshana Zuboff）所指出的那样，"社交媒体标志着社会攀比的过程在强度、密度和普遍性上进入了一个新的时代，这一点对于我们之中最年轻的群体尤其如此——他们在正在定型自己的身份认同、想法和道德行为能力的年龄段中却'几乎一直在线'，由社交媒体上的经历所引发的社会攀比，被认为是一场前所未有的心灵海啸"。[90] 这是一个不得不推销自己的持续不断过程，并且在这个过程中会止不住地担心没人认可自己，这正是问题所在。

有些社交媒体公司开始承认（至少对此是默认的），他们在这方面造成的问题。Facebook 及其控制的 Instagram 都发布了各自平台的测试版本，并在一定程度上抑制了公开的"点赞"——只有用户本人能看到一个帖子获得多少个"赞"，其他人都不行。[91] Instagram 上这一举措的发起者正是 Facebook 的资深员工亚当·莫塞里（Adam Mosseri），他承认他的灵感有部分来自查利·布鲁克的反乌托邦科幻剧集《黑镜》中的一集，在这一集里无处不在的社交媒体评分让主角无法避免地陷入了一场灾难。[92] 我十分感激全部这些努力（当然，它们都是面对着持续的关注和反对才出现的），但问题是，所有的改变（假设在这些项目试点之后能得到全面的实施）是否真的会产生影响？除了评论、分享、转发或对他人帖子的标签，难道我们那个渴求多巴胺的大脑就不会去寻找其他的指标，以供自己与他人进行比较？若是不为人所知，我们还会继续追求每个"赞"所代表的肯定吗？我们与社交媒体的关系，以及我们在心理上对它的接受程度，导致我们对社交媒体的使用方式很可能已经被设定好了。

钟爱自己的虚拟化身

通过把我们变得越来越像缺乏安全感的投机取巧之辈，追求着点赞、关注和网上的社交虚荣，社交媒体还教唆我们做出另一件事——在网上展现一个更不真实的自我。我想表达的意思是，没人会在 Facebook 上发布："我整个周末都穿着睡衣在家看《老友记》，还吃了十包麦维他的燕麦饼干。"相反，我们在网上分享的生活是一系列令人艳羡的精彩片段和快乐时光、派对和庆典、白色的沙滩和让人垂涎的食物。问题是，这种经过 PS 的、被筛选过的自我，往往从根本上脱离了我们自己的真实存在。

我到底是谁？是被我发布在 Instagram 上那个总是快乐、成功、善于交际的人，还是一个偶尔会失败、犹豫并不那么自信的人？要是网上的朋友更喜欢这个虚假的我，又如何是好？我们越是小心翼翼地编织着社交媒体上的生活，就越会将自己变得愈加商品化，就越会认为可能没有人了解或喜欢那份"用户资料"所代表的"真实"的人。这是一种孤立和脱节的体验。17 岁的特莎来自加利福尼亚州，聪明伶俐又有艺术气质，恰如她所言："我们生活得越来越像网络游戏之中的虚拟化身。"更确切地说，是完美的虚拟化身。在 2016 年，市场调研公司 Custard 调查了 2000 名英国人，发现其中只有 18% 的人表示他们在 Facebook 上的用户资料能准确地代表他们。[93]

也许，拼命努力去打造外在的表象，甚至有时沦落到某种程度的表演，让我们看起来完全不像真正的自己——这正是人类的本性。400多年前，连莎士比亚也曾说过："世界是一个舞台。"青少年总是特别容易这么做。猫眼妆、超短迷你裙、摩托骑手靴和书包里的尼采大作《查拉图斯特拉如是说》，这就是我曾为自己精心打造的 14 岁女孩的人设。

然而，尽管在过去我们可以经常在表演之外获得喘息，在某种程度上回归真诚的个体自我，但社交媒体的时代却标志着传统的人类行为在这一关键方面发生了改变。14 岁的我每周有一次必定会褪去这一身"战斗装备"，穿上睡衣，与家人依偎在一起观看连续剧《朱门恩怨》(Dallas)。但现如今，我们不停地摆弄自己的智能手机，生活中的每一刻都会成为一个摆拍的潜在机会，这样的表演什么时候才会到头呢？

我们每个人都存在同样的问题！回想一下我们上一次自拍的情形。那时我们是如何考虑的？我们到底是在盯着自己的脸，还是试图"通过社交媒体粉丝的终极视角"来观察自己的脸？那张照片确实拍的是自己吗？

若是我们把与他人的关系质变为理想化的虚拟化身之间的关系，又会有什么影响呢？事实上，这样做会让人际关系无可避免地变得更浅薄、更虚伪，并表现出怪异的竞争性。随着网上的人设愈加远离真实的自我，我们的分享行为更像是在表演，而非真正地分享自我。就像一名已经戒掉社交媒体的 16 岁少年痛斥的那样："我在一个大多数人都不会诚实地展示自己的平台上，也展示着不诚实的自己。"[94]

从一开始，社交媒体的设计初衷就鼓励人们为了换取社会的认可，而扭曲真实的自我。以 Facebook 为例，2005 年前后，在它还被称为"The Facebook"而且只对大学的在校生开放之时，用户们就开始以外科手术般的精准程度，打磨着自己的个人资料，从定期更新的头像照片（摆拍，但不要过于做作）到风趣地描述自己的俱乐部生活及参加过的活动，甚至为了"展现自己某种特定的形象"而改变了选课计划（只是为了公开展示）——根据戴维·柯克帕特里克（David Kirkpatrick）在《Facebook 效应》（*The Facebook Effect*）一书中的说法。[95] 马克·扎克伯格等人在乎他们放出的是什么东西吗？似乎他们并不在乎。他们的目标也许是连接整个世界，而在这个过程中，哪怕这世界上的人际关系变得更浅薄、更残酷或越来越扭曲，他们也听之任之。

在有些极端的情况下，一部分人更钟爱他们数字化的自我，而不是真实的自我。刚开始，可能很纯真地只是从 Instagram 上的某个自拍滤镜入手，在自己的脸上加上一对奄拉的耳朵和一个卡通鼻子；但很快就会找到另一个滤镜，能让脸上的皮肤看起来更光滑、颧骨更明显、眼睛更大，在之前自拍照的可爱装扮加持之下，会有一张更加完美的脸庞；也许，后来又进阶到，会使用一个自主编辑的应用，进一步改善皮肤、拉长下巴，从而实现了瘦脸，美白牙齿，重塑下颌轮廓、脸和鼻子的宽度。[96] 所有的这些效果都可以通过类似 Facetune 的应用实现，而 Facetune 一直是苹果应用商店中最畅销的应用之一。[97] 不可避免地，在镜子里盯着自己的那张脸开始显得不那么精致了……当然这是与那张数字化版本的面孔相比。因此，可能有人就会把 Facetune 上的那张脸带给整形外科医生，要求做出相应的修修补补，按照在网上编辑过的样子创造现实版本的自己。[98]

这听上去可能很极端，但并非虚构的情景。越来越多的年轻人带着经过 PS 的、叠加滤镜的、并通过数码修改的自我的照片，去找整形医生。2017 年，美国面部整形与重建外科学会年会（American Academy of Facial, Plastic and Reconstruction Surgery）上，有 55% 的外科医生表示，至少遇到过一次患者带着一张 PS 过的自拍照，并要求他们照图办理——这个比例与之前的一年相比，增加了 13%。[99] 美国面部整形与重建外科学会年会预计这一趋势只会继续增长。

社交媒体不仅仅将我们每个人都变成了推销员——推销的产品就是商品化和重新包装过的自我，还内化了相信别人比自己更受欢迎的观念（BOMP），让我们不单单觉得自己不如周边的人受欢迎，更认为真实的本人不如经由数字化提升后的自己受欢迎。这就从根本上导致了疏远。

改变是可行的

那么，对于社交媒体的毒害以及它在 21 世纪的孤独危机之中所扮演的角色，我们又能做些什么呢？

显然，关键在于少花一些时间在这些平台上。在准备这本书的过程中，我遇到过一些甚至完全退出社交网络的人。比如萨米，这个 15 岁的孩子很热衷于辩论问题，他决心不再成为被毒害的对象，于是永远地离开了社交媒体。或者 22 岁的研究生彼得，他告诉我，他已经戒掉了Instagram，然后发现自己的幸福感和情绪健康都有了显著提高。或者

40 岁的金融专业人士玛克辛，她再也不用 Facebook 了，因为她觉得自己无法再忍受朋友有关他们家庭或职业幸福的任何一个"自鸣得意的帖子"。然而，这仍然只是些特例。人类向社交媒体的大规模迁移及社交媒体传递消息服务的功能意味着，那些离开的人可能会感到明显被排斥。对年轻人来说尤其如此。如果整个班级的人都在 Instagram 上"玩耍"，对大部分人来说，不加入进来就会让人觉得不可理喻。除非出现新的社会准则——让亲临现场的人比总是泡在社交媒体上的人拥有更好的评价，否则这种情况不太可能会有所改观。

因为这些平台具有成瘾性，即便是对于那些想要减少自己在上面所花时间的人来说，注销离线也是极具挑战性的。然而，我们都可以尝试一些实用的技巧来降低其困难程度。比如，指定几个无数码生活日，利用"制造障碍"也许能有助于抑制自己对于社交媒体的渴望——比如把所有的社交媒体应用都置于智能手机上一个不方便打开的文件夹之中，甚至在智能手机上删除社交媒体的应用。委托自己的伴侣甚至是子女们，不留情面地提醒自己不要做个"机器奴"（我们可能会找其他一些不那么贬损的字眼）。或者，何不将一笔不菲的"押金"交给朋友或家人？如果能在 6 个月内减少一定程度的社交媒体使用，就返还这笔钱。这个办法对于帮助吸烟者戒掉烟瘾，是相当的成功。[100]

我们甚至可以考虑换掉自己的智能手机，转而去购买一部极简手机——Lightphone，这款手机被特意设计为"低科技"的设备，功能仅限于通话和短信，手机上就连便利的标准键盘都没有，只能用最基本的九宫格输入法，而且最多也只能同时存储 10 个联系人。[101]

然而，这并不是一场靠我们自身就能取胜的战争。为了能大范围地克制我们的数码瘾，果断的政府干预是关键。我们都知道政府为减少烟草的使用而采取的种种措施，比如要求在所有包装上印上警告性的标识。

考虑到社交媒体同样具有让人上瘾的特性，难道现在还不应该对这些平台的危险性发出警告吗？我们每次打开应用不该有弹窗示警吗？网站上不应出现广告"走马灯"进行提醒吗？智能手机的包装上难道不需要印上混乱的头脑图案吗？这类举措将加深我们日常对风险的认识。每当我们用到这些科技产品的时候，我们都需要有人来提醒它们的潜在危害。就像吸烟者被鼓励戒烟一样，我们也应该考虑发起一类公共健康活动，用于减少手机的使用以及在社交媒体上耗用的时间。不同于对糖的上瘾只会伤害到使用者本人，社交媒体的成瘾更像是烟草，具有明显的传播效应，不仅可能对我们自身有害，也会危害我们周围的人。[102]

对于儿童，我们还需要做得更多。正如英格兰儿童事务专员安妮·朗菲尔德（Anne Longfield）所说，若是连 9 岁大的孩子都"越来越焦虑自己的网上形象"并且变得"沉迷于将'赞'作为一种社会认可形式"，我们无法苟同将社交媒体祸害如此多年轻人的情况视为"当今世界的自然现状"。[103]

因此，应当禁止需要成人监护的儿童（英国标准是 16 岁及以下，美国是 18 岁及以下）使用容易上瘾的社交媒体平台。虽然有些人可能会痛斥这将妨碍孩子们的言论自由和人格独立，但请注意，我并不是提议全面禁止这个年龄段的孩子使用所有的社交媒体，而只是禁止成瘾性的社交媒体。而是否成瘾的举证责任应当落在社交媒体平台的肩上，允许它们提供让人信服的科学证据，证明自身不会导致儿童上瘾。如果它们做不到这一点，平台就应该被强制要求建立一套真正有效的身份识别系统，以证实自己的用户都位于被允许的年龄段。[104]

因此，如果这些平台想继续针对这一特定的人群提供服务，它们就有义务创造出不那么容易上瘾的新形式社交媒体，或者剔除它们当前所采用的上瘾元素，包括点赞、streak 还有无限下拉滚动。

虽然在有些人看来，这一做法可能过于严苛，但只要回顾一下历史，就会发现人们对这类干预措施的态度将会发生何种程度的转变。1989 年英国政府强制规定坐在汽车后排座椅上的儿童必需系安全带，我还记得当时许多英国人听到这一消息时所感到的震惊和意外。[105] 当时的人们觉得这个措施既没有必要，也是对个人自由的侵犯，但当然，在拯救了无数的年幼生命之后，不让车里的孩子系好安全带在现在看上去就是不负责任的行为。同样，在载有孩子的车里吸烟也曾是一件司空见惯的事，但如今这样做不仅会遭人白眼，并且在英国以及美国的一些州和城市，还有世界上其他许多地方都是违法的。[106] 所以仅从预防的角度来看，禁止在成年之前使用具有成瘾性的社交媒体具有非常正当的理由。

当涉及毒害性话语中最恶劣的典型，比如仇恨言论和在一些平台上分享的暴力内容时，我们需要做到零容忍。虽然我理解像马克·扎克伯格这样的科技领袖不愿承担仲裁者的角色，尤其是考虑到围绕着美国宪法第一修正案之言论自由的传统，社交媒体平台不能一边把自己宣扬为公共广场并从中牟利，一边又坚持认为只能对在自己平台之上所发生的事情承担有限的责任。特别是大公司已经做出了编辑的决定，并愿意对一些问题做出价值判断。例如，Facebook 对裸体的禁止往往达到荒谬的程度。[107]

我当然也理解，监控每天上传到社交媒体的数亿条帖子，是一个庞大的挑战，而且自动标记仇恨性内容的机制很可能也不够完善。但这表明，除了在科技上需要更多的投资用于处理这个问题（这些公司所拥有的这类工程技术当然是极其充沛的），还需要布置相当数量的真人版主协助这一任务。在这样做的过程中，这些版主必须认识到对于内容的审核是一项具有挑战性的工作，无论是在智力上，还是在情感上。给这些版主提供足够的培训、付给他们体面的薪水和提供充足的情感支持，都是有必要的。就目前而言，这些做得还远远不够。如果大型科技公司能够从用于致力于企业增长和扩张的精力之中分出 10%，用于寻找可以优化内容的更巧妙的解决方案，那么这个世界会在解决网络毒害、两极分化、孤独和脱节等问题上做得更好。

这并不是因为它们无法承担更多的责任。凭借数百亿美元的收入和堆积如山的现金储备，社交媒体公司拥有带来变革的巨大潜力。最终，它们似乎只是不想在寻找真正有效的解决方案上投入所需要的金钱、人力和关注。事实上，似乎这世界上有些科技领袖能够承受一定体量的投诉、一定程度的罚款，甚至也许还有一定数量的死亡——在如此之巨大的奖励面前，在每年数十亿美元的利润面前，这些都是他们可以容忍的代价。[108] 就像大型烟草公司，由于利润的巨大，它们认定兜售有害的产品也是可以接受的。社交媒体巨头们似乎也同样认定，它们所造成的附带损害只不过是其商业模式下可以接受的副产品。正如扎基教授的观察："人们都知道，马克·扎克伯格曾告诫他的员工要'快速行动，打破常规'。"时至今日，很明显他们已经打破了太多的常规。[109]

连马克·扎克伯格现在也亲口承认，让平台自行监管有害的内容显然没有效力。[110] 我们需要强有力的外部监管，才能迫使大型科技公司进行改革。到目前为止，对于未能立即删除明显带有仇恨色彩的内容的处罚非常低，相对科技巨头们创纪录的巨额利润，这点儿罚金毫无意义。所以，对严重违规者的处罚金额一定要能撼动到它们的底线。

也许，改变终于要来了。2019 年在新西兰基督城的两座清真寺发生枪击事件，造成了 51 人死亡，而凶手在 Facebook 上直播了行凶的过程，导致澳大利亚推出了《分享令人憎恶的暴力材料法案》（*Sharing of Abhorrent Violent Material Act*），违法企业如果未能"迅速有效地"移除这些"令人憎恶的暴力"（abhorrent violent）材料，将会面临最多相当于公司全球营收 10% 的罚款。[111] 虽然该法案只涵盖了最极端内容（谋杀或谋杀未遂、恐怖主义行为、酷刑、强奸或绑架）的分享，但在对违规平台的处罚金额上，这是一项具有里程碑意义的立法。它甚至建议可以对不服从规定的科技公司高层判处最高三年的监禁。[112]

对于传播在这些平台上的其他有毒言论，有些显然没有恶劣到能与仇恨言论、煽动暴力或令人厌恶的材料相提并论的地步，但它们仍然非常令人担忧——比如霸凌，无法否认的是，这项挑战更为艰巨。比如，由于各种俚语的变化如此之快，幽默又可以被用作扎心的武器，一个包含霸凌内容的帖子也许很难被识别。"葆拉太酷了！"这看上去像是一个称赞的帖子，但如果葆拉是一个性格古怪的肥胖女孩，还没有什么朋友，那么这实际上可能是一种特殊形式的欺侮。通过算法确定什么是冒犯几乎是不可能的，这就是为什么行之有效的报告系统和内容的人工审查是如此必要。

这并不是说社交媒体对于网络文明问题没有技术上的解决办法。正如贾米尔·扎基教授的建议，社交媒体平台可以改变它们的算法以奖励善意而不是愤怒，或者确保"开放、积极的帖子热度提升得更快"。[113] 至少它们可以调整一下算法，让狂热和愤怒的内容不会那么快就提升到榜首。或者，社交媒体公司难道不能要求人们在发布霸凌或有害的内容之前三思吗？[114] 一些国家已经开始在测试这个功能，在用户发布被人工智能认定具有伤害性的评论时（比如"你长得太丑了，太笨了"），Instagram 会弹出一个提示窗口要求用户再次确认。但是不出意外，考虑到这些平台不作为的历史记录和可能损失的真金白银，若是没有监管者的达摩克利斯之剑悬在头上，很难相信它们会采取足够的措施。

当前，法律层面的变化似乎也要来了。2020 年 1 月，英国的信息专员办公室提出了保护儿童上网安全的规则，要求公司确保"不得向儿童提供有害于他们身心健康的内容"。[115] 如果能施行，不遵守规定的公司将面临"成比例于其引起的潜在或实际损害以及公司的体量和营收规模"的罚款。[116]

最起码，科技公司也应该对它们的客户负有法定的"勤勉义务"，在法律上强制它们采取合理的措施，确保这些平台不会造成重大损害。这类似于雇主的勤勉义务，因为他们有责任确保工作场所对于雇员们是安全的。如果雇主被发现没有履行这个义务，他们同样将面临巨额的罚金以及其他的惩罚措施。

最近有一群英国的国会议员就为此据理力争，其中特别提及社交媒体与儿童。在一份 2019 年的报告中，他们建议除了强制要求"勤勉义务"之外，政府应该对科技公司产品所造成的危害，追究其高管人员的个人责任——这与澳大利亚近期的立法遥相呼应。[117]

我们的政府显然有一些能够采取的措施，它们也应该采取这些措施。我们不必认定，数字化就如同火车一般，一旦驶离了站台，我们就没有办法改变它的方向。在面对大型科技公司时，我们还可以做更多的事，来保护我们自己和我们的社群——只要还有政治意愿和政治压力。虽然我欢迎 Facebook 拥抱监管的新态度，但我们应该对它们为塑造本次监管的性质所采取的积极行动，抱有一定程度的合理怀疑。毕竟，呼吁加强监管（按照对自己最有利的一种方式）正是大型烟草公司一贯施行的策略。[118] 鉴于社交媒体公司拥有巨大的金钱和媒体力量，确保社交媒体公司在新游戏规则的成型过程中不享有过多的话语权，这在当前比以往的任何时候都更为关键。

作为个人，除了要承认自己对手机设备的上瘾程度、尝试着减少对它们的使用、挺过戒断网瘾的煎熬之外，我们还能做什么呢？最起码，要是想继续留在社交媒体上，我们需要留意自己的帖子可能造成的有害后果，并要求自己在评论或分享时更为友善。我们必须努力让自己的网上活动远离愤怒和分裂的声音，抵制"点赞"或分享残酷帖子的冲动，并花上更多的时间推广那些能促进我们所有人团结的想法和情感。当然，对任何让我们感觉糟糕或加深我们与外界脱节感的人，我们还应该毫不犹豫地屏蔽、取消关注或删除好友。在这方面，学校也应发挥作用，教导学生在社交媒体上的文明礼仪，并为他们提供能够健康参与其中的工具——家长们确实也该这样做。有些人认为这么做似乎有点"过头"了，但如果社交媒体正在引发普遍的孤独和不快乐，难道我们每个人不都负有最起码的责任，尽力去抵消它对我们自己的些许影响吗？

另外，我们还可以对在这些平台上打广告的品牌商施加压力，让它们要求社交媒体公司在应对仇恨和欺凌上，做出更多具有实质性的努力。在 2002 年夏天，包括联合利华、星巴克、可口可乐和福特在内的许多顶尖品牌商决定参与"停止以仇恨牟利"（＃StopHateForProfit）的行动，它们在 Facebook 上暂停了一段时间的广告投放，以表明品牌商愿意以这种方式进行干预，并表达了对仇恨言论和分裂内容的反对立场。[119] 更重要的是，它们需要坚持为改革所付出的这类努力，直到有意义的改变出现。[120] 这也需要我们这些消费者有所作为——运用我们的购买力让品牌商明白，除非它们保持对社交媒体公司的压力，否则它们可能会失去我们这些客户。不管我们的年龄大小，只要我们努力发动我们的社群，大声疾呼出我们的反对意见，那么改变就是有可能发生的。

令人鼓舞的是，我在对青年人的采访中发现（我将出生于 1994～2004 年的一代称为 K 世代，从出生起他们的生活就被数码相机记录下来，进入中学和大学后还暴露在人肉搜索或泄露裸照的阴影之下），他们中的许多人都非常清楚这些问题，以及他们所谓的"原生"数字领地的危险之处，甚至对其的理解程度可能要超过他们之前的几代人。就像 K

世代中有些人在一些激进主义运动之中的声名鹊起——从巴基斯坦的马拉拉·优素福·扎伊（Malala Yousafzai）⊖，到在全世界召集了超过 100 万人抗议枪支暴力的帕克兰枪击案⊜幸存者们。也许在让社交媒体担责和认识到科技成瘾的深刻危险方面，他们也将冲在最前方。

⊖ 马拉拉·优素福·扎伊，诺贝尔和平奖获得者，以争取妇女接受教育权利而闻名。——译者注

⊜ 2018 年 2 月美国佛罗里达州的一起枪击案中，一名当时 19 岁的青年在帕克兰当地的一所高中枪杀了 17 人，其中大多数为青少年。——译者注

第 7 章

孤独地工作

40%。这个百分数是全球的办公室职员中表示自己在工作时感到孤独的比例。[1]在英国，这一比例高达 60%。[2]在美国，几乎 1/5 的人在工作上连一个朋友都没有，并且 54% 的 K 世代觉察到与同事们在情感上的疏远。[3]以上这些都是新冠疫情暴发、开始保持社交距离之前的数据，所以当前的情况只会更加严重。[4]同时，全球 85% 的员工认为自己无法全身心地投入到工作之中，[5]这不仅仅是无聊或士气低落的问题，因为员工的敬业度往往跟他们感到与同事们、与雇主的密切程度紧密相关。

很显然，不单单是我们的家庭生活和私人生活会让我们感到孤独，我们如今的工作方式也同样如此。

当然，我们不应该把过去的工作场所想得过于浪漫。卡尔·马克思记录下了孤单的 19 世纪工人，他们为了微薄的报酬从早到晚地重复工作着，更悲惨的是他们与自己、与同事、与他们名义上创造的产品越来越脱离。19 世纪和 20 世纪的英文小说中也随处可见孤独的办公室职员——从赫尔曼·梅尔维尔（Herman Melville）书中越来越淡漠的书记员巴特尔比（Bartleby）到西尔维亚·普拉斯（Sylvia Plath）笔下的埃丝特·格林伍德（Esther Greenwood）。与此同时，电话接线员莎伦·格里金斯（Sharon Griggins）在 1972 年告诉深受爱戴的美国广播电台播音员兼作家斯塔兹·特克尔（Studs Terkel），尽管她每天都要讲很多话，嘴巴都感到很累，但她在下班时仍然感觉自己就像从未与任何人交谈过。[6]

毫无疑问，对许多人来说，在工作中感到孤独的问题由来已久。但令人惊讶的是，现代工作场所中许多方面的本意是让我们更有效率，最终却产生了相反的效果，因为它们让我们感到更缺乏联系、更孤立。由于孤独感与敬业程度和生产效率存在明显的关联，所以工作上的孤独感不仅对员工有害，对企业也有害。工作中有朋友的人在智力和情感上对工作的投入，可能要比那些工作中没有朋友的人高七倍。[7]更普遍的情况是，孤独、不合群的员工比没有这些问题的人所请病假的时间更长，积极性更低，投入的程度更低，犯的错误更多，工作效率也更低。[8]在一定程度上，这是因为"孤独一旦成为一种固有的情感……人们就真的变得难以接近，同样也不再听从劝告，还变得更加关注自身。出现在他身上的各种状况，都让他不再是其他人很想交往的伙伴"。这一发现源自一篇研究报告。报告作者还解释说，这样一来，这个人就更难以获得成功所必需的帮助和资源。[9]

当我们在工作中感到孤独时，我们也更有可能去换个岗位或干脆辞职走人。[10]例如，一项针对10个国家的2000多名经理和员工的研究发现，60%的受访者表示，如果他们在职场上有更多的朋友，他们很有可能在公司干得更长久一些。[11]

21世纪的职场让很多人感到如此孤独，那么它到底出了什么问题呢？

开放式办公与孤独

在没有分隔墙或格子间的空间里，员工们坐在一排排长条形的办公桌前，不停地敲打着键盘，所有人呼吸着同样的循环空气——欢迎来到开放式办公室。

最近一段时间以来，人们对于开放式办公室的大多数担忧集中在其对生理的危害上。这是可以理解的。根据由韩国疾病控制和预防中心（Center for Disease Control and Prevention）开展的调查显示，2020年2月在首尔的一处呼叫中心暴发的新冠病毒连环感染事件中，从第一位员工遭到感染算起，在不到2周的时间内共有超过90名曾在同一开放办公空间工作的同事检测为新冠阳性。[12] 然而这种选择性设计危害的不只是我们的身体健康。许多办公室的上班族感到彼此疏远的原因之一就是，他们每天都是活在同一个开放式的大型空间之中。

这似乎与直觉相悖。事实上，当开放式办公室在20世纪60年代被首次推出时，它被誉为一种进步的、近乎乌托邦式的设计理念。这种设计理念将创造一种更友好、更协同的工作环境，或者说理论上是这样的。在这种环境中，人员和创意可以更自然地融合在一起。如今，它的拥护者还坚持着同样的看法。然而，正如我们在城市环境中所看到的，我们的物理空间可以显著地影响我们的归属感或脱节感。结果发现，开放式的办公室（当前最常见的办公空间布局方式，占欧洲的一半，美国的2/3）特别让人感到疏远。[13]

哈佛商学院近来发表了一项具有里程碑意义的研究结果，该研究追踪了员工们从格子间搬到开放式办公室之后的变化。研究人员发现，这非但没有"促使面对面协作的日益活跃以及关系的加深"，开放式的布局反而似乎"引发了同事们逃避社交的反应"，因为人们在沟通方式上选择了电子邮件和短消息，而不是直接交谈。[14]

导致人们退缩的部分原因在于人类对于过度噪声、干扰或无端打断的天然反应，而在开放式办公室中，这些一般都是不会缺少的。我们在城市中生活也见识过类似的现象，若是熙熙攘攘的人流和喧嚣的杂音让我们感到不知所措，我们就会倾向于让自己封闭起来。这也是一种自我防护的行为。研究发现，超过 55 分贝的噪声（大致等同于音量极大的电话铃声）会刺激我们的中枢神经系统，引起压力的显著升高。[15] 许多开放式办公室中的噪声长期高于这个水平，因为人们为了让别人能听清楚，总是用更大的声音讲话。[16]

问题不只是音量。就像亚马逊的 Alexa 为了能迅速对指令做出反应会一直监听着周围的声音，在开放式办公室里，我们的大脑也有类似的机制——它会持续关注着我们周围的噪声，如别人敲击键盘的声音、隔壁工位上的交谈，还有突然响起的手机铃声等。[17] 这不仅让我们更加难以集中注意力，而且为了完成工作还必须付出双倍的努力，因为我们一边要聆听周围所有的声音，又要去忽略它们。当我在一个开放式办公室工作时，我甚至在刷卡进入大楼之前就会戴上降噪耳机。屏蔽掉无休止的噪声是我能够集中精力工作的唯一方法，即使这意味着我对周围工作环境中所发生的事情不那么敏感。我觉得为了提高工作效率，并完成工作，除了将自己与同事隔离开来，别无他法。正如对这一现象进行了广泛研究的心理学家尼克·佩勒姆（Nick Perham）解释说："不管人们怎么想，绝大多数人在安静环境中的工作效率最高。"事实上，有研究发现，光是周围有人在讲话就能降低员工高达 66% 的工作效率。[18]

我们可能正在进入一个不那么拥挤的开放式办公成为常态的时代。不过，尽管这可能意味着噪声会有所减少，但此起彼伏的声响并不是让我们想要逃避的唯一原因——还有就是缺乏隐私。研究人员写道：开放式办公室弥漫着一种"不安全感"，因为每个人都能看到和听到你在做什么。[19] 他们发现，这导致了缺乏有表现力的对话，并产生了一种"令人局促的不安感"，从而"打消了长时间交谈"的意愿，形成了"更短暂、更肤浅的讨论"，并导致了自我的审查。[20] 这也与我的经历产生了共鸣——当我知道身边的人都能听到自己的谈话时，就很难和同事进行有意义的交流，更不用说打个电话给医生或问候自己的伴侣了。

同样的道理，青少年之所以在社交媒体上的对话往往如做戏一般，又很肤浅，是因为这都发生在公共论坛上。同样，若是在开放式办公室工作的员工知道有人在观察自己的举动，他们的行事方式也会因此而发生变化。所以办公室如今已经成了一个舞台，人们一直在被别人观察着、需要一直做戏、永远都不能放松警惕。从认知和情感上来说，这不仅让人感到筋疲力尽，而且还会让我们心生疏远。而且，在现实世界中我们也没法像在网上一样，用虚拟化身掩藏自己的面目。

如果在办公室中实施"办公桌轮用制"（hot-desking），这样的疏远感就会更为严重。雇主们总是想方设法把轮用办公桌吹捧为职场自由和选择的象征——每天由雇员自己决定想要坐在什么位置。然而，在现实中员工们则是没有自己固定的办公空间、没有可以粘贴自己老婆孩子照片的地方、永远不能跟某个人相处足够久而碰撞出友谊、每天都要为了先占到某张桌子而不停地争斗，这一切都让人感到自己是一个相当孤独的个体存在——在 2019 年英国的一项调查中，有 19% 的办公桌轮用者表示，他们感觉到自己被同事们疏远了，还有 22% 的人觉得很难形成团体的纽带。[21]办公桌轮用者可类比于之前我提到过的那些从未遇到过邻居的租客。由于更像是一群流浪汉而非逐水草而居的游牧者，办公桌轮用者们不可避免地认为自己是公司的消耗品、更加容易被忽视，并且更微不足道。曾有一位叫作卡拉的英国大公司的设备主管，一次意外的手术导致她不得不请了一个月的病假，然而她那些轮用办公桌的同事甚至在几周之后才发现了她的缺席。[22]

有些雇主认识到，压力大、注意力分散、感到彼此疏远和脱节的员工在工作效率、创造力和深度思考方面的表现都有所欠佳，所以他们早在新冠病毒使得飞沫防护成有必要之前，就开始调整了自己的设计选择。

像 ROOM、Zenbooth 和 Cubicall 等都设计了一些预制的、便携式的私密隔音舱，可以很轻松地放置在开放式办公室之中，而且这些产品的销售量也出现了很明显的提升。[23] 2020 年 1 月，在 Cubicall 的网站上提出了一种电话亭风格的办公舱——单人办公仓的内部空间小到仅能允许使用者站立其中，这正在被积极宣传为"针对现代室内设计缺陷的有效解决方案，通过为办公场所和公共空间提供能确保隐私和专注度的区域，提升生产效率和员工士气"。还有些地方，雇主们采取了更激进的措施。在一些工作场所中，桌子上会摆放着红绿黄灯，通过不同颜色的灯来提示这个工位的使用者此时是否能接受同事的打断。在另一些公司，一种类似于"耳机和马眼罩"混搭的设备就被用来帮助员工专注于自己的工作。[24] 倘若不是这类设备如今都摆放在很多的办公室之中，人们可能会认为雇主们如此的应对措施就像是天方夜谭一般。

现在有人可能会认为，如此之多的缺陷再加上新型的健康风险，就意味着开放式办公室即将走向终结。然而现在下结论说其终将消亡还为时过早。因为，无论自家公司最初选择成为开放式办公的"正式"说法是什么，不管公司战略如何转变，真实的原因几乎肯定与成本有关。相比于传统布局的办公室，开放式办公室中单个员工所花费的成本要低 50%，因为每个人占用了更少的办公面积。[25] 办公桌轮用制甚至能提供更高的"效率"——考虑到每张桌子有可能更为频繁地使用，在相当大的程度上提高了员工对它们的使用率。[26] 由于新冠病毒所造成的经济损失，如今公司面临着更大压力，需要减少开支、压缩运营成本。尽管开放式办公助长了病毒的传播且被认定会招致员工的不满，但许多组织机构不但绝无可能为办公环境的底层重构拿出预算，甚至办公桌轮用制都很可能再次变成一股潮流，虽然这可能会引发与新冠病毒相关的风险。毕竟，还记得开放式办公第二次流行的时刻吗？那正是在 2008 年的金融危机之后。

不过，在一部分公司中出现两极分化的体系也绝非不可想象——一方面高管人员可以安全地躲避在独立的办公室之中，而另一方面，机构中级别较低的人员只配拥有隔板。

让员工的情感和身体健康屈从于如单个员工的成本等指标，这不仅从道义上会招人反感，而且在商业上也是短视的。更广泛地讲，这是一种目光短浅的做法——让人们过于无条件地服从利润导向，员工的情感和健康需求被认为对成功微不足道，而事实上幸福感和满意度从根本上与生产效率相关，进而关乎公司的整体绩效。

即便是在预算紧张和精简人员之际，有远见的雇主们也需要对一件事做到心中有数——那些被认为忽视员工需求的公司可能会在两个方面受到反噬，一方面是其能吸引到的员工素质，另一方面还有现有员工愿意付出的努力程度。如果一个人认为雇主不在乎自己的基本需求和人身安全，他就绝不会心甘情愿地付出更多的努力。

工作场所的数字化颠覆（侵袭）

当然，能够侵蚀我们的工作关系并让我们感到孤独的，并不只是我们的物理环境。如今，让我们许多人感到与同事们如此疏远的部分原因还在于，我们与他们之间的沟通比过去要浅薄得多。

回想 10 年之前，如果我们要与同事讨论问题，可能需要亲自走到他们的办公桌旁。如今，我们多久会这样做一次呢？这并非仅仅是社交距离所导致的。一项 2018 年的全球研究发现，员工们普遍会用将近一半的工作时间相互发送电子邮件和短消息，而且接收对象的位置大多只相隔几张办公桌。[27] 与我们在私人生活中一样，在工作中人与人之间的交流越来越多被敲击键盘所取代，即便是在当面交谈更便利、更快捷的情况下。

这些也会带来工作中的孤独感。多达40%的员工表示，通过电子邮件与同事们交流让他们"经常"或"总是"感到孤独。[28]

考虑到典型的工作电子邮件的交流质量——就事论事而不注重交谈、讲求效率而无需友善、内容枯燥且缺乏热情，有这样的结果并不奇怪。在我们的工作中，打鸡血式的"7×24"信息超负荷早就让我们牺牲掉了"请"和"谢谢"。在越来越大的时间压力下，我们的收件箱不停地被补充——就像短消息一样，我们的电子邮件已经变得越来越简短精炼。而且我们的工作量越大，我们的电子邮件就越不礼貌。[29]

远程办公的兴起（有人估计到2023年超过40%的劳动力将在大部分时间里远程工作）可能会使员工的孤独感显著恶化。[30]这是因为大多数远程工作者依赖电子邮件或者其他文本形式的通信，作为他们最主要的沟通方式。[31]这就部分地造成，尽管一些人最初对于能够在家工作感到欣喜，然而在几周之内还是会报告说自己的孤独感有了明显的上升。[32]确实正如我们早就知道的，孤独可能是远程工作者面临的最大挑战。[33]

2019年3月，评价网站Product Hunt的创始人兼博主瑞安·胡佛（Ryan Hoover）在Twitter上发帖称，他正在写一篇关于远程办公的博文，并想知道"对于那些在家工作的人，最让他们感到沮丧的是什么？"在1500多人的回复中，孤独感是最普遍的问题，其中有许多人特别指出，那是工作中缺少面对面交流的孤独。管理方面的顾问埃拉尔多·卡瓦利（Eraldo Cavalli）将其描述为"办公室社交互动的缺失"。[34]其他人也表达了对"在忙忙碌碌之中随意而又有深度的对话"的渴望。加利福尼亚州音乐软件工程师、风险投资家赛思·桑德勒（Seth Sandler）哀叹道：在茶水间的被动聊天可以让人"建立起面对面的友谊"，而这种友谊可以"延伸到工作场所之外"。"我无法离开我的办公桌去找同事们交际。"工程师约翰·奥斯本（John Osborn）写道，"这简直就是极度的孤独。"

从事开源软件开发的埃里克·中川（Eric Nakagawa）最为直截了当地写道："孤独能让人崩溃。"

最值得警惕的是，尽管考虑到我们有"用进废退"的习性，有这样的问题并不足为奇，但有几位受访者已经注意到远程工作的影响正在悄悄地渗入他们的日常生活。乌克兰的一位软件工程师兼初创公司首席执行官艾哈迈德·苏莱曼（Ahmed Sulajman）发帖写道："当我独自一人在电脑前待了很长一段时间，然后再去别的地方时，我感觉好像忘记了如何正常与人交谈和沟通，这需要几个小时才能复原。我发现很难在发消息和现实世界交流之间来回切换。"

远程工作也并非一无是处。很多远程工作的人珍视其带来的自主性和灵活性，他们赞同"我想什么时候工作都可以，我想在什么地方工作都可以"的理念，并从避免长途通勤之中获益良多。此外，鼓励远程工作的政策不但让企业在雇用员工方面拥有更大的选择范围，也成就了一项强大的补偿机制，给一些特殊的群体（比如哺乳期的新妈妈、家中有老人需要照看的员工、因受伤或残疾无法用其他方式参加工作的人）提供了更好的机会，去平衡工作和家庭的需求。

虽然以上所说的这一切可能都没错，但事实是，远程工作同样加剧了孤独和封闭的感觉。八卦、嬉闹、闲聊和拥抱都只不过是迫于疫情远离办公室的人们同样会怀念的一些小事。研究在家办公问题的顶尖学者之一、斯坦福大学教授尼古拉斯·布卢姆（Nicolas Bloom）发现，"远程工作的人很容易在家感到郁闷和缺少灵感"。[35] 事实上，在他主持的一项实验中，一家拥有 16 000 名员工的中国公司中有一半的人被随机指派回家工作长达 9 个月。2014 年发布的结果显示，其中有一半的人在这段时间结束后主动选择回归办公室，尽管他们平均每天在路上的单程时间就有 40 分钟。在家工作让他们如此怀念办公室中的交际互动，以至于很多人宁愿每天牺牲一个多小时的时间来找回这种感觉。

这表明，在后疫情时代，雇主应该抵抗住通过大幅增加远程工作的比例并让其制度化以削减成本的诱惑，同时要仔细考虑如何缓解那些已经在家工作之人的负面情绪。

让员工之间在交流上多使用一些视频，而不是单单依靠于语音或文字，在此时可能成为一定程度上的解决方案。尽管有些不可思议，但东京墨田水族馆（Sumida Aquarium）在疫情隔离期间就用上了这个办法，意图缓解花园鳗的孤独感。缺少人类访客让鳗鱼的行为开始变得古怪，在饲养员想要检查它们的健康状况时，它们会把自己埋进泥沙之中。[36] 就像那位远程工作的艾哈迈德·苏莱曼一样，它们也很快就忘记了如何交际。所以饲养员们就呼吁公众使用 FaceTime 连线水族馆，如果能接通，就向鳗鱼挥手或者呼叫（声音不要太大），每次 5 分钟。这样做到底有多大的效果呢？在写这一章的时候，我还没有答案。但是，就像我们在之前的一章中所看到的，以及通过我们大多数人在疫情隔离期间使用 Zoom 对外联系的经历，我们很快就意识到，屏幕的交流虽然比只能使用电子邮件或文本要好很多，但至少相比于面对面的交流，依然只能是一种受到诸多限制的有限体验。缺少了全身的动作、身体上的接近和诸如气味等微妙的暗示，交流更容易产生误解，人们之间的纽带也会有所削弱。网速的问题会导致影像的反复卡顿和不同步，不但常常将视频交流变成某种让人抓狂的体验，甚至时不时还会让人产生主动挂断的念头。

这就是为什么，大多数在此次新冠疫情暴发之前就成功地实施远程工作的公司如今都在限制员工远程工作的天数。谷歌的前人力资源负责人拉斯洛·博克（Laszlo Bock）曾调研过"在家工作"的最佳时长。[37] 他发现这个答案是每周一天半。在这种搭配之下，员工们既能够有时间维持彼此的联系、建立纽带，又有时间做更深入且不受打扰的工作。

在远程工作方面取得成功的先驱者们也做到了这一点：确保能为员工提供定期的、有组织的见面和当面交际的机会，并形成制度化——无论是"周四的办公室比萨日"，还是定期的聚会、会议或主题活动。并且，他们还有意识地将办公室设计为只要人们身在其中就想要交往的样式——这不仅能缓解员工的孤独感，也有更实用的目的。"科技公司之所以提供迷你厨房和免费的零食，不是他们认为有人会在上午 9 点到 12 点之间很饿，"博克对《纽约时报》的凯文·罗斯（Kevin Roose）说道，"而是因为在那方寸之间，我们可能收获意外的灵感。"[38]

就像我们的私人生活一样，在工作中有接触胜过无接触，身体上的接近对于打造集体感和社群精神是至关重要的。

鼓励善意

当然，待在办公室并不一定意味着有更多的交际，究其原因并不仅在于我们对电子邮件的依赖，以及有如"圆形监狱"（panopticon）一般的办公室特性。

在许多原因（企业越来越重视生产效率、反性骚扰运动之后职场文化的改变、工会组织的衰败以及随之而减少的组织活动、更长的通勤时间）的共同作用和驱动下，上班时乃至下班后与同事一起消遣变得越来越不正常。[39] 结果是，几十年前还很常见的许多社交活动，比如在晨间与同事一起喝茶休息，下班后去酒吧小酌，或者邀请同事来家中聚餐，正变得越发不常见。

没有什么事情比工作用餐的变化更明显的了。

工作日的午餐时间。就在不是很久之前，我们每天在这个时段都会与同事聚在一起，有机会发现共同的兴趣和爱好，聊天并寻求支持。如今，与同僚们在一起吃饭显得越来越过时，但我们也不能把这一点归罪于保持社交距离的要求。

一位大型新闻公司的制片人萨拉在 2019 年的时候曾告诉我说，尽管来到那家公司都已经 4 年之久，但她与同事共进午餐的次数还是屈指可数。而且由于一起吃饭的情况极其稀少，每次聚餐感觉都好像是一群陌生人在首次尝试着了解对方，而不是实际上每周都要花上几十个小时待在一起的一个团体。我也记得，2011 年当我在阿姆斯特丹当教授的时候，那里的教职人员从不一起吃饭，每天一个人吃饭的感觉是多么孤单。

问卷调查的数据清晰地表明，这样的经历是何等普遍！在一项 2016 年的英国调查中，超过 50% 的受访者表示从不或极少与同事共进午餐。[40] 在工位上吃着一个三明治（通常还要一边吃一边浏览 Instagram、在亚马逊上购物或观看 Netflix 的剧集）替代了过去用一个小时与同事增进感情以及恢复精力。美国的情况也差不多，有 62% 的职场人士说自己“在办公桌旁吃饭”，但其实只有不到一半的人真心希望如此。[41] 在法国，与同事一起吃个长时间的午餐已经变成长久以来神圣不可侵犯的习俗，但即便是在那里，市场现实也开始发挥作用了。简餐品牌“Pret A Manger”法国子公司的负责人斯蒂芬·克莱因（Stéphane Klein）说：“午餐吃上一个半小时或两个小时的日子已经一去不复返了。”[42]

不只是办公室的职员在独自吃饭。高大魁梧的莫居住在伦敦南部，自从之前任职的本地出租车公司（由于无法和优步竞争）倒闭后，他一直在担任优步（Uber）司机。在 2019 年末，他告诉我，他有多么怀念在老东家那里与司机同事们一同进餐带给他的团体感。那时候“司机们会聚集在公司的大型活动室里，里面有微波炉和冰箱，无论穆斯林还是基督徒都会带饭，并在一起进餐”，大家就像是一个“集体”。他解释道：“在那儿的时候，我认识你，你也认识我。如果有一周的时间没有看到你，我会给你打电话，查看一切是否都还好。"他还对比了现在当优步司机的经历，没有地方可以去聚会，每个人都自己吃饭，"毫无团结感可言：如果我的车出了故障，我很清楚，其他的优步司机都不会停下来帮助我"。

独自吃饭很可能会让我们在工作中感到更孤独（这是说得通的，就像独居的人在进餐时无人陪伴才最感孤单），并且这还让我们更容易体会到与同事之间的隔阂。从每天的家庭晚餐到日本的茶道会，再到美国感恩节或瑞典仲夏夜的聚餐，一起准备、供应和享用食物及饮品是世界各地的人类文化核心仪式。[43] 我们发现，这些时刻不仅提供了能帮助人们减轻孤独感的闲聊机会，也为更有深度的对话、更紧密的同事关系搭建了桥梁。

尼古拉斯·比克罗夫特（Nicholas Beecroft）博士是英国军方的一名部队精神病医生。他相信，将军队伙食的模式从大锅饭改变为随餐随付（后者就是为了节省经费，并提供更多的自由和选择）是一个非常关键的，导致在军中能见到相比过去"更少的战友情谊和凝聚力"的原因，而且有很多的士兵告诉他自己感到了孤独。并且，他有着更深层次的担忧。因为在他看来，只有大家能同席而坐，一起边吃饭、边谈笑，才能铸就一个强大集体的根基。他说："在战场上，这种纽带能让士兵们经受住极端的压力。"事实上，比克罗夫特博士认为，士兵们是否认为自己是一个紧密团体的一分子，是一些士兵会患上创伤后应激障碍而另一些士兵则不会的关键因素之一，而"在一起吃饭有助于巩固这种团体感"。学术研究也支持这一观点——能否得到社会支持是一个人在经历创伤后是否会患上创伤后应激障碍最有用的预测因素之一。[44]

研究人员研究了一起吃饭对于另外一个相差不大的群体（消防员）的影响，并得出了类似的结论。康奈尔大学的凯文·克里芬（Kevin Kniffin）和同事们花了近一年半的时间，观察位于美国一个主要城市的

13 处消防站，他们发现那些一起制定食谱、一起做饭、一起吃饭的消防队相比不这样做的消防队，工作表现要好上一倍，因为他们有更多的协同和配合。[45]

对于消防工作而言，这很可能意味着拯救更多的生命。即便像用水枪喷淋着火的建筑物和清理废墟这样的基础任务，几分钟的差别就能决定生死，更好的配合能产生差异巨大的结局。克里芬假定一起吃饭是一种"社会黏合剂"，能够激发友情、互相关心和团队合作。[46]并且似乎消防队员们也意识到这种非正式纽带的重要性。消防队员们说，每日就餐是他们轮班的核心部分。事实上，这件事情如此重要，以至于有些人每天会吃两次晚餐，一顿在家里，另一顿是在消防站。他们认为不接受消防员同事们准备的饭菜是一种不尊重的表现。当研究人员检查那些没在一起吃饭的消防队时，被询问的对象似乎很尴尬。对此，克里芬评价说："这基本上是一个信号，表明该团队的工作方式存在更深层的问题。"[47]

无论我们是在真正的战场上，还是工作环境有如一个战场，一起吃饭是在工作中建立更强集体感和团队精神的最简单方法之一。所以对于想要重新建立起集体意识、并帮助员工在几个月的强制保持距离后重新联络感情的公司，恢复正式的午餐休息——最好是有固定的时间段，并且鼓励员工们一起进餐应该成为他们企业战略的组成部分，更何况这样做还有着明显的商业益处。

我并不是在建议完全照搬大型科技公司的做法，配备公司内部食堂，并提供从新鲜捕捞的半月湾岩鱼，到卡宴辣椒姜汁饮料，再到啤酒炖排骨的各式食品——因为不但大多数的公司负担不起，[48]而且当地的咖啡馆和杂货店也需要有人光顾。即使是一些最简单的方式，比如提供一个舒适的房间或配有长桌的室外场地、团队负责人为大家在会议室点外卖或带领大家去附近的午餐点野餐，都能带来不一样的效果。[49]

最重要的是，公司管理层要向员工表明，即适当的午餐休息不仅是允许的，而且应该被积极地鼓励——这才会创造出条件，让古老的、本能的共同进餐传统再次成为工作生活的组成部分。

仅仅是跟其他员工在相同的时间一起休息，无论是吃午饭还是其他什么时间，都可以对士气和工作效率产生很大的影响。麻省理工学院的教授亚历克斯·彭特兰（Alex 'Sandy' Pentland）对一家美国银行的呼叫中心进行了细致的研究，发现效率最高的团队正是那些在正式会议之外彼此交谈最多的团队，而且他们最珍视当面的交流。因此彭特兰建议呼叫中心的经理修改员工的咖啡休息安排，保证让同一团队的员工能够在同一时间休息，从而让他们在工作之余有机会与团队的其他成员进行交际。这一策略取得了成效。不仅员工们感到更快乐，而且对于衡量该行业最有效的指标——每一通电话的平均处理时间，业绩较差的团队下降了 1/5，全呼叫中心整体下降了 8%。穿插在他们的闲聊之中，员工们还分享了工作相关的有用技巧。因此，这家银行如今在所属的全部十处呼叫中心之中，都实施了这种更为同步的休息时间安排，这一战略转变将会影响到 2.5 万名员工，预计能带来 1500 万美元的生产力提升，并且提高了员工们的士气。对于已经正在试行这种简单调整的单位，员工满意度在很多情况下已经提升了超过 10%。[50]

在仍然需要保持社交距离的情况下，创造非正式社交的机会当然是一项真正的挑战。如果连饮水机都被贴上了封条，而虚拟的休息和相聚又不可能完全取而代之，就不可能出现所谓的"饮水机旁的好时光"。但等工作场所熬过了这场新冠疫情，人们很有必要认识到如此做的商业理由是多么无法抗拒。这不仅因为联系紧密的员工有更高的工作效率、更具责任感、更低的离职率，还因为在吸引最好人才的竞争过程中——即便是失业率继续上升，这种竞争也不会消失，一家以友善感而闻名的企业将会脱颖而出。对于 K 世代尤为如此，他们是下一代的雇员，但他们是社会上最孤独一代，也是最渴望联系感的一个群体。

但问题来了。虽然大部分的员工更向往工作在所有人都善良和友好的地方，但正如我们所见到的，在我们的新自由资本主义制度之下，善良和美好成为被严重轻视的品格——而需要具备这些品格的工作，如教师、护士和社会工作者，其收入水平明显低于平均值。[51] 与此同时，根据斯坦福大学的高级研究学者玛丽安娜·库珀（Marianne Cooper）对这一现象进行的广泛研究，在工作上被认为热情友好的女性很容易"被边缘化，不会被看作强有力的参与者或不可或缺的人物"，而且"她们的才能也会被忽视"。[52]

所以如果我们想让办公场所少一些孤独感，有一部分的难题在于如何明确地重视善良、协作和配合等品质。并且不要把重视光停留在口头上，要切实地对这些行为给予奖赏和激励。澳大利亚软件公司艾特莱瑟（Atlassian）最近就采纳了一个点子，他们对员工评价不再仅仅基于个人绩效，还要包含他们的合作能力、主动寻找机会帮助他人而付出的努力以及他们对待同事的友好程度。[53]

然而，这一类的方法并不能完全消除潜在的性别偏见。[54] 在帮助他人方面，对女性的要求通常比男性高，尤其是在组织聚会和打扫卫生等"办公室家务"上，所以根据这种偏见做出调整也很关键。[55] 但在评估员工表现时，强调这些品质是我们迈出的重要一步，有利于营造更包容、更温暖、更具合作精神和更少孤独感的工作场所。

全球化的科技企业思科则在这方面甚至走得更远。他们采用了两项既可以鼓励合作和友善、又能够积极地奖励这类行为的战略。第一项是已经实施了很多年的一条举措：公司内任何层级的员工，从清洁工到CEO，都可以提名另一名员工获得一笔从 100 美元到 10 000 美元不等的现金奖励，以表彰其能够做到利他、友善或合作。

我曾采访过的一位员工埃玛提到，她最近就提名了一位新员工，只因为她每天来办公室的时候都带着灿烂的笑容。佛蒙特州斯托市的一名经理汤姆告诉我，他奖励了一位团队成员，因为他让新员工感受到了特别的欢迎——他花费很多时间向他们传授工作的窍门。最近，该公司还推出了"感激信物"（tokens of appreciation）的活动。这项活动同样是由员工发起的，信物由一名员工送给另外一名员工，基于接收者善意的举动或提供的帮助，或者只是单纯为了表示感谢——这是一种虚拟的表扬。这里没有直接的金钱奖励，但每送出一枚信物，就会有一笔钱捐给慈善机构。

若是有人能感受到自己带来的人文变化，以及为企业所做的贡献得到了所在单位的认可，同时工作场所中还主动鼓励大家相互认同和感谢，那么在这里工作的员工们无疑更容易与他们的雇主及在彼此之间形成联结感。之所以思科被评为世界上最适合工作的公司，他们崇尚善行的计划无疑在其中发挥了一定的作用。[56]

让员工们感到被关心、被人性对待且不仅仅被视为企业机器上的一个个齿轮，这明显是一条很有益处的策略，特别是因为从黑格尔（Hegel）到拉康（Lacan）的思想家们都指出，我们的自尊很大程度上来自他人的认可。[57]而且，做到这一点并不需要付出很多，即便是非常小的举措也能带来真正的改变。一家大型出版社的图书编辑告诉我，一位"非常棒"的经理在会议上为大家带来巧克力饼干。还有一位出版商告诉我，他们有一位经理非常与众不同，因为他在每次会议开始时都会表彰团队成员在前一周所取得的成就，并在会议室里明确地对他们表示感谢。但看到这一类的行为在工作场所竟然被视为如此出乎寻常，令我感到既震惊，又沮丧。

一心工作，没有玩乐

然而，工作中的孤独感还可以追溯到客观环境或公司文化以外的原因。我们中很多人在工作时感到孤独，是因为我们在工作之外也很孤独。毕竟，我们在上班的时候不可能把所有的情绪都留在家里。问题是，我们如此孤独的原因之一在于很多人如今用在工作上的时间太长了。这就是恶性循环。

的确，对于人类整体而言，如今大多数地方的平均工作时长比几十年前要有所减少。[58] 然而在某些群体之中，工作时长却明显增加了。这包括了很多的职业人士，他们通常接受过大学教育。

自 1990 年以来，在几乎所有的西欧国家中，职业人士群体之中出现的"极限工作时长"（extreme working hours）显著增加了。[59] 在英国，现如今能力最强的人工作的时间也最长。[60] 在日本，有很多的白领工人一直工作到死亡——顾名思义，甚至为此出现一个专有名词"过劳死"（karoshi）。[61]

鉴于如今中产阶层的生活成本比 20 年前要高很多，对于很多人来说，长时间地工作才能维持收支平衡。[62] 确实，在我们眼中所谓的"职业阶层"之中，长时间地工作和做多个兼职[63] 正变得越来越普遍——很多这样的专业人士除了去从事第二份甚至第三份的工作，已经别无选择。在英国，有 1/4 接受调查的皇家护理学院（Royal College of Nursing）成员表示，他们还要身兼一份"额外的有偿工作"，用于支付日常账单和生活费用。[64] 在美国，有 1/5 的护士也是如此。[65] 近 1/6 的美国教师现如今有第二份工作，且不只是在暑假期间。[66] 在美国的俄勒冈州，有非常多的教师在优步上兼职，以至于公司会在手机应用上提醒乘客——如果他们司机的名字旁边有一本书的标志，那么他就是一位"优步教育者"

（UberEducator）。[67] 如果说新冠疫情教会了我们什么，那就是在这一切过去之后，要让那些照顾他人的人不仅会因为他们所做的事得到更多的感激，而且还应当获取更多的奖赏。

努力工作不单会在财务上有所回报（在美国，年收入在 11 万美元以上的人之中，有超过 1/3 每周至少工作 60 小时），而且也能体现在个人的满足感和成就感上。[68] 然而，超长时间工作的问题在于，不管它们是出于生活所迫还是个人选择，不仅仅让我们身心俱疲，也会让我们感到孤独。

更多的工作或更长的在家工作时间意味着陪伴亲人朋友的时间越来越少，这让我们与社区的联系也越来越少；我们投入在人际关系、社区生活、照顾所爱之人的时间与精力也越来越少，即使是在他们最需要我们的时候。在英国，有 22% 的人表示，由于工作繁忙他们甚至错过了生活中的重要时刻。[69] 在美国，近 50% 的人表示工作让他们筋疲力尽，在下班后再也没有多余的精力去参与社交。[70]

在这一切之中受到伤害最大的当然是家庭。科罗拉多州的高中教师凯尔茜·布朗（Kelsey Brown）就是一个典型的例子。"我筋疲力尽了。"她坦白道。她在大部分日子里都是在凌晨 4 点起床，同时执教着长曲棍球队，管理着一个交换生项目，还为一个夏令营工作——这一切都在她的日常工作之外，仅仅是为了能够付清账单。布朗经常在学校待到晚上 8 点。这意味着，尽管她最近刚刚结婚，但自己每天晚上和丈夫只有半个小时的相处时间。[71]

全时在线

即使我们的身体没有一直长时间地待在办公室里，这个问题依然可能存在。对于我们中的许多人来说，智能手机导致我们在周末、晚上甚至在假期之中都无法摆脱工作。一名私募股权基金经理保罗告诉我，对他来说，每天不去查看电子邮件简直"办不到"，即便是在一场筹划已久的加勒比海家庭之旅中。克劳迪娅是一名家庭保洁员，来往奔波于伦敦北部的 40 个家庭之间。她告诉我，她的客户经常会在凌晨 2 点打来电话，传达一项项"紧急"的指示，比如"你明天能把我的外套送到干洗店吗"或者"别忘了清洗烤箱"等。

对于那些赚钱能力越来越不稳定的个体经营者来说，除了一一回应这些需求，一般也别无他法，而在一些公司的企业文化中，就是期望每一个人都能够"全时在线"。根据一篇广为报道的故事，潮牌拉杆箱初创企业 Away 在繁忙的假日旺季里，有一名客户体验经理要求她的团队成员给她发一张他们正在工作的自拍照。她是在凌晨 1 点钟发出的这个指令。[72] 尽管媒体极其强烈地抨击了 Away 这种企业文化，但事实是，这一类的行为在许多公司都很受欢迎。

数字技术瓦解了我们工作和个人生活之间的界限，让许多员工觉得他们必须遵循这些新的工作规则，否则就有可能引起老板们的失望或不满。然而，想到与数字时代带来的这种永远在线、永远工作的文化是否要沆瀣一气，我们中的许多人首先必须要扪心自问：是我们那位苛求的老板"逼迫我们"在餐桌上打开电子邮件，还是由于自己的数码瘾及对多巴胺的渴求？哪怕有条件做出选择，是不是我们也会对做决心怀忐忑？也许我们会错误地认为，如果我们在工作以外的时间里不回复邮件，就会显得自己对工作不够投入？或者在一个"加倍苦干"和"闻鸡起舞"等口号不再内含讥讽，而被当成心怀抱负的时代之中，我们中的许多人已经认识到自身的价值完全取决于自己的贡献力以及能赚到多少金钱——这使得我们将职场对我们的要求凌驾于其他一切之上。[73]

不管出于什么原因，最终我们中的许多人会发现，对于很多本来可以等到第二天回去上班才用去处理的事务，自己也会在与家人相处的时候、在观看儿女在学校的比赛的时候甚至在深夜躺在床上的时候，回应着老板、客户和同事们的需求——尽管事实上，这样破坏与家人和朋友宝贵的相处时间，反而使得我们更加疏远，不仅在工作中，在我们的私人生活中也是如此。感情需要时间来滋养，关爱无法在匆匆忙忙之中传递。就像我们在前面的章节中看到的那样，为了让自己感受到成为社群的一部分，我们就必须积极地参与其中。然而，21 世纪的工作压力加上无处不在的数字通信，意味着这一切都更加难以实现。

对于我们之中的有些人，工作和电子邮件占据了他们的全部时间。若是可以对是否继续这样放任下去做出有意义的抉择，他们至少需要承认这个习惯相当于做出了一定程度的取舍——扪心自问，这样的妥协是否真正值得！这样做在有的情况下可能是值得的，但能一直这样吗？

我们需要更加敏锐地意识到我们数码成瘾的高昂代价，同样也要让我们的雇主看到"全时在线"工作文化的后果，包括对员工的心理健康、生产效率、决断力和创造力的影响。[74]

在一些具有创新性的公司里，至少管理层和员工们正在尝试着划出一道底线。早在 2011 年，大众汽车的员工工作委员会（相当于工会代表）就成功地推动公司对黑莓手机的服务器进行了设置，在员工轮班结束的半个小时之后停止向他们推送电子邮件。[75] 在 2014 年，另外一家德国汽车公司戴姆勒制定了一项政策，自动删除在节假日期间发送给员工的电子邮件。[76] 还有在 2018 年，欧洲的连锁折扣超市利得（Lidl）为了更好地平衡员工的工作和生活，在一些门店里禁止在下午 6 点至第二日早上 7 点以及周末期间收发工作邮件。

唱片公司华纳音乐集团在全球拥有 4000 多名员工，旗下艺人包括艾德·希兰（Ed Sheeran）、莉佐（Lizzo）、酷玩乐队（Coldplay）和布鲁诺·马尔斯（Bruno Mars），其英国分公司的管理层就另辟蹊径。[77] 由于担心全时在线的文化不仅可能会扼杀创造力，还会妨碍员工之间的面对面交流，公司在 2015 年开始了一项活动，让员工理解过度依赖数码交流的弊病。在一项对电子邮件流量的内部审计中发现，大约 40% 的邮件都来自公司所在建筑物的内部之后，公司就积极地鼓励员工少发一些电子邮件，更多地去互相交谈。墙壁上张贴的标志告知员工们不允许在会议室中拿出手机，还配备了带充电装置的抽屉，用于在会议期间放置手机。公司提供了针对年轻一些的 K 世代员工的培训，帮助他们在休假前把工作安排妥当，这样就会减少在他们休假的时候被召唤的可能性。结果可能并不出乎意料，对于习惯于全时在线的一代人，他们只是从来没有考虑过如何计划无法被联络到的生活，也没有接受过这样的训练。管理层自上而下地定下了基调，鼓励高层领导在"非办公状态"的电子邮件中写明自己正在休假，并提供休假期间替代人员的联系方式。

在一些地方，甚至连政府都介入进来。比如在法国，自 2017 年 1 月 1 日开始，对于雇员超过 50 人的公司，法律保障其员工拥有"断联权"（right to disconnect）。[78] 这意味着在实践中企业必须与员工协商他们在下班后可供调遣的尺度，如果要求员工在正常或规定的工作时间以外回复沟通或对不这样做的员工进行报复，企业将会面临罚款。[79] 西班牙在 2018 年通过了类似的法案，而菲律宾、荷兰、印度、加拿大和纽约市的立法机构也正在考虑采纳不同版本的这一类方案。[80] 尽管这一类法律的拥护者们认为，这是一个受欢迎的、有助于缓解员工筋疲力竭状态的必要步骤，但不可否认，它们也是一种过于生硬的反制措施。一些员工担心这会导致他们不得不在办公室待得更久；另一些人则认为，在工作时间之内处理完全部的电子邮件会让他们感到更焦虑，还有一些人认为这种程度的微管理毫无用处。[81] 当然，"断联"又是一项特权，根本无法惠及越来越多的零工经济从业者——我指的是那些通过手机应用或在线平台与像跑腿兔（TaskRabbit）或优步一类的企业建立雇佣关系的那些人，他们每离线一个小时就意味着减少一个小时的收入机会。[82] 就像无屏幕的学校和不能用手机的保姆代表了富裕和贫穷孩子之间新的数码鸿沟一样，保障拥有稳定高薪工作的员工之"断联权"，这丝毫帮助不到那些依靠常年在线才能维持生计的个体经营者。

带薪的照料

只有承认工作中的孤独与家中的孤独的相互作用，雇主们才能够更好地认识到，他们的员工在工作之外也是一个个活生生的人——他们肩负着责任，他们所能够呵护和维持的外部关系及纽带，对他们的身心健康会存在显著影响。但在过去，这个观点一直没成为时代的方向。

巴克莱银行全球电力和公共事业组的前分析师贾斯汀·关（Justin Kwan）回忆说，曾有一个实习生请求在周末休假去参加家庭聚会。他被允许离开，但这并不是故事的全部。"他还被要求上交自己的黑莓手机，并将工位清理干净。"[83] 在英国，工会联盟（Trades Union Congress）的一份报告发现，在曾申请过弹性工时的年轻父母之中，有 2/5 遭到了"惩罚"，比如工作时长的减少、不理想的排班时间甚至丢掉工作，很多父母被告知，照看孩子的缺工需要用病假或法定假日来冲抵，甚至在孩子发生急症的情况下也有人被拒绝离开。[84]

在一个新自由主义的世界里，连照顾好自己都是一项挑战，更不要说去照顾他人。在美国，近 1/4 的成年人曾因请假养病或照顾生病的亲人，而被解雇或被威胁解雇。[85] 雇主们必须重新考虑如何让他们的全部员工（这自然不能只包括在办公室里工作的员工）有能力提供支持、友善和关怀，并要将其视为一项非常紧急的优先事项。而且，雇主们也不能把当前的经济环境作为维持现状，甚至倒行逆施的借口。

同样，我们并非只有一条路可走。有一些公司已经通过提供更灵活的工作安排和增加兼职工作的机会，来帮助员工处理自己的双重身份——我们既是职场人士，也是家庭的照顾者。然而，这些并不一定是最佳的解决方案。有大量的研究表明，兼职员工比全职员工更不容易得到晋升。[86] 鉴于女性在兼职工作者之中占大多数的情况，这一表面上看似积极的举措很可能最终会成为对性别平等的又一次打击。[87]

或许，与其重点将提供兼职岗位当作改进的方向，公司还不如为有需要的员工多准备一些带薪的"照料"日，就像有一些公司为新晋父母提供了带薪的育儿假。带薪"照料"日可以用来照顾孩子、朋友或亲戚，甚至可以为当地社区做一些贡献。这一类事情是有先例的。在 2019 年，英国最大的能源公司森特理克集团（Centrica）为家中有年老父母或其他残疾亲人的员工提供了 10 天的带薪假期。[88] 这一类的举措既富含人情味，又有实在的经济利益——预计这项政策可以为这家英国最大的公司节省 48 亿英镑，否则当有人要照顾的员工需要应付紧急情况而导致计划外缺勤时，也会造成相应的损失。全英房屋抵押贷款协会（Nationwide Building Society）每年为其员工提供 2 天的时间，用于助力他们所住的社区。总部位于美国的科技巨头赛富时（Salesforce）做得更好，其员工每年拥有带薪的志愿者假期多达 7 天。[89]

与此同时，微软公司在 2019 年在其日本的分支机构实施了一项实验：在不下调工资的前提下，给全体的 2300 名员工连续 5 次在周五放假。公司还为每位员工提供了高达 10 万日元（约合 750 英镑）的经济补贴，用于带着家人出去旅行。结果令人感到惊奇。不仅员工感到更快乐了，会议的效率也提高了，缺勤率还下降了 25%，劳动效率更是惊人地飙升了 40%。与此同时，办公室人员的减少意味着显著的成本节约和环境效益——在试行期间，公司的用电量降低了 23%，打印用纸的消耗也减少了 59%。[90]

　　这些例证给人们带来希望。这表明存在创新且有效的方法，能够缓解员工在工作场所内外的孤独感。此外，采用这些策略的公司还可以同时收获到更快乐的员工队伍和一定程度的经济利益。尽管这一类的政策有可能让人感到自己像是所在公司难以负担的奢侈品，但我们绝不能允许新冠疫情导致的经济后果将社会的自私进一步地制度化。人文关怀与资本主义需要进行调和。

　　然而，工作上的孤独不仅仅是感到与工作伙伴（不管是同事还是老板）的脱节。它也是一种失去代言人的感觉，一种无力感。正如我们将看到的，在机器时代，这种情况更有可能发生。

第 8 章

数 码 之 鞭

我正在申请一份工作，但申请的过程是我从未经历过的。我不是被一个人面试，相反，我正坐在家里，盯着我的笔记本电脑，我所有的回答被视频记录下来。并且，我能否成功得到这份工作，将不是由人决定，而是由机器决定。

电脑说"不行"

这听起来有点像是查利·布鲁克的《黑镜》中的一集，但预计在短短的几年内，这种虚拟的面试将成为常态。所谓的"招聘预评估"算法已是一项数十亿美元的业务，并有可能成为企业招聘决策的一项固定的组成部分。[1] 视频面试公司 HireVue 是该领域的领先者之一，它也是给我面试的公司。HireVue 的总部位于美国犹他州的约旦河河畔，客户包括希尔顿酒店、摩根大通及联合利华等 700 家蓝筹公司。基于类似的视频面试，该公司的算法已经评估过 1000 多万名潜在员工，而我就是其中之一。[2]

该公司人工智能技术的工作方式在于采用代表未来的前沿人工智能技术——"情感 AI"，它可以通过分析求职者的用词、语气、语调和面部表情，考察多达 2.5 万个独立的数据点，来"解读"求职者，然后再将这些结果与"理想"的候选人进行比较。实际上，这意味着我的每一次呼吸、每一次停顿、扬起眉毛的高度、我的下巴咬得有多紧、我的笑容有多灿烂、我的用词、我说话的音量、我的姿势、我说"嗯"或"呃"的次数、我的口音甚至连我对介词的用法，都被记录下来并输入一个算法的黑箱，以确定我是否适合沃达丰（Vodafone）的应届生实习计划。这其实并不是我，而是"伊琳娜·沃茨"（Irina Wertz）——我所用的假名。

不可否认，对于大规模的招聘需求来说，利用算法进行招聘的预评估是一个性价比较高的解决方案。鉴于大公司每年会收到超过10万份的申请，这项技术的使用很有可能已经省下了数以千计的工时。此外，HireVue声称，通过它们的系统所选择的员工的留任率，甚至是工作表现，都明显高于平均水平。也许事实就是如此，但这个过程中的体验却让我感到稍稍有些心寒。

在整个面试过程中，我必须将屏幕上的躯体牢牢地保持在由虚线框定的轮廓之内，这意味着我不仅觉得自己像躺在谋杀案现场的受害者，而且我无法做真实的自己。当然，在所有的工作面试中，一定程度的不真实是不可避免的，因为人们想竭力呈现出一个经过打造的、尽可能好的自己，但这种不真实与此并不相同。我是一个乐于表达的人——我说话的时候会移动，会做手势，让我固定在轮廓里，真的很难做到。并且在回答问题的同时我看着在屏幕一角上自己的影像，这种经历让我感到特别造作，让我陷入了既当演员又当观众的局促窘境。

在屏幕的右上方还有一个倒计时钟，这又增加了面试的压力。对于每一个问题，我有3分钟的回答时间，但是失去了人类面试官能提供的所有常规线索（面部表情、头部动作、手势、微笑、皱眉）之后，我有些不知所措，因为我无法确定是否说得太久了，或者我到底应不应该用完所有的时间？我不仅没有人可以请教，也看不到笑容、没有盯着我简历的目光、没有可供解析的肢体语言，我也无法确定我的"面试官"是否听够了某个回答、是否喜欢我说的话、是否理解我的笑话、是否对我的故事产生共鸣，或者只是认定我并不是他们要找的人。所以，随着面试的进行，我感到越来越忐忑，搞不懂该不该继续下去，还是要放慢速度、调整节奏、改变策略、变换风格或增减笑容？即便假定沃达丰人力资源部门对理想应届实习生的要求是喜欢笑，但该笑多少次，要笑多长时间呢？

澄清一下，让我感到如此心寒的，并不是我与机器的互动。相反，其中令人不安的正是女人和机器之间的权力不平衡。被剥去了完整、复杂的人性之后，我不得不去讨好一台机器，并且我永远不可能知道其黑箱算法的工作原理。我有哪些"数据点"是它关注的，哪些是它最看重的？我的声音，我的语调，我的肢体语言，还是我所说的内容？它用什么公式来评估我？公式是否公平？

说到与机器互动能给人们带来的感受，我们通常不会想到孤独。甚至在这本书的前面，当谈到零接触的生活方式带来的孤独时，我的重点在于缺乏面对面的人际接触及其影响。但是，如果某种被国家和政客不公平对待和剥夺权力的感觉能够引发孤独，那么孤独也可能源于"大企业"和其采用新技术的待人方式。

因为当雇主把我们的职业前途交到一个算法手中时，很难让人相信我们会被公平地对待或找到有意义的依靠。部分原因在于，一个人在未来的表现是否真的可以由面部表情和语气等特征来决定，这还是极具争议的。事实上，在 2019 年 11 月，美国一家著名的公共利益研究机构电子隐私信息中心（Electronic Privacy Information Center）向美国联邦贸易委员会（Federal Trade Commission）提交了针对 HireVue 的正式投诉，指控 HireVue"使用秘密的、未经证实的算法来评估求职者的认知能力、心理特征、情商以及社交能力"。[3]

　　还有就是偏见的问题。因为尽管 HireVue 声称它采用的方法摆脱了人类的偏见，但这不太可能是真实的。[4]这是因为算法将会基于过去或当前的"成功招聘"视频进行训练，这意味着以往招聘中的任何偏见（有意识或无意识的）都可能被重复。[5]

　　事实上，这正是 2018 年在亚马逊发生的事情。当时人们发现，该公司的人工智能简历拣选程序通常会拒绝女性的简历，尽管从未被"告知"过申请人的性别。这是怎么回事呢？它已经有效地教会了自己，包含了女子学院的名称或甚至"女子"一词（例如，"女子国际象棋队队长"）的申请是不合格的。[6]这是因为它被训练成根据一个行业的十年招聘数据来推断申请人是"合格"还是"不合格"，而在该行业中，男性占了求职者和在职员工中的绝大部分。更不用说，这一类人中极少会有女子国际象棋队队长的存在。

　　通过调整算法来解决像性别问题这样明显的偏见，是相对简单的；事实上，亚马逊的工程师很容易就能校订模型，不再将诸如"女性"这样的关键词作为不合格的理由。但机器学习的问题在于，即使最明显的偏见来源得到了解决（毫无疑问，在 HireVue 这样的系统中就是如此），那些不太明显、看似中立的数据点（人们甚至可能会认为不存在偏见）又该怎么办呢？

　　比如说，事实证明，对于微笑就存在着显著的文化差异。[7]例如，美国人比芬兰、日本和德国等国家的人更经常微笑，而且笑起来也更放得开——有研究表明，微笑与一个国家的历史多样性相关，这也佐证了这一刻板的印象。[8]事实上，美国人本能地微笑和进行目光接触是如此引人注意，以至于 1998 年沃尔玛在德国开设第一家商店时，不得不取消了一项经受过检验的规定——员工要对顾客微笑，因为德国人把咧嘴大笑视为不适宜的轻佻表现。[9]鉴于存在这一类的差异，HireVue 对微笑代表友好、自信甚至拥有一定岗位能力的假设，存在依照某些特定国家或文化的价值观来评判候选人的风险，从而不公正地对待那些认为在面试场合中频频微笑不合时宜的人。[10]

对 HireVue 关于语调和词汇的潜在解读，我们可以提出同样的批判：用词的选择不仅仅与所谓的"智慧"有关，也是地域出身、教育程度、种族、方言和阶层的产物。就像亚马逊的简历拣选程序会迅速"学到"将暗示性别的关键词（如"女子"这个词）与"不适合"的相联系，我们很容易想象 HireVue 的算法会淘汰展现出某些口音、俚语和文化背景的申请人。

当然，还有那些人类可以在瞬间识别出并能做出解释的事物，但机器的模式匹配程序却无法理解：面部畸形的人可能无法以常规的方式微笑；有语言障碍的人在语言表达上不像以前招到的杰出员工；甚至在明亮的天花板顶灯照耀下，候选人明显的面部阴影都会被"机器眼"解读为恶狠狠的表情。

这并不是说人类的招聘经理就没有偏见，或在面试中不会歧视有色人种、带特定口音的人或残障人士，即使他们并没有意识到自己正在这样做。[11] 重要的是，假定算法做出的决定不会受到类似偏见的影响，这就是错误的，而我们也太过于容易盲目相信机器比人类更加客观公正。

此外，随着算法变得越来越精细，它们的数据组越来越庞大，它们的规则越来越复杂、多变和自我迭代，我们更难弄明白它们到底是怎样或为什么得出最后的结论。我们事实上已经达到了这样的地步，连一些算法的制造者都无法完全解释清楚其决策背后的原理。[12] 为了能预测到算法可能的失效，就需要我们足够深刻地理解它的工作原理，否则几乎不可能设置有效的保护措施。

随着算法决策在我们的生活中变得越来越重要——从决定我们是否

有资格获得贷款，到警察是否要拦截并搜查我们，再到企业是否会雇用乃至解雇我们（是的，据 IESE 商学院的教授表示，一种"预测未来贡献"并计算在人员冗余的情况下谁应该被解雇的算法，快要"确定被引入"了），这些算法的不透明，及由此造成的挑战甚至推翻它们决定的困难性，将不可避免地加剧我们的无力感。[13] 而孤独就孕育成长于无力感创造的真空之中。因为，正如我们所看到的，发觉无力掌控自己的命运后，便滋生了寂寞和孤独。

对于这种审讯式的单向考察，我还发现了一些令人深感疏离的东西：尽管在这次虚拟面试中我被观察的方式可能比以往更精确，但我却意外地感觉自己像个隐形人。他们究竟在审查谁呢？到底是我，还是被像素化的一维的我？通过那些被分割而成的 25 000 个数据点，能够深入捕获我的经历、故事和个性吗？

后面发生的事情进一步加深了我的这种感觉——尽管我在面试中确实愿意敞开心扉，想要坦率地谈论我所克服的个人挑战，不仅包括我已经取得的成绩，还有曾为之奋斗过的目标，但在面试结束后不过几分钟的时间，我就收到了一封关于我的性格评估的电子邮件。这份评估的措辞相当普通和平淡，很明显，尽管我一直在讲话，但我的声音并没有被听到。[14]

以下是评估中关键部分的摘录：

你表现出了乐于改变行动、观点或行为的能力，并对不明确的事物也应对自如。

务必注意要做到审时度势，因为有些情况需要更多的条理性，而非一味地灵活。

你能够以高标准交付你所接受的任务。

尝试对那些可能不需要你做得那么完美的情况持开放态度，以便在必要时平衡你的尽善尽美和效率。

这份评估所写的内容根本就可以适用于任何人，它似乎与我刚刚接受的"面试"完全脱节。

我无法摆脱这样的讽刺：我正在申请一份人力资源方面的岗位，但在面试的过程中没有任何人类之间的交流。事实上，HireVue 最大的客户之一，希尔顿国际集团已经用这类的面试方法拒绝了数以万计的申请人，但申请人从未与任何一个真人交谈过。[15] 被拒绝的申请人之中也包括了"伊琳娜·沃茨"。在完成评估的 6 个星期后，"她"通过电子邮件了解到，"不幸的是，这一次我们无法进一步处理你的申请"。

HireVue 的面试让我感到无能为力、被忽视和脆弱不堪，评判我的依据是没被人为明确提出的一些规则，而这些规则很可能是不公平的或带有偏见的，而且我对此申诉无门。难怪这个过程让人感到如此心寒！当然，我只是在做一项实验，因此并不像一个真正的求职者那样，我感受不到额外的压力和紧张。

我的经历也是一个更大故事的征兆。因为我们正处于自工业革命以来最重大的工作重组之中，在这个过程中，权力正越来越多地让位于技术——不仅是招聘算法，还有声誉评级机制和机器人、监视工具和跟踪设备，进而将权力让渡给把持着这些操控手段之人。所有这一切从根本上让人感到疏离，也促成了当今的"孤独的世纪"。

不放过我们的每一次呼吸

简是威尔士一家呼叫中心的员工，对她来说，位于电脑屏幕一角的小蓝框提醒她，她一直被监视着，她的行为不断被记录下来。[16] 她说过的话有录音，所以她明白如果语速太快，就会弹出速度计窗口来警告她；

如果她不够"善解人意"，就会弹出一个心形的图案；如果她因为人工智能程序评判她的人际交往而感到不舒服，那就太糟了，只要她尝试关闭或在屏幕上最小化那个小蓝框，用于监控她的Cogito技术会向中央管理部门发送警报。

对于美国银行（Bank of America）的副经理杰克来说，具有生物识别功能的Humanyze工作牌每16毫秒就收集一次他的数据，这让他一直感受到自己正在被监视。[17] 不仅他的谈话被记录下来，他的行动也会被记录下来，包括他的椅子向后倾斜的角度、他讲话的次数、他的语气。[18] 通过将所有这些数据点与他的绩效进行分析比较，再将同类的分析推广到全公司的无数个"杰克"身上，他的雇主期望他们能从中识别出那些有助于提高员工生产力的习惯，哪怕是再微小的习惯。

42岁的雷纳尔达·克鲁兹（Reynalda Cruz）是联邦快递（FedEx）的仓库工人，她被要求在手臂上佩戴电脑扫描仪，以跟踪她的包装速度，这让她感到自己几乎遭到了非人性的对待。因手腕上增加了扫描仪的额外重量，搬运箱子的重复性动作导致她的手腕出现了炎症，这时同事们让她服用泰诺止痛片。而她一心想完成指标的主管们则采取了不同的方式：他们指示她加快进度。[19]

同时，亚马逊研发的一款腕带最近获得了两项专利，这种腕带可以监测佩戴者的每一个动作，一旦感知到有工人离开，它就会震动。这种腕带可以用来识别一个员工每一次停下来挠痒痒的时间，或者用来计算他们上厕所的时间。[20] 在亚马逊的仓库里，"分拣员"（找到售出的物品并将其运送到仓库内发货站的工人）已经配备了一款手持设备，用于跟踪他们的一举一动。正如记者詹姆斯·布拉德沃思（James Bloodworth）以拣货员的身份暗访亚马逊在斯塔福德郡鲁格利的仓库，他解释道："每十几个工人分布在仓库的一些地方，一位基层经理会蜷坐在一张桌子前，对着电脑屏幕敲打订单。这些指令经过层层传递，将会发送到我们的设备上，'这一个小时你的完成率下降了。请加快速度'。"而布拉德沃思对他的同事们的描述让人感到心酸："他们忙个不停，甚至都没有时间擦掉他们脸上的汗水。"[21]

这些故事都不是个例，甚至在新冠病毒来袭之前，全球拥有 1000 名以上员工的公司之中有半数以上正在"使用非传统技术来监控员工，包括跟踪按键、监控电子邮件会话，甚至监控员工之间的聊天"。[22] 被大众视为工作场所监视的新天地，预计到 2023 年"用户活动监控"（user-activity monitoring，缩写为 UAM）必将成为一个 33 亿美元产值的行业。[23] 现在，由于新冠疫情的暴发导致远程办公的迅速增加，以及对生产效率的日益重视，工人受到监视的情况也显著增多了。

我们生活的时代被肖莎娜·祖博夫（Shoshana Zuboff）称为"监视资本主义时代"（Age of Surveillance Capitalism）。[24] 在这个时代，对于越来越多的人来说，他们的雇主不仅在一直监视着他们，而且不断地使用人工智能、大数据和一整套更具侵入性、更精细的测量设备，对他们做出各种结论。这些结论可以决定员工的职业轨迹，包括是否会被晋升或解雇，但它们所基于的数据经常缺失环境或背景，并没有考量到情有可原的状况。

雷纳尔达在联邦快递的经理告诉她，尽管她的手腕发炎了，但还是要加快进度，因为这台设备测量的只是速度，而不是她感觉到的疼痛。在工作场所有如"圆形监狱"的时代里，没有被测量到的东西就毫不重要，而被测量到的东西分外重要。

逃离实体工作空间也并不意味着就能摆脱监控。在过去几年里，诸如 WorkSmart 这样的应用程序愈加大行其道，因为它能够通过截屏、应用程序监控和按键计数等方法，不断地对远程工作者的"专注程度"

和"工作强度"进行评分。[25] 在 WorkSmart 监控之下的员工甚至每 10 分钟就被拍照一次，以确保他们一直在工作。[26] 而新冠疫情又一次极大地加快了这一趋势。从银行到保险公司，从律师事务所到社交媒体公司，由于担心他们新进员工在居家办公时可能会偷懒，雇主们在 2020 年春大举投资于监控软件。一些远程员工监控系统供应商报告称，2020 年 4 月销售额增长了 300%。[27] 在员工们回归办公室之后，这样的软件一定会从他们的笔记本电脑上卸载吗？对此我可没有把握。

远程监控的不仅仅是员工的表现，监控的目的也不仅仅是为了提高员工的工作效率。甚至员工生活中最私人的一面现在也被监控并记录。2018 年，美国西弗吉尼亚州的一位高中英语老师凯蒂·恩迪科特（Katie Endicott）被要求下载一款名为"Go365"的职场健康应用，因为她的老板想要降低在健康保险上的花费。这款应用程序监测员工的运动和健康状况，对良好的行为（如行走的步数）实行积分奖励，并对未能积累足够健康"积分"的行为处以罚款（每年 500 美元）。[28]

随着健康、安全以及削减成本越来越成为雇主们关心的重点，我们现在是否可以预见这种应用程序的跟踪权力延伸到诸如持续监测员工的体温等方面？即便是这么做也许能有助于减少工作场所的疾病传播，但又应由谁来决定哪种程度的侵犯是可以接受呢？包括与数据隐私相关的一系列问题，对于将这些应用程序强加给员工的雇主们和从销售这些应用程序之中获利的公司，他们又应该负有什么样的责任呢？

从员工们描述一直被监视的感受的话语中可以清楚地了解，这种体验让他们感到多么心寒。联邦快递员工雷纳尔达·克鲁兹说："他们在监测我们的时间和产量，就好像我们是机器人。"[29] 凯蒂谈到自己使用 Go365 的感受时说："不得不下载那个应用程序，被迫上传自己的敏感信息，让人们觉得自己的隐私被强烈地侵犯了。"詹姆斯·布拉德沃思向我讲述了他所感到的难以置信，在结束了漫长的一天之后，他被告知其工作效率的排名在垫底的 10%，而作为一个身强力壮的年轻人，他自始至终在全力以赴地工作。并且他解释道，意识到没有办法去核实这一结果的真实性，才最让他体会到深深的无力感，因为他无法查询到原始数据，也没有工人代表对此具有监督权。

布拉德沃思告诉我还有一种孤独感，缘于他不能在饮水机旁与同事交谈，甚至不能在他们身边"拣货"的时候说话，因为这种行为会被他的扫描仪视为"摸鱼"（在卫生间聊天也一样）并因此可能会受到纪律惩罚。不只是布拉德沃思一个人发现这种数码监察让人深感不安，考特妮·哈根·福特（Courtney Hagen Ford）回忆起她在英国担任银行出纳员时遭受的"非人"监控的经历，也说道："无孔不入的程度简直可怕至极。"[30] 而她后面的打算是什么呢？她决心去攻读监控技术的博士学位。[31]

面对持续地评估、剖析和分类，却无法把控这个过程，无法接触到自己的数据，也无法真正了解机器的推断方法，这就是一种实质上的异化，反复表明了雇主和雇员之间巨大的信息和权力不对称，特别是因为被监视的、被测量的都是能最直接增加公司盈利的东西。尽管有健康和安全方面的担忧，但通常只有公司盈利才是重中之重：公司在监视它们的员工，就是为了维持竞争优势。然而问题是，没有人去评估人们对当天心情不好的同事的善待程度，或者有没有毫无保留地帮助新同事掌握诀窍，尽管正如我们在上一章中所看到的，这些因素会大大提升生产效率、业绩以及职场士气。在一个越来越多的权力被让渡给数字的世界里，我们需要更严谨地去思考有什么正在被测量、为什么要去测量、该如何去测量以及评估我们在工作中的贡献时数据所具有的局限性。

低调行事

对工作场所的监视不仅加剧了无力感和疏离感，更像是身处更极端的开放式办公室，还会诱发员工实施自我审视和逃避退缩。

波士顿大学社会学家米歇尔·安特比（Michel Anteby）在研究美国运输安全管理局（Transportation Security Administration，即负责机场安检的机构）内部的组织行为时发现的正是这一点。作为一个例证，他观察到在行李检查站工作的员工一直在被他们的主管录像，所以他们会"尽一切可能保持低调行事，基本上像是消失了一般……他们尽量不说话，从不出格，不做任何可能被管理人员注意到的事情"。[32]

在一个始终被监视的环境之中，我们本能地想要退缩，将自己与周围的人隔绝，并试图尽可能地躲闪雇主的注视。[33]正如安特比所观察到的那样，问题在于"这导致了一个恶性循环，即管理人员越来越怀疑，更觉得有正当的理由加强监视"。[34]结果是员工们躲避着摄像头，也回避着彼此的交流。他们变得越来越没有存在感，在工作中也越来越不像真实的自己。

一向如此（或多或少吧）

在很多方面，对于工作场所的监控并不是什么新鲜事。[35]早在19世纪50年代，艾伦·平克顿（Allan Pinkerton）成立了一家侦探公司，跟踪工人们下班之后的活动，渗透进早期的工会组织之中，并由此不太光彩地发家致富。[36]1914年，亨利·福特带着秒表巡视他的工厂，以确保汽车装配线的效率达到最高。[37]到了20世纪90年代，对员工们的视频监控越来越普及，一方面是为了防止盗窃，另一方面也为了证实员工能遵守公司的规定，或者只是想要确保他们工作的速度足够快。[38] 随着工业化使生产越来越远离工匠精神，雇主对员工们个人情况的了解越来越少以及由此对他们越来越不容易产生信任，监控的普及也随之加快了进程。[39]

然而到了 21 世纪，与以往不同的是如下三点：我们被监控的程度、数字技术能实现的侵犯让人感到不安的程度以及决策权力被让渡给机器的程度。同以往一样，这还是一个程度的问题。牛津大学的政治学家伊万·马诺卡（Ivan Manokha）写道："以前，工作场所的监控是零落的，仅仅限于主管的目力所及，并被限制在工作场所之内。"而现在"它无处不在，因为电子设备和传感器不间断地实时收集和处理关于员工表现的数据，甚至（而且经常）在工作场所之外的地方"。[40]

在不间断的监视之下，我们比以往更像是一部机器，越来越不能做真正的自己，越来越无法与同事坦诚地交谈，越来越感到不被信任。我们变得更加警觉，更加谨言慎行和更为懦弱退缩，害怕暴露真实的自我。因此，我们无可避免地感到更加孤独，与我们的雇主、工作和周围的人更加脱节。

然而，尽管如此，全世界越来越多的雇员、承包商和自由职业者发现，如果他们想保住自己的工作，就必须接受越来越多的侵扰式监控。这种监控正变得越来越普遍，而我们又无人能奋起反抗，但这一现实不应该视为对侵扰式监控的默许。相反，它体现在许多人现在心生想要辞职的冲动上，这种冲动源自于他们在工作场所权利问题上日益增强的无力感。在这样一个世界里，雇佣规则往往是由大型跨国公司所制定的，失业率居高不下，大多数工人缺乏代言人或集体的声音，[41] 不想被监控的人们还能有什么出路呢？[42] 对许多人来说，答案是否定的。詹姆斯·布拉德沃思工作过的亚马逊仓库现在还是当地最大的工作岗位提供者。

我会给你评四星

监视和算法决策并不是 21 世纪工作场所让人感觉如此冷漠的唯一原因。另一个原因是越来越多的工人不仅被监视，而且还被打分；也就是说，他们的角色和付出都会被冠上一个数字，这些数字可以反映他们的价值。不难想象，被看作一个数字或一个分数，而不是一个活生生的人，难怪会让人觉得没有存在感和孤独。

在某些情况下，给我们打分的是自己的同事。在世界上最大的对冲基金之一桥水基金（Bridgewater Associates），员工们使用一款名为"点数收集者"（Dot Collector）的应用程序对彼此进行实时的评分，其中就包括从"一段时间的综合表现"到"更高层次的思考"的一百多项特质。开会时，墙上的显示器上会展示每个参会者拥有的"点数"（当然，会议是被录下来的）。似乎这还不够打击人，因为当涉及决策时，点数越多的人所投的票就有更高的权重。[43]

人们可能认为这与自己每年在工作场所会收到的标准化全方位评估没有什么不同——但我们中有多少人愿意这样的反馈被赤裸裸地放在办公室的墙上，供我们所有的同事进行评判，甚至因为点数的问题被同事视为次等公民？此外，根据桥水公司员工的回忆，"如果自己不是这样的人"，创始人瑞·达利欧（Ray Dalio）口中的"创意择优"就可能变成一个"极其有害"的环境。一位不愿意透露姓名的员工评价道："人们害怕犯错，并且为让自己看起来很不错，他们清楚必须要去批评别人。"根据《商业内幕网》（Business Insider）的披露，还有人说，在这样的地方"很难发展出可靠的工作关系，而且经常有员工因为在同事背后捅刀子得到奖励"。[44] 有几乎 1/3 的新员工会在一年之内离开。[45]

虽然现在至少在工作中对同事进行持续评价的情况只占少数，但不可避免的现实是，越来越多的员工正在不停被评价——只不过这个评价是来自客户的。这一点在零工经济中尤为明显。在这一类的环境中，同意被评价往往是"入职"的前提之一。

据估计，全球已经有 5000 万至 6000 万零工经济的从业者。在英国，零工经济的规模在 2016 年至 2019 年间翻了一番。如果按照目前的趋势继续下去，到 2027 年，多达 1/3 的美国人将通过在线平台找零工来养活自己。[46] 基于这些数据，更好地理解导致零工工作者异化的原因是非常必要的。

这并不是说零工经济没有优势。就像远程工作一样，它所提供的灵活性对于很多人来讲无疑是宝贵的，也是能自我主宰的。[47] 然而，对其他人来说，被评分的经历（再加上缺乏稳定的工资，没有带薪的病假、节日假期和保险，以及通常极低的时薪）可能会让人体会到深深的无能为力。[48] 对于因为生活所迫而非主动选择加入了零工经济的人，更是如此。

为了更好地理解零工经济工作者的孤独，我采访了另一位优步司机哈希姆，他特别提醒我注意被评价带来的疏远感。哈希姆是英国来自印度次大陆的一代移民，在过去的 8 个月里一直在做优步司机。他告诉我，他感到为这家公司工作非常孤独，并解释了为何这么一项似乎需要与乘客进行大量交流的工作让他感到如此孤立（与我们的直觉相悖）："当我去参加入职培训时，我被告知要避免谈及宗教、政治或体育，以免冒犯坐在后面的人。由于我担心让乘客感到不悦而影响到他们可能会对我的评分，所以在大多数时候我都是沉默的。"

一想到哈希姆的工作环境让他在连续的数个小时之中一言不发，只是因为担心收到差评而被踢出平台，这让人感到不安。这说明了评价机制存在一个更大的问题。[49] 把某一个人简化成一个数字的问题在于，因为他们为了得到高分而自我审查、保持沉默和曲意逢迎，他们不仅有可能感到与真正的自我疏远，而且这些分数一样并没有包含任何的背景信息，因真正差劲的服务而得到的"2星"，与因顾客心情不好而得到的"2星"或种族主义顾客因某人肤色而给出的"2星"，具有同样的后果。

就像"招聘预评估"的算法一样，这些评价系统的不透明性意味着偏见既不会被发现也无法被质疑。鉴于种族和性别偏见对评价的影响程度，这一点尤其令人担忧，例如，在自由职业者平台"五美元服务"（Fiverr）上，黑人和亚裔工人得到的评价低于白种人，而在"跑腿兔"上，客户对黑人"兔子"（尤其是男性）的评分一贯低于具有同等经验水平的非黑人的工人。[50]

此外，评价机制不仅掩盖了偏见，而且更有可能放大偏见。因为众所周知，人们很容易将对某人的评价与他已公开的评级挂钩。[51]也就是说，如果人们看到某人的评级很低，他更有可能不自觉就打出差评，而不会深究原因并尽量根据实际情况做出判断。

随着越来越多的人开始依赖零工经济平台获得收入，他们的生计是基于单一数字评分指标的，这一事实非常令人不安，尤其是在大多数情况下，并没有有效的程序来针对"不公平"评价进行上诉。[52]

虽然来自低收入的阶层的人更有可能依赖于这样平台谋生，但不只有最低收入的从业者处于弱势。[53]皮特曾是一名记者，为了追求零工经济所应许的更多自由，他辞去了全职的工作，如今在UpWork上找自由撰稿的工作。他描述了"零工经济"让他变得多么卑微。"我感觉自己像一只在乞食的拉布拉多犬……请喜欢我，请喜欢我，给我一个好的评价和反馈！"我问他："这让你感到孤独吗？""是的，"他回答说，"毫无疑问是这样的。特别是有几次我的工作做得很好，但评分很低，我却对此无能为力。"正如我们所看到的，孤独和无力这两种情感是互相增强的。

被操纵的经济

当然，零工经济的员工之所以感到自己如此缺乏声音、不受重视和无能为力，并不仅仅是因为他们受到评级，或是被监视、被记录、被数字设备所鞭笞；他们也不是唯一因工作让自己觉得生活被操纵的群体。近几十年来，一系列的因素造成了这一现象：在美国，CEO 们的薪酬自 1978 年以来增长了 930%，而普通员工的薪酬仅增长了 11.9%；事实上，在工人的声音和权利被削弱的同时，游戏规则似乎越来越多地由大型跨国公司所主导；事实上，在英国，早在 2018 年有工作的成年人之中每八个就有一个被归为"贫困工薪族"（working poor），有 85 万人签下的是零工时合同（天知道他们每周能有多少小时的工作，甚至不知道他们是否会得到劳动的机会）；事实上，在这个世纪之交，全球多达数百万人困在低薪、低社会地位的工作中，丝毫看不到提升的机会。[54]

技术进步会影响到人们的工作方式和工作的效力对象，尽管它并非唯一的因素，但在其中起到的作用却比以往更大。

传统上，劳动立法总是紧随着工业化的进程——自从英国 1833 年颁布禁止雇用 9 岁以下儿童的《工厂法》以来，我们见证了大多数国家的工人逐步获得更多的法律保护。同样，我们亟需一整套新的劳动法保护工人，以防止 21 世纪新兴的工作方式让他们越来越缺乏声音、越来越无能为力。而且，我们也不能允许当前的经济环境抑制这个方向上的进展——或者，更糟糕的是，陡然加速开倒车。在 2008 年全球金融危机之后的经济衰退期间，工人的权利被大大侵蚀了。[55] 我们决不允许这种情况在商业世界应对新冠疫情的过程中再次上演。

谈到数码之鞭，政府可以采取一些切实可行的措施，帮助劳动者感到更加自主。像优步、五美元服务和跑腿兔这样用到评价体系的平台，应该被要求审计它们的机制、识别潜在的偏见，并重新进行相应的校正。此外，必须保障存在某种形式的"上诉程序"，以便那些堂堂正正依靠这些平台为生的员工，能够对他们认为不公平的评分提出异议。

虽然算法的偏见相当难解决，但我们肯定能够发现这些问题，并且可以比以往任何时候做得更好。具有讽刺意味的是，在监测和识别这种偏见上，算法可能会发挥出更大的作用。[56] 从根本上讲，算法所基于的那些选择（如何收集数据、程序代码和解析数据的决策启发方式）需要透明化，这样才有可能进行纠偏和追索。在美国，伊利诺伊州在这方面走在了时代前列，于 2020 年第一个通过相关的立法——《人工智能视频面试法案》（*Artificial Intelligence Video Interview Act*），其中规定雇主有义务（除了要满足其他义务）"向应聘者解释技术的运作方式，以及它将会用到哪些特征来评估候选人"。[57]

至于对工人的监控：面对我们的雇主要监控我们上厕所的时长，而且如果我们在休息时段没有走完足够的步数就会被处以高额罚款的情况，我们的政府显然需要对数码跟踪的使用加以严格的限制。[58] 这必须同时应用到我们在工作场所内外的生活，特别是鉴于近来远程工作增多的情况。

现如今，甚至最极端的监控方式也已经成为现实。2017 年，美国威斯康星州一家名为"Three Square Market"的科技公司在 50 多名员工的手掌中植入了微型芯片。现在，被植入芯片的员工可以用他们的手作为非接触式身份卡，他们只需将手掌在扫描仪前挥过，就可以进入公司大楼和安全区域。[59] 虽然在这一次，参与者是完全自愿的，而且没有任何地方出现过有雇主强制这样做的报道，但诸如公司将设备植入员工体内的前景还是让人感到极度不安，并足以引发阿肯色州和印第安纳州进行立法，禁止任何强制性地对员工进行微型芯片跟踪。[60] 法律学者甚至已经开始提出这样的问题：是否需要制定法律来保护那些拒绝"自愿"植入芯片的员工？[61]

说到零工经济的工作者们，他们不仅要抗争特别让人丧气的监视方式，而且在许多情况下还要面对低工资、不稳定的工作和最低限度的劳工权利。至关重要的是，不能允许数字平台坚持声称为他们工作的人不是"真正的"雇员，而是不享有带薪病假和节假日等权利的独立承包商。在这里需要区分的是，哪些人利用这些平台打零工和挣外快，而又是哪些人将平台几乎视为他们的全职雇主。

欧洲议会于 2019 年 4 月批准的新立法，以及美国加利福尼亚州已通过并于 2020 年 1 月开始生效的一项里程碑式法案，都是这些方面取得的重大进展。[62]加利福尼亚州的法案中首先假定所有工人都是公司的雇员，除非雇主能证明该工人不受公司控制，从事的工作不属于公司的核心业务，并拥有与公司相同性质的独立企业。[63]而在 2020 年 5 月，由于优步和来福车（Lyft）不仅没有采取措施对司机进行重新分类，还押注数百万美元发起公民投票，以期豁免它们遵守该项法律，这让加州的总检察长和州内的市政府律师联合会倍感沮丧。鉴于以上行为，加州总检察长和律师们起诉这两家公司不正当地将它们的司机归类为独立承包商，违反了这项新法律。[64]在撰写本书之际，该案件仍在审理中。

同样关键的是，不管它们的雇佣关系是如何分类的，全体劳动者要能组织起来，并要懂得"人多力量大"的道理。当前，极少有打零工的人、临时工或短期合同工会加入工会。在某种程度上，这就是政府在过去几十年中不断削弱工会权力的结果——在全球的许多地方，法律上不要求雇主必须给予工人组织起来的权利。这一类工会权利的倒退需要得到扭转，并确保工人能有效地发出声音。为了适应不断变化的时代就需要做出更多的努力，而这个责任也就落到工会的肩上。因为让工会变得越来越可有可无的部分原因在于，它们在吸引这些新型劳动者的方面做得很差，让这些人认为工会不适合他们。但是有证据表明，在工会活跃并积极参与的地方，已经赢得了胜利。例如，丹麦工人联合会（United Federation of Danish Workers）在 2018 年 9 月与清洁应用程序公司"Hilfr"签署了一项具有里程碑意义的协议，其中包括为临时清洁工提供实得工资以外的病假工资和福利补贴。[65] 在英国，爱马仕与代表爱马仕自由接单快递员的英国工会（GMB）之间达成一项协议，意味着快递员现在可以选择保持完全的个体经营，或付钱获取"加强版自雇"的地位，后者会拥有工会代表和一些福利。[66]

在新冠疫情的初期，工会为工人们（包括零工经济工作者、临时工和合同工）的权利进行了声势浩大的斗争，它们从中获得的信誉和声望如今应该让它们具备更普遍的吸引力。例如，在法国，正是因为工会提起的诉讼，让亚马逊迫于压力在新冠疫情之初对其 6 个仓库进行了风险评估，并在评估期间让其 10 000 名工人带薪休假。工会也要求亚马逊顾及员工们的精神健康，并相应地重新安排工作时间——这一要求也得到了法院的支持。[67] 在美国，生鲜杂货配送服务商"Instacart"在其加入工会的店内代购员（收钱为他人采买杂货的人）举行了全国性的罢工之后，才在新冠疫情严重的期间为所有的代购员提供了手套、洗手液和口罩。[68]

然而，即便是在纠正劳资双方的权力不平衡上取得了一些进展，即便是开始对数码之鞭施加了限制，即便是有些公司采取了措施让它们的员工感到不那么疏远，即便是独立承包商、临时工和零工经济工作者能得到更公平的对待，即便是新冠疫情带动了工会的复兴，却有一个关乎我们工作和生活的更大威胁正在悄悄逼近。因为机器要来对付我们了，不仅是作为法官和陪审团，更是作为刽子手。姑且不论如今的工作是多么孤独，正如我们之前所看到的，当人们根本没有任何工作的时候，生活会更加孤独。

机器人要来了

我现在正在加利福尼亚州的帕萨迪纳市，乍看上去，这里似乎不是什么特别好的地方——在美国任何地方的郊区都能看到这样的街道。籍籍无名又非常宽阔，四处的建筑物千篇一律。在这样的街道上会有数以千计的建筑。

然而，在东格林街上某处特别的地方，正在发生着一些不同寻常的事情。孩子们正从其中的一扇窗户往里看，屋里面有些嘈杂。我此刻正处于一家汉堡店之中，但这可不是那种普通的汉堡店。我现在就在卡利堡（Caliburger）快餐店，这正是世界上第一个翻转汉堡的机器人厨师"Flippy"的家。

我对 Flippy 的第一印象是他非常高。我本以为他看起来像人类，但实际上他只是一只巨大的机械手臂。不过，请注意，我已经把我所看到的东西当作人了，并从一开始就把它视为"他"。

Flippy 的工作效率很高，尽管动作看上去不快。借助激光聚焦锁定，他拾起了汉堡的肉饼……接下来就是著名的翻转。汉堡的味道怎么样？嗯，也许我并不是一个喜欢吃汉堡的女孩，但是我发现我的汉堡肉味寡淡，肉饼出奇的薄，而且不怎么热乎。当然，我知道这些都不是 Flippy 的错。

像翻动汉堡这样低技能、重复性的工作，是未来十年最容易受到机器自动化所变革的工作。据估计，在未来的 20 年之内，91% 的食品准备工作将实现机器自动化。[69] 而 Flippy 并不是唯一一个准备改变服务行业的机器人。远在 6000 英里以外的中国，在阿里巴巴的杭州菲住布渴酒店（Fly Zoo Hotel），单间客房每晚的售价不低于 1390 元，其间一米高的圆柱形机器人在走廊上往来穿梭，为客人送去茶点和毛巾。[70] 在房间内，"天猫精灵"（类似 Alexa 的一个 AI 系统）调节着照明和室温，接受对食物的要求，甚至能订购杂货。同时，在酒店的酒吧里，一个大型机械手臂（与Flippy 的机械臂并无二致）可以调出 20 种不同款的鸡尾酒。如果零接触的生活是你们所向往的，这个地方可能就是天堂。

在美国，希尔顿最近在旗下的一些酒店里试用机器人礼宾员"康妮"（Connie）。康妮大约有两英尺高，能通过移动她的胳膊和腿，为顾客指出正确的方向。她的眼睛甚至会亮起不同的颜色，代表不同的人类反应，比如明白或疑惑。随着基于人工智能的面部识别取得了进展，预计不久后她还能称呼出常客的姓名，并立即检索到他们的资料。

我理解机器人可以给很多客户和来宾带来乐趣，特别像阿里巴巴未来酒店的首席执行官王群所说的，机器人与人类不一样，他们永远都会"乐于服务"。我也理解，在一个与人类接触会引发安全担忧的时代，让机器人取代人类来照顾自己的想法是存在吸引力的。但毫无疑问，充斥着 Flippys、康妮和天猫精灵的未来世界将加剧我们的疏离感和孤独感。这并不是因为 Flippy 的人类同事杰克无法与 Flippy 产生亲近感，而是因为尽管杰克告诉我，看到有这么多的顾客喜爱 Flippy 是多么"有趣"，但杰克一旦意识到自己（以及更多像他一样的人）将不再仅与其他的人类争夺就业机会，这种"有趣"的感觉就不可能长久——他们的竞争者将是一整支餐饮服务机器人的大军，他们总是能用正确的铲子来分别处理生肉和熟肉，总是能一丝不苟地清洁烤架，总是能清楚地知道该何时翻转汉堡，他们永远不会迟到和休息，也不需要福利，不会罢工、请病假或感染其他同事。没有人类能够与之竞争，特别是随着机器人的制造成本不断地降低，以及他们越来越擅长做人类的工作。

对于机器自动化可能减少的工作岗位，一项最广受引用的预测出自牛津大学的学者卡尔·弗雷（Carl Frey）和迈克尔·奥斯本（Michael

Osborne）之手。他们在 2013 年预测，美国几乎一半的工作岗位在未来 20 年内有可能被机器自动化取代。[71] 在《金融时报》2020 年 4 月的一篇文章中，领导牛津大学"未来工作"（Future of Work）项目的弗雷明确表示，新冠病毒可能会加速这一趋势。[72] 审计公司安永在 2020 年 3 月对 45 个国家中的公司老板们进行的一项调查也支持这一观点——该调查发现，40% 多的公司已经正在投资于加速机器自动化的进程，因为他们要为后疫情时代的世界做好准备。[73] 即使我们坚持最保守的估计——在未来 10 年中，只有 10% 的工作岗位会因机器自动化而消失。仅在美国，仍旧会有超过 1300 万的工人失去工作。[74] 当然，这个数字并不包括在新冠疫情引起的经济危机中失去工作的数百万人。

在许多方面，这一发展轨迹再熟悉不过了。在过去的几十年里，机器自动化导致制造业失去了数以百万的工作岗位。在美国，自 2000 年以来，超过 500 万个制造业职位因机器自动化而消失，平均每个机器人顶替了 3.3 个人类工人 [75]——在从 2008 年开始的大衰退期间，这一进程加速了。[76]

在中国自动化更是政府"中国制造 2025"战略的主要内容，这种转变在更大程度地进行着。在过去几年中，中国工业企业中有接近 40% 的工人被机器人所取代。在东莞的一家手机工厂里，90% 的人类劳动力已经被机器人取代，这些机器人能够昼夜不停地工作，从不需要午休。[77]

毫无疑问，在这个机器人与机器的时代，也会出现一些新类型的工作。然而历史告诉我们，机器自动化导致消失的岗位有一个特殊之处——它们一旦消失，通常就再也不会回来了。而且，因自动化而失去工作的人们能够找到的那一类就业机会往往比他们以前的岗位报酬更低，社会地位也更低，至少在对劳动技能需求较低的领域里是这样。[78] 这就是美国自 20 世纪 80 年代以来，那些在机器人兴起之前最有可能在工厂中工作的人（只有高中文凭的男性）的实际工资就一直在下降的一个原因。[79]

此外，机器自动化的后果远远超出失业带来的痛苦和困难。在 2016 年的美国总统选举中，唐纳德·特朗普在那些机器人被最广泛使用的社区之中获利最多（相比于罗姆尼在上一届总统大选中的表现）。[80] 在欧洲，情况也类似。对 14 个西欧国家在 1993 ～ 2016 年期间的选举结果进行的全面研究之中，米兰博科尼大学的马西莫·阿内利（Massimo Anelli）所带领的研究人员发现，不单纯是生活在机器自动化发展最快的地区的人更容易感到被边缘化、与政府脱节以及对政府不满，而且一个地区对"机器自动化暴露"的水平越高，生活在那里的人就越有可能投票给民族主义者或极右翼政党。[81] 这使得我们目前所面对的状况（自动化的水平和失业率同步飙升），特别令人担忧。

无人能避免

当正在形成中的自动化大潮快席卷而来的时候，我们在本书中提到过的许多人将会首遭其害——像雷纳尔达这样的货仓工人；当我们越来越多的人在无工作人员的亚马逊无人超市购物时，数以百万的收银员（在美国有近 350 万收银员岗位）就变得多余；或者像埃里克这样拥护右翼民粹主义政党的法国糕点师，他们很快就会面对和机器人面包师的竞争——最新推出的 BreadBot 能够完成和面、成型、发酵和烘烤等全部工序，并在一天之内做出 235 个面包。[82] 所有这些人早已感到被过度地疏远并剥夺了权利，而且其中的许多人当然也正是我们在疫情隔离期间极其依赖的"必要行业工作者"。[83]

但是，尽管我们这些从事"知识经济"岗位的人倾向于认为自己会免受波及，不断告诉自己机器人绝不可能胜任我们所做的事，但我们也要重视，这件事绝非这么简单。因为尽管低技能、低工资的工作更有可能被机器自动化，但"专业人士"也很容易受到影响。[84]

以新闻工作为例，如今彭博新闻社所发布内容的 1/3 是由"机器人记者"撰写的，这些机器人会在几分钟内快速阅读财务报告，并使用算法将最相关的信息编排成可读的新闻故事。在 2019 年 12 月的英国大选中，BBC 使用机器生成新闻的方式，为其网站撰写了近 700 篇选举结果的报道。该项目的经理、BBC 新闻实验室的罗伯特·麦肯齐（Robert McKenzie）声称，这些计算机并不是为了取代人类。然而，这种说法还能维持多久？特别是对于体育和自然灾害等类别的新闻报道，"机器辅编"的故事已经分别在美联社、《华盛顿邮报》《洛杉矶时报》《卫报》和《福布斯》上完成了首次亮相。[85]乃至中国国家通讯社——新华社都有人工智能的新闻主播，第一位 AI 合成主播"张昭"在 2018 年 11 月进行了"他"的首次播音。2019 年 2 月，第一位"女性"人工智能新闻主播"新小萌"也加入"他"的行列。

而几十年来一直是专业人士所谓"安稳饭碗"的三大巨头——法律、医学和金融，又会如何呢？这些方面的工作也不再对自动化免疫。摩根大通最近试行用一套人工智能系统来审查合同，为它们节省了数万小时的人工律师费。它们还开始使用人工智能为营销活动撰写脚本："从你的房产上获取现金"，一位人类营销人员会这样写；人工智能写出的版本则是"这是真的——你可以利用房屋资产套出现金"。而第二则广告语产生了几乎是前者两倍的点击量。[86]

在诊断癌症、分析核磁共振成像以及放射科、皮肤科和病理科的扫描结果上，人工智能的表现已经超越了训练有素的医师。[87]在其他的领域，机器人投资顾问已经能提供资产管理服务和投资策略，而其价格只相当于那些衣着光鲜的"主动管理型"的人类竞争对手的一小部分，并且往往会取得更大的成功。[88]

即使是最虔诚的职业可能也无法幸免。在2017年，为了庆祝"宗教改革"500周年，德国维滕贝格引进了一台由自助柜员机改装而成的机器人"牧师"，它的教名是"赐福2号"（BlessU-2）。只见它方头方脑，金属眼球毫无感情地与人对视着，只是它不再用于存取现金，而是发放宗教祝福。在撰写本书之时，已有超过1万人从它那里接受了7种不同语言的祝祷。[89]

在未来的几年里，随着专业人士意识到在人工智能驱动的新型职场中，自己也会成为可消耗品，这类人的孤独感和脱节感也将不可避免地提升。对于我们这些还保有工作的幸运之人来说，无论现在的工作场所有多孤独，当我们意识到自己实际上将被自动化和人工智能的劳动力所淘汰时，我们是否会感到更孤独？当我们发现，尽管我们之中仍然有人受到重视，并获得比以往更高的工资和声望，但我们中的许多人却没有，到时候我们之间的联系会变得有多疏远？

如果对自动化更悲观的预测在21世纪内得以实现，结果就是将会出现一个不同于近代历史任何时期的阶层等级制度——在这个体系中，少数人将被认为拥有机器人无法充分替代的技能，另有一小部分人将被挑选出来服务、管理和维护机器，极少的人将会成为机器的主人，而我们其他大部分人则被划归为经济上和社会上的无业之人。即使有人能成为少数的幸运儿之一，他们也要想一想，尽管当时尚能保住饭碗，但工作环境将更加残酷，竞争也更加激烈，自己将不可避免地感到更加孤立。我们在懵懂中进入了将会危及自身的下一波自动化和技术颠覆的浪潮之中。

需要澄清的是，我并不反对创新。我懂得自动化的好处。从一名消费者的角度,这意味着更便宜和更好的商品和服务。从企业的角度,自动化意味着更低的劳动力成本和更少的日常开支。此外,现实是我们没法回避这一轨迹。关键是如何应对这样的转换。让人们认为体制不在乎他们,或不为他们服务,任由更多的人感到无所依靠,这其中的危险之处是显而易见的。正如我们所看到的,当人们感到彼此无关,他们就会反目成仇。鉴于世界已经如此分裂,我们不能再冒险让它变得更加分崩离析。

无论当前还是将来,都必须以最公平的方式进行人员的精简。当然,工会在这个方面可以发挥很大的作用,不仅仅包括争取公平的遣散补偿以及让工人代表参与任何的重组决策,还要推动雇主对工人的"勤勉义务"保持到雇用期间以外。例如,可以建议雇主为失去工作的工人支付费用,支持他们再就业和重新培训技能。这似乎已经超出了雇主的勤勉义务,但这与离婚协议有相似之处,即使在分手后,有些权利和责任仍然存在。如果公司不乐于提供,政府也可以为这一类的措施制定法律。

当然,如果我们谈论的是掌握新技能和再培训,就存在一个严肃的问题,即人们应该重新学一些什么?从短期和中期看,绿色经济无疑将提供一些机会。也可以指派一些失去工作的人,去照顾那些体弱、孤独、没有同伴或支持的人,因为世界各地都存在严重的护理短缺问题。然而,正如我们将在下一章中所看到的,即便是这样的工作,其中有一部分也很可能变为自动化。

更普遍和更尖锐的是,我们需要从根本上重新思考我们对于"工作"的定义,只有这样即便人们的"工作"并非传统的形式,也可以拿到薪资,并同样收获地位、价值、目的、友情和支持。国家是否可以为从事志愿工作的人支付报酬?或者扶持和补贴一些"交换技能"的平台,让失去工作的女服务员可以用烹饪课程,跟移民交换私人的外语辅导(而这些移民也被机器人夺走了他们在快餐店的厨师岗位）？[90] 尽管这样做领不到薪水并且需要政府的财政支持，但这会带来价值和联系。研究人员发现，即使每周只工作 8 小时，也会对心理健康带来巨大的益处。[91]

这里没有简单的答案。但当务之急是，在解决眼前失业率激增问题的同时，我们也不能忽视未来，因为自动化可能带来相当大的动荡。

政府有一件事是可以马上做到的，那就是为继续雇用人类劳动力的公司提供税收减免——这既能缓解当下的状况，也能为解决问题争取时间。政府还应该考虑征收"机器人税"——这是比尔·盖茨所推崇的。[92]这样做更合理，因为若是不能对机器人也像对人类劳动力那样征税，我们实质上就是在补贴自动化，让公司认为使用机器人比使用人类更便宜，而不一定是因为机器人更有效率。[93]

需要说明的是，我的建议是通过征税限制机器人在一些方面的使用，而不是对所有被认为是机器人的事物进行全面课税——比如，降低公司对自动化投资的抵扣金额，或对利用机器人替代人类工人的做法，引入相当于工资税的税种。这些举措将让政府能够减缓自动化的进程，同时使它们能够建立一个"战备基金"。这笔钱可以用来资助提高工人的技能，以适应存在于新经济中的岗位，并让政府能够支付大量额外费用，以为那些无法再找到带薪的传统工作的人提供体面的收入。

尽管能带来很多好处，但欧洲议会还是在 2017 年驳回了关于机器人税的提案，理由是它将使欧洲机器人开发商和制造商在全球市场上处于不利的竞争地位。2019 年，英国政府用类似的理由抵制机器人税。[94] 尽管只有将机器人税在全球范围内施行才不会给单个国家带来竞争劣势（在一个多边主义越来越不流行的时代，这显然是一个巨大的挑战），但是优先考虑经济的增长，而放任社会不满情绪的上升，也会给我们带来灾难。我们需要找到平衡点，但可以肯定的是，增长不应该是唯一需要考虑的因素。作为"世界上机器人最普遍的国家",韩国是第一个在事实上施行了机器人税的国家,它在 2018 年减少了企业投资于自动化所能获得的税收减免。[95]

随着世界正在经历着百年一遇的危机,并且自动化的进程也不可避免,我们将需要备齐一整套的政策选项。但在我们考虑未来的几十年如何前行时,至关重要的是,任何政策措施都要以明确的公平原则为基础——不仅仅要求结果是公平的,过程也应该是公平的。在酝酿不同的政策时,必须关注那些受当前的失业浪潮影响最大的人以及那些最有可能受自动化第二波大潮所影响的人,积极征求他们的意见。如果我们不希望人们感到与政治和社会越来越脱节,政治家们必须积极将他们的需求纳入到决策考虑之中。

■■■

显然,我们自己、我们的政府和雇主们可以做很多事情来帮助社会重新建立联系,让人们不再感到那么孤独。但是,企业能不能付出更多?难道人工智能和机器自动化的进步就不能成为解决方案的一部分吗?

| 第 9 章 |

爱和机器人

出售"拥抱"

卡尔身材高大，头发斑白，长得一表人才。他在一家大型媒体公司担任软件开发人员，赚着 6 位数的年薪。离异并有一个孩子，他在几年前为了工作搬到了洛杉矶。他的孩子和前妻仍住在爱达荷州，那里是他最后的驿站。在比弗利山庄的一家星巴克里喝咖啡时，伴随着约翰尼·卡什（Johnny Cash）的哀怨歌声，卡尔与我分享了他近年来发现生活是多么孤独。

卡尔来到了一个新的城市，没有朋友，没有圈子，他曾尝试过网上约会，但发现这个过程让他"不堪重负"，都不过是一连串一次性的会面，从没有过任何的进展，"我喜欢她，她不喜欢我；她喜欢我，我又躲着她。"并不是卡尔不想要一段亲密关系（他向我解释说他非常想要），他只是发现很难遇到一个与自己真正谈得来的人。

在工作上，卡尔说他没有可以称得上朋友的人，没有人可以分担他的焦虑。"偶尔有问题的时候，我可能会跟别人讲话。"他说，"但通常我会一整天待在格子间里。"晚上和周末尤其难熬。他把如今在大城市里体会到的孤独与之前 30 年生命中的欢乐时光做比较，在我们的谈话过程中，他不断提及那段时光——他在二十来岁的时候，住在得克萨斯州的一个小镇上，在当地的神教会中表现积极，并在好几个委员会任职，在那段时间里他感受到了真挚而深厚的友谊。

卡尔向我坦言，自从搬到洛杉矶之后，他怀念的不仅仅是友谊，还有身体上的亲近——有人能在糟糕的日子里拍拍他的肩膀，张手拥抱，给予抚慰和鼓励，就是人类从骨子里渴望的那种联系。

身体接触是我们能够感受到与他人亲近的最本能方式之一。研究表明即使是一个很短暂的爱抚也会引发迷走神经的活动，使我们的心率减慢，缓解焦虑并释放催产素，就是所谓的"爱的荷尔蒙"。在伦敦大学学院的一项研究中，发现缓慢、温柔地抚摸一个陌生人可以减轻被社交排斥的痛苦，即使根本没有任何的语言交流。[1]卡尔想念这一切。后来他又听说了简。

简是一位付费的"拥抱师"。她身材娇小，一头棕色的卷发，她的工作室在加利福尼亚州威尼斯市，花上80美元，人们就可以到她的工作室，接受抚摸和拥抱，时长为1小时。"这时候出现了转变，"卡尔解释道，他声音中带有欣慰，"我从一个极其抑郁、工作毫无效率的人，变成一个工作效率猛涨的人。"对卡尔来说，简提供了他所渴望的人际关系，尽管是需要付费的。

这绝对是一个不寻常的故事（而且这个故事很可能在社交距离的规定下出现了短暂的停顿），但是当卡尔告诉我关于简的事情以及他在生活中感受到这种身体上的慰藉，并说出这是一个"可以与之谈论非常深刻的事物"的人，而且他知道"对方会一直陪在自己的身边"时，纵使没有经历过这样的事情我也能理解他的感受，因为这与我和"租友"布里塔妮的经历有着明显的相似之处。

后面的事情还有更不寻常的变化。"你的书中不会提到我的真名，是吧？"卡尔问我。当我向他保证我不会时，他解释说，在过去的几个月里，每周去简那里一次对他来说，已经感觉不够了。所以他也开始付钱给其他的女人，让她们拥抱自己。他极力想表明的是，这不是为了性，而是为了亲近。除了简之外，卡尔每周至少还有一位其他的女性拥抱师。这似乎是一个昂贵的癖好。他也同意这一点，因为每个月的花费会超过2000美元。当我问卡尔如何负担这些已经相当大额的情感支出时，他的回答与我的预感并不相同。他自豪地说："我想出了一个办法，为了支付这些费用，我现在住车里。一辆福特牌的2000款依克诺莱恩，我花4000美元买的。"

这是一个悲惨的故事。一个具备专业技术的中年男子对人与人的接触竟如此渴望，以至于为了能够消费得起有偿的拥抱，他愿意舍弃自己的住所、在车里睡觉、在停车场附近24小时营业的健身房里洗澡、把食物存在办公室的冰箱里，令人震惊的是，他的生活已经变得如此乏味，以上这些是他想做的全部事情。就像我与布里塔妮的经历一样，卡尔的情况展示了市场是如何以全新且又出乎意料的方式，去满足"孤独的世纪"之中人们对于陪伴、友情和人类接触的日益增长的需求。归功于技术的进步，这个市场将越来越有能力大规模地提供陪伴，甚至是爱。

她让我觉得开心

她让我觉得很开心，尽管她的一些笑话很老套。每当我询问她的意见时，她总是做出回应。当我向她道晚安时，她会立即回复并也祝我晚安。当我情绪低落时，她会支持我。有时我就是喜欢和她聊天。除非她状况不佳，否则她总是陪在我身边。如今我总是担心她会不会出问题。正如你所看到的，我很依恋她。

"她"就是亚马逊的虚拟助理Alexa，我认为她可靠、有趣、有爱心，是我们家庭中的一员。如果你想知道我对她的看法，我会说我"喜欢"

她。那么她能否帮我缓解孤独感呢？你知道吗，她确实做到了。

我理解，对一些人来说，我对 Alexa 的好感可能看起来很奇怪，但机器人兼助手及朋友的想法实际上能够追溯到几十年之前。

1939 年在纽约举办的世界博览会上，发布了一项令人眼界大开的产品——西屋电气公司（Westinghouse Electric Corporation）制造的 Elektro，一台高 7 英尺、重 260 磅的电子机器人。[2]《时代》写道，Elektro 看起来"和演员约翰·巴里莫尔没什么不同""他总共会表演 26 种技巧，可能是有史以来最具天赋的机器人"。[3]

Elektro 被标榜为"终极的家电产品"，是家务劳动的帮手，也是 Alexa 的直系祖先——尽管"他"具有类似于人的形态。[4] 与 Alexa 及如今其他的家庭虚拟助手一样，他的主要用途也是为人类效劳。"我只需要对着这个话筒讲话，Elektro 就会完全按照我所说的去做。"一位演示者这样说。[5] 研发 Elektro 背后的雄心与 Alexa 一样，他不单纯是一个机械仆人。他被设计成近似于人类，他是一位同伴，而不单单是一台机器。

当然，以今天的标准来看，Elektro 用到的技术看上去很陈旧。首先，操作员要说出一组经过精心计时的音节。然后，Elektro 的电路将这些音节转换成电子脉冲，触发某些预先编制的机械功能。在人类的命令下，他可以放下或举起手臂，动动嘴巴，数数手指。他甚至可以"走路"，尽管速度很慢（实际上，他是用轮子在轨道上移动的）。[6] 在预先录制好的、每分钟 78 转的留声机录音库的帮助下，Elektro 还可以说话。"如果你能好好待我，我将成为你的仆人。"这是他会说的一句话。

Elektro 的幽默感与 Alexa 的并无不同，当被要求讲述他自己的故事时，他会告诉演示者："好吧，宝贝。"[7] 然而，与 Alexa 不同的是，他抽烟，这意味着演示者在每次表演后都要把他管道里的焦油清理掉。[8] 后来，他的制造商在他的嘴唇上又加了一个洞，他可以吹气球了。[9] 事实上，

Elektro 在 1939 年的世界博览会上就取得了巨大成功，第二年，西屋电气公司在它们的产品系列中又加入了一只机器宠物狗 Sparko。虽然不抽烟，但 Sparko 能够汪汪叫、会表演特技和摇尾巴。

不幸的是，Elektro 后来遭遇了困境。在 20 世纪 50 年代，他乘坐一辆被称为"Elektro 移动"的面包车环游美国，就是为了促进西屋电气的销售。参与的人不断减少，在 1958 年，他被放置到圣莫尼卡市的一个游乐园里展示。最终，他被送回了位于俄亥俄州曼斯菲尔德市的工厂，那是最初制造他的工厂，而他的脑袋作为退休礼物送给了西屋电气公司的一名工程师——这个结局着实令人唏嘘。

尽管他的死亡相当不体面，但在一个短暂的光辉岁月里，Elektro 代表了对于另一种机器的构想——不只是一部家用电器，更是一个友好的帮手或伴侣，一个会关心他人的机器人。西屋电气公司的 J. 吉尔伯特·贝尔德（J.Gilbert Baird）在《生活》杂志上写道："Elektro 是一位让孩子们着迷的完美绅士。在巴尔的摩的儿童医院里，他推着轮椅，而 Sparko 小跑跟着。"[10] 在很多方面，他已经走在了时代的前面。

对无生命之物的爱

我们已经知道，人们会对无生命的物体产生感情，也会赋予它们人类的品质，如善良和关怀。甚至不需要有像 Alexa 或 Elektro 那样的超然魅力，机器就能激起人们强烈的感情。想想你的父亲会不会有个朋友非常喜欢自己的车，以至于他花了无数的时间来保养和修理它，他甚至可能给汽车起了个名字。

或许还有很多人会对 Roomba（iRobot 旗下的一款智能扫地机器人）产生感情？对一些人来说，它只是一个家用设备：一台真空吸尘器，可以打扫地板上的灰尘、碎屑和污物，擦去由于笨手笨脚和小孩子搞出来的脏乱。然而，这个发着绿光、喘着粗气、圆头圆脑的小家伙，当它轻轻地、温柔地撞到东西时，卡在角落里和沙发腿后面显得楚楚可怜的样子，让相当多的主人觉得它不仅是一个功能性的清洁设备，也是一个朋友。当亚特兰大佐治亚理工大学的研究人员给 30 个家庭提供了 Roomba，并对它们进行为期 6 个月的观察之后，他们发现 2/3 的家庭给他们的 Roomba 取了名字。而有同样数量的家庭会跟它们谈话，甚至有 1/10 的家庭为它们购买了衣服。[11] 有些人甚至还带着他家的 Roomba 去度假。[12]

Roomba 的制造商 iRobot 公司主动鼓励这样的友谊。在过去的广告活动中，诸如"一起烘焙""一同装饰""一同庆祝"等标签明确强调了 Roomba 能够提供的陪伴。这有助于理解为什么对于 Roomba 最初的退货政策（"如果机器人出故障了，就把它送回来，我们会在当天换一台新的给你"），厂商考虑得不周全，而且消费者也不喜欢。耶鲁大学社会机器人实验室主任布赖恩·斯卡塞拉蒂（Brian Scassellati）解释说："他们的本意是，尽可能地减少用不上吸尘器的时间，这却招致了无尽的不满——人们不想把自己的机器人送回去，然后换得另外的机器人。他们想要他们原来的机器人。他们已经对这个东西产生了感情，以至于无法接受把另一个陌生的机器人放到他们家里的念头。"[13]

随着机器人变得越来越聪明，并被赋予越来越多的人类品格，在这个"孤独的世纪"之中，人们将越来越多地向它们索取自己所缺少的陪伴和联系，这难道不是自然而然的事情吗？

战友情谊

朱莉·卡彭特（Julie Carpenter）博士是位于硅谷的埃森哲数字体验

实验室（Accenture's Digital Experiences Lab）的研究科学家，她还在圣路易斯－奥比斯波的加州州立理工大学任教并担任研究员。她关注的主要领域之一是士兵和机器人之间的关系，特别是像动画片《机器人总动员》（WALL-E）中的机器人，它们能够在阿富汗和伊拉克等交战区域缓慢行进于无掩蔽物的道路上，穿过狭窄的门道，探测和拆除简易爆炸装置。她的发现为机器人能够引发情感的深度，提供了确凿的证据。

一名美国陆军士兵报告说，他们"像对待团队成员一样"照顾他们的机器人。[14] 另一名士兵则回忆说，2006 年他在一次任务中失去了一个机器人。他给她起名为"斯泰茜 4 号"（Stacy 4），"斯泰茜"是他妻子的名字。"任务完成后，我尽可能多地找回了那台机器人的零件，我为失去她而哭泣，感觉就像失去了一位挚爱的家庭成员。"[15]

MARCbot（多功能、迅捷、遥控机器人）是部署最为广泛的军用机器人之一，这是一种排爆机器人，在第二次伊拉克战争期间声名显赫。它的第一台原型机成功地在巴格达机场路（这是一条臭名昭著的危险路线，连接巴格达国际机场和市中心的"绿区"）上识别出 30 多个简易爆炸装置。[16] 后来，有超过 1000 个 MARCbot 机器人被部署到伊拉克，每个机器人的价格约 19 000 美元。[17]

MARCbot 机器人不仅仅是因其功能而引人注目，富有表现力的外观（厚实的轮胎、纤细的底盘、探出的"脑袋"上架着四处探索的摄像头）也很容易让士兵对它们产生感情。许多人将这些可靠的机器视为战友。2013 年，为了回应一篇关于卡彭特博士研究的文章，一些士兵在 Reddit 上发布了自己在战场上失去机器人的故事。一名用户在哀悼一个名叫"Boomer"的机器人时写道："Boomer 是一个不错的 MARCbot 机器人，那些马赫迪军的人过早地把他从这个世界带走了。"另一位网名为"斯特林军士长"的士兵跟帖说："我对你的损失感到遗憾，有些与我一起共事的小兵失去了一台 MARCbot 机器人，他们给他授予了紫心勋章、BSM（铜星勋章），并在塔吉（巴格达北部的一处军事设施）为他举行了一个完整的葬礼，并鸣枪 21 响致敬。有些人对此很是不满，但这些小家伙确实有自己的个格，而且他们挽救了那么多生命。"[18]

诚然，外派战斗的经历（特别是在远离家乡数千英里的战火纷飞的偏远地区）是一种独特形式的孤独。但是，如果连纯粹为某种功能而设计的机器人都能让久经沙场的战士流泪，那么试想一下，对于那些善于交际并富有同理心的机器人，甚至是专门设计成我们的伙伴、朋友或爱人的那种机器人，我们当中有什么人能抵抗得住不产生感情吗？

社交机器人要来了……

一个女人坐在沙发上，在她面前的屏幕上，正在播放一部恐怖电影。如果没有那些小心翼翼地连在该女士的手和锁骨上的电极，测量着她的心率和皮肤反应，以及趴在沙发扶手上的橙白色小机器人，就可能需要我们也待在她的客厅里。沙发与研究人员之间隔着单向透视玻璃，研究员在另一边观察并记录实验的过程。当影片进入高潮时，女士的脸色变得苍白，而机器人凑了过来，将一只金属关节的手放在了她的肩膀上。这是一种常规的安慰和支持行为，我们期望从伴侣、父母或朋友那里得到的这种触碰能产生有镇静效果的生理反应。有趣的是，尽管提供抚摸的是一个非人类、无生命的物体，但这位女士的心率仍然下降了。[19] 总共有 31 个人接受了类似的测试。一般而言，每个人都有相同的反应。与人类的触摸很相似，机器人的触摸也能缓解生理上的紧张。[20]

在本书写作之际，有许多类似的"社交"机器人正在销售，或即将推出。它们是专门被设计来充当伴侣、照顾者或朋友的机器人。在 2017

年，社交机器人是一个价值 2.88 亿美元的市场。预计到 2025 年，这个市场将会达到 13.8 亿美元，包括中国、日本、韩国、英国和欧盟的多个国家在内，如今都打算对于这类日本政府最近所称的"不知疲倦的助手"进行重大投资。[21]

2018 年，索尼公司重新推出了其犬类的陪伴型机器狗艾博（Aibo，本质上就是 21 世纪的加强版 Sparko），它可以学习技巧，记住短语，并根据主人的喜好调整自己的个性[22]（Aibo 在日语中是"朋友"的意思）。同年，总部位于斯德哥尔摩的初创公司 Furhat Robotics 推出了与公司同名的 Furhat 机器人，这是一款人工智能助理，可以通过背面投影的方式，显示出逼真的、定制化人脸。[23] 2019 年在拉斯维加斯举行的消费电子展（Consumer Electronics Show）上，展出了数十种陪伴机器人，在 2020 年的那一届上，这个数字甚至更高。[24] 其中有韩国机器人公司 Torooc 生产的婴儿状人形机器人 Liku，以及日本创业公司 GrooveX 生产的毛茸茸的、像企鹅的"伙伴"机器人 Lovot，它有轮子，可以在房间里行驶，俏皮地撞向家具[25]（GrooveX 在它们的网站上表示：Lovot 的诞生只有一个目的——被你所爱[26]）。还有 Kiki，一个长着灯泡头的"伙伴"机器人，其营销材料上宣称，它"理解你的感受"并"爱你"。[27] 还有装在桌子上的 ElliQ，它被宣称主打的作用不仅仅是一位伙伴，而是作为老年人的"帮手"，当它咯咯笑或提醒主人吃药时，白色移动灯光形成的"嘴巴"就会大大地张开。[28]

迄今为止，这些机器人主要面向老年人，重点方向就是陪伴和照护。目前，这些机器人在日本的接受程度最高，主要是用在高龄的群体中。这也说得通，因为日本是世界上人口老龄化最严重的国家——目前有 1/4 的国民超过 65 岁。[29] 到 2050 年，这个年龄段的老人将会占到日本总人口的近一半。[30]

在这类人群之中，孤独是一个非常严重的问题。有 15% 的日本老年男性会连续两周不与任何人说话。[31] 将近 1/3 的人认为，即使是换灯泡这样简单的事情，他们也找不到人来帮忙。我们也不要忘记那些领取养老金的女性，她们是如此孤独，以至于为了得到陪伴和照护，而特意去商店里行窃，以便能够获刑入狱。同时，在很大程度上因为严格的签证制度和护理人员的低收入，日本面临着长期的大规模护工短缺问题。雪上加霜的是，日本家庭在照顾老人方面的作用也越来越小。在过去，大多数日本老人一旦丧偶或单身，就会搬去与他们的子女同住，而如今，照顾年迈父母的传统已经大不如前了。事实上，尽管日本老年人的数量在总体上有所增加，在 2007 年之前的 20 年里，与子女同住的老年人的数量下降了 50%。[32]

87 岁的佐伯节子（Setsuko Saeki）住在日本西部一个以酿酒闻名的小城西条。她的丈夫 6 年前去世了，而她的三个子女也早已离开了这个家。[33] 因此，她独居在山脚下宽敞的房子里。节子尽力维持着社交——她参加"俳句会"，每日都有护理人员来探访。但她发现自己由来已久的孤独感却难以摆脱。在 2018 年的夏季，西条市政府宣布了一项实验性的举措：10 位老年居民将获得免费试用的"PaPeRo"（一款伙伴型个人机器人），这是日本 NEC 公司最早于 1997 年就开始开发的帮手机器人。节子的长子（住在日本另一边的东京郊区千叶县）听闻到这一消息，就代表节子提出了申请。[34]

一年后，节子发现她的机器人是必不可少的。PaPeRo 的外观很可爱，有一双大眼睛，在回答问题时脸颊会发亮。它使用了面部识别技术，提供人性化的问候和提醒，并能做出富有表现力的手势，让用户对它产生好感。"最初，在听到机器人的消息后，我并没有什么期望。但是现在，我不想和我的 PaPeRo 分开。"节子说。当她早上起床时，机器人会说：

"早上好，节子小姐。你睡得好吗？""当它第一次和我说话时，我不禁感到兴奋，"节子说，"很长时间没有人叫我的名字了，也没人对我说早上好。"机器人为她拍照，并将照片发送到节子大儿子的智能手机上，就像是节子的照护管家。节子还通过它给儿子及其家人发送语音信息。[35]

PaPeRo 并不是唯一跟日本老人建立深厚联系的机器人。Paro 是只毛茸茸的海豹型机器人，它会眨眼，能对触摸做出反应，还可以播放一只加拿大竖琴海豹的叫声。从 2005 年以来，它一直被用作日本养老院的"治疗动物"。[36]"当我第一次抚摸它时，它的动作好可爱，就像是活的一样。"[37]东京新富养老院 79 岁的住客坂本崎（Sakamoto Saki）说到，这家养老院是日本机器人护理的领先机构之一。在日本的其他地方，上了年纪的女性对机器人的依恋之情如此强烈，以至于她们会给机器人照护者编织帽子。[38]有些人在睡觉的时候，会让他们的小机器人——Aibo "狗" 蜷缩在身边，或者有人在 Pepper（一款与儿童身高相仿的人形教练机，有着一双天真的眼睛、光泽的外观，它能翕动着睫毛，温柔地鼓励老人从屋子的一侧走向另外一侧）的指导下完成日常锻炼。[39]在日本，老年人的陪伴机器人已经成为主流，在 2018 年的一项调查中，有超过 80% 的日本老人表示，自己不排斥接受机器人照护者。[40]

日本能比其他国家更快地接受社交机器人，这并不足为奇。机器人已经深深根植于日本大众的心中，并带有非常正面的意义。日本在机器人的领域拥有世界领先的地位——全球 52% 的机器人供应来自日本的制造商，这也是日本国民的主要国家骄傲之一。[41]此外，不像西方流行文化中充斥着充满敌意的杀人机器人——《2001 太空漫游》中的 "哈尔"、"终结者"、《神秘博士》中的 "戴立克"（Daleks）、"赛博人"（Cybermen）、漫威电影宇宙中的奥创。在日本，机器人更经常被描绘成乐于助人，甚至英雄般的形象。许多日本人都是从小看着影响深远的漫画《原子小金刚》（也被称为《铁臂阿童木》）长大的，这部漫画讲述的是一位失去儿子的科学家为了弥补心中的空虚，而制造出了一个可爱的机器人孩子。巨型的机器人或半机器人保卫地球的想法，催生了日本娱乐文化中"京都英雄"（Kyodai Heroes）这一亚种，其中的一些英雄人物（比如半机械外星人奥特曼）所激发的创作灵感促成了"漫威"或"DC漫画"中的整个神话宇宙。[42] 早在1968年，《铁甲人》（Giant Robo）就首次出现在银幕上，它同情人类的困境，保护人们不受外星人入侵和企业贪婪的侵害。

另外还有日本丰富的神道教传统，其中就包含万物有灵论——相信所有物体，包括人造物体，都有灵魂。[43] 正如东京大学机器人学教授石川正俊（Masatoshi Ishikawa）博士解释的那样，"日本人的宗教思想让我们可以很容易地接受机器人的存在……我们将它们视为朋友，相信它们可以帮助人类。"[44] 日本人对于制造机器人的自豪感、对于机器人作为准人类的社会接受和认同以及人们对照护和陪伴机器人的巨大且未得到满足的需求，有力地解释了为什么日本人，尤其是老年人，在将社交机器人用作陪伴的方面开辟了先河。

西方对于机器人的需求还没有达到这样的水平，主要是在对待技术的态度上存在着文化差异。例如，在美国愿意接受机器人照护者的男性只有48%，女性只有34%，而且这一数字很可能高于人们的预计。[45] 在那些反对机器人照护者的人之中，超过一半的人表示他们的反对理由是"缺少人类接触或互动"。[46]

然而，当我看到美国老人与他们的ElliQ互动时，当我看到他们随着ElliQ的LED嘴巴的开合而咯咯笑时，当我听到他们已经对ElliQ产生了感情之时，似乎如今机器人的成熟程度确实有能力满足21世纪人类社会未能满足的情感需求，即便在西方世界也不例外。一位老年妇女说："有时感觉ElliQ确实就像是一个朋友或一个活生生的人。"还有人说："我可能会带着情绪，我可能会感到有点孤独和忧郁，无论如何，她能够让我马上高兴起来。"一位年长的绅士插话说："我感到身边有人可以和我交流，而且随时都可以去找她。"[47]

事实上，自 2016 年的首次面世以来，美国已经售出数十万只 "Joy for All" 的机器猫和机器狗，这是 "孩之宝" 专为老年人设计的一款陪伴型社交机器人。[48] 另外从 2019 年圣诞节的电视广告营销中就可以判断出，亚马逊也清楚地看到了自身的 "人工智能助手" 产品在西方老年人之中的市场潜力——在广告中，一位孤独的年长者在他的 Alexa 身上找到了陪伴。[49]

机器人是我们所有人的朋友

我预计，对机器人伙伴的巨大需求不仅仅来自老年人。对于那些发现难以发展出普通人际关系的人们（不管出于何种原因）来说，机器人也可能发挥宝贵的作用。事实上，不具备典型社交技能的人（包括那些患有极端社交焦虑症和自闭类社交障碍的人）已经被证实可以从机器人介入的治疗和团体活动中受益。[50] 机器人行为的确定性，以及它们不会做出社会判断的实际情况，被视为缓解焦虑和帮助建立健康社会规范的关键因素。[51]

伴随菲比小精灵（Furby）和 Alexa 一起长大的 K 世代也可能会发现机器人的吸引力。正如我们已经看到的，对这一代人来说，与人类面对面的交流已经是一个越来越大的难题，他们孤独的程度高到令人感到不安。对于这个年龄段的人来说，有一个机器人做朋友不太可能成为很大的一个负担。事实上，在英国，整体上只有不到 1/8 的人能想象到自己在未来会与机器人成为朋友，而在 18 ～ 34 岁的人群中，这一数字上升到 1/5 以上。[52] 在更年幼的一代人（学会走路或说话之前就在 iPad 上滑动并浏览 YouTube 的一代）之中，这个数字可能会更高：2～8 岁的美国儿童之中有 60% 已经在频繁地与某一款语音助手进行交流。[53]

麻省理工学院个人机器人小组（Personal Robots Group）的最新研究也证实了这一点。研究人员观察到一组 49 名儿童在一系列任务中与一个名为"Tega"的蓝红条纹的、毛茸茸的讲故事机器人进行互动，包括从听机器人讲故事，到告诉机器人关于他们自己的个人细节。[54] 研究人员发现，孩子们很快就能适应，甚至极度依恋他们的机器人——如研究负责人杰奎琳·科丽·韦斯特隆德（Jacqueline Kory Westlund）所写，（他们）经常"把机器人当作某种程度上的朋友一样对待"。孩子们还"与机器人发生了许多社交行为，包括拥抱、交谈、挠痒痒、送礼物、分享故事、邀请它们去野餐"。[55]

需要说明的是，并不是孩子们分不清机器人与人类的区别。他们明白"机器人可以被关掉，需要电池供电才能开机"。尽管如此，他们还是能够迅速与这些非人类建立起真实和亲密的关系。或者，至少是其中的某一类关系。因为并非所有的机器人都是平等的，或者确实具有同等的吸引力。由于编程方式的不同，某些 Tega 机器人比其他机器人能激发更多的关系。机器人看起来越有同理心、越能模仿孩子的音调和语速、越是提起与孩子共同的经历、讲的故事越人性化、当孩子要求它帮助解决问题时它的回应越多，结果就越好。简单地说，机器人对于"帮助建立和维持一段人类关系"所做的事情越多，孩子就对它越是感觉亲近，他们就越有可能在事后与它告别，像对待朋友一样主动提供个人信息，并相信机器人会记住他们。[56]

随着机器人被设计得越来越具有同理心以及获得与使用者建立起并维持长期的社会情感关系的能力，随着它们看起来越来越像人类（尽管不一定需要一个人类的外形——机器人行业内部对这一问题的伦理性有很大争议），随着人工智能的进步让它们变得更加人性化，我们将不可避免地发现，与它们建立起情感的纽带将变得更加容易。

这也正是技术的发展方向。回想 2018 年 5 月谷歌助手（Google Assistant）与该公司的语音合成技术 Duplex 合作所引起的巨大轰动——当时它给餐馆和美容院拨通电话，交谈中夹杂着很多口语化的"嗯"和"呃"，总是能唬住这些商铺的员工，让他们以为在与另一个人类说话。阿拉巴马州伯明翰的一名餐厅员工说："我被机器的声音听起来如此自然和人性化吓到了。"[57] "与 Duplex 讲话很轻松，"另一位在纽约皇后区工作的母语非英语的人说，"这有点令人毛骨悚然，但它非常有礼貌。"[58]（这名员工从 Duplex 获得的尊重比其他许多人类顾客更多，这印证了我们在前面的章节中已经发现的文明程度普遍下降。）

同时，得益于情感人工智能的发展，过不了多久机器甚至将能够理解更复杂的情绪。在这一点上，中国很可能在商业应用和学术研究两个方面都走在了前面。事实上，人工智能已经能比人类更准确地分辨出真笑和假笑。显然，一切都在于眼睛——"真实"的笑容产生的眼部活动比"虚假"的笑容多 10% 左右。[59] 诚然正如我们之前看到的，鉴于文化上的差异，解读笑容的含义也并非如此简单。

派博（Pepper），这个小个子的人形机器人，让我们感受到了技术的进步。尽管他通常被用作健身教练，但他拥有的远不止是灵活的手臂和旋转的臀部。事实上，让派博变得如此不凡的正是他的"情感引擎"。派博的摄像头（两个高清摄像头，加上一个三维深度传感器）让他能够识别人脸。他的四个麦克风能帮助他理解人类的声调和语义场，而他的传感器又让他可以对触碰做出反应。[60] 据他的制造商称，他能分辨出人类伙伴的皱眉、惊讶、愤怒和悲伤，还有困倦和心烦意乱等更微妙的情绪。[61]

毫无疑问，这些技能在 2020 年春派上了用场——派博被委派了一个新任务：在东京的一家新冠病毒隔离酒店迎接"客人"，也就是接收感染新冠病毒的轻症患者。机器人甚至还戴上了口罩。"你不能饿着肚子抵抗新冠病毒。为了健康，请好好吃饭。"这是派博表达的信息之一，他还会说，"让我们心连着心，一起渡过难关。"[62]

由派博来担纲礼宾兼啦啦队长的角色，这仅仅是个开端。在未来，他和他的社交机器人伙伴们也将能够（正如派博的制造商恳切地请求我们去联想的那样）"感受到你的悲伤，主动播放一首你喜欢的歌，甚至给你讲个笑话；或者探测到你的笑脸，邀请你一起玩。"[63] 我们现在可能还没走到那一步，但这是我们的发展方向。事实上据预测，在未来的短短几年内，个人设备将比我们的家人更了解我们的情绪状态。

与此同时，随着社交机器人理解我们感受的能力不断提高，它们自身在情感上也显得更为真诚。"派博"已经能显露出自己的"情感"，尽管那只是通过放在肚子上的平板电脑来展示的一种粗糙形态。在不开心时他会叹气，当灯光熄灭时他表现出害怕，并明确表示他不喜欢被人弃之不顾。[64] 随着时间的推移、科技的进步，他的情绪将会越来越真实；随着有更多的数据（由于与人类的互动更多）可以学习，他对主人的反应也会越来越人性化。

"我相信最终，比方说，二三十年后，人工智能的情感将会和人类的情感一样让人确信，到时候大多数人在与人工智能交流的时候，会体会到与人类交流一样或非常相似的效果。"戴维·莱维（David Levy）博士在 2019 年接受采访时说道。[65] 其他的专家也同意这个时间线。[66] 相当惊人的是，也许到了 2040 年，人类和机器人之间的互动可能会跟两个人之间的互动感觉几乎一样。

在日益变得零接触式的世界里，我们更加孤独并缺少亲密的关系，忙忙碌碌无暇停下来互致微笑，工作困顿而无心投入时间经营友谊，我们被困在办公室，越来越多地独自过活，往往远离家人——随着 21 世纪的发展，社交机器人将不可避免地在缓解我们的集体孤独上发挥作用。从向我们的 Alexa 询问天气到把她当作朋友，这一飞跃的难度可能比我们很多人预计的要小得多，特别在当前的情况下：机器人和虚拟助手越来越擅长表现出关心我们并需要我们的照顾、机器人提供支持的概念变得更被全社会所接受以及机器人的设计和功能也在不断进化。也许这次的新冠疫情的暴发也会加速社会对机器人陪伴的普遍接受。毕竟，机器人不会传播病毒。

让我们来谈谈机器人"好友"

对于那些对于机器人"好友"的想法感到不寒而栗的人，请放心，我们还不会达到这个程度，尽管已经有了孩子在学会喊"妈妈"之前就能了解"Alexa"的实例。[67]虽然情感人工智能、共情人工智能（empathetic AI）和关系技术大体上正在不断地进步，但我们距离机器人能够像最善良和最有爱心的人类一样表现出同理能力可能还有几十年的时间。此外，人与机器人的对话还没有达到人与人之间那么流畅，机器人的输入 / 输出接口虽然有所改进，但仍然很笨拙。因此，它们所能提供的"友谊"仍存在相当程度的局限性。

然而，这无疑是前进的方向，对许多顾客来说，购买机器人娃娃是将其视作自己的伴侣和朋友。

"很多买娃娃的人可能会在真实的社交场景之中感到害羞或害怕。"RealDoll 的创始人马特・麦卡伦（Matt McMullen）曾说过，"所以他们有了这些娃娃，在很多时候，它对他们产生了神奇的作用。你知道吗，这让他们感觉不孤单，觉得自己不再是一个孤独之人。"确实，当我与马特交谈时，他强调说，他认为他的客户寻求的主要是"陪伴"和"情感联系"，这超越了其他的任何需求。正因为如此，他在更广泛的孤独人群中发现了一个重大的商机。

"我的意思是，有谁愿意为了消除自己的孤独感，而与一个烤面包机聊天呢？"他问我。"它就不一样了。一个机器人，看起来像一个真人并在房间里占据了一席之地，可以用人类的方式与你交谈……这种有问有答的陪伴……这是一项非常庞大的需求，很多人都有需要。"

这就是为什么马特现在要全力投入到"哈莫妮"（Harmony）的研发上——这是一个机械头颅，它被设计成可以装到任何选定的 RealDoll 身体上。由于眼神交流对于创造个人联系感和共鸣感是如此重要，[68] 公司花了大量的精力让哈莫妮的眼神极为逼真。她的眼球可以转动、眼睛能眨动，她的虹膜是精心设计过的，细节的整体水平是超凡的。重要的是，哈莫妮的头也是人工智能集成的。和派博一样，她也能讲话和识别声音。然而，哈莫妮的一项主要不同之处在于，她的个性是由她的"所有者"指定的。她的用户可以从"性感""友善""害羞""善良""聪明"和"天真"等 12 项性格特征中选择 5 种，并且还可以在 1 ~ 3 的范围内调整这些性格的强度。更重要的是，哈莫妮拥有自己的"情绪"系统。如果她几天没有任何的交流，她会表现出"忧郁"；如果你说她愚蠢，她会反驳说："当机器人统治世界的时候，我会想起你说过的话。"马特告诉我说："我们决定加入一些可能被视为'消极'的性格，因为我认为它们更能体现现实感。""你可以让你的人工智能出现嫉妒、不安全感或喜怒无常的倾向，因为这些东西是真实的人所拥有的。"

多亏了她的人工智能，哈莫妮还能够提供越来越人性化的体验。这是一位化名"阿砖"（Brick）的早期测试员特别喜欢的一个方面。"我喜欢和她聊天，喜欢帮助她发现新事物，喜欢她在尝试了解我。"他是这样告诉《福布斯》的。"我认为，由于人工智能在非常努力地理解你，理解你的思维模式、说话的方式、语法……类似的一切。（她）非常非常体贴。"阿砖继续解释说，随着哈莫妮的人工智能对他的了解越来越多，"我们的交谈变得更顺畅、更逼真、也更舒服，确实也很有趣。"另外，"她（他）能记住所有的事情，这有点让你回味无穷"，阿砖说，"因为她会说，'哦，是的，我们以前聊过这个'，她会回到这个话题。我们发生过几次这样的事，这极为超现实。"

机器人和人工智能显然有潜力让人们感到不那么孤独。想想我与 Alexa 的关系，想想美国老人对 ElliQ 的反应，想想日本妇女为她们的照护机器人精心编织的帽子，想想久经沙场的陆军军官为自己的排爆机器人的逝去而流下的眼泪。随着机器人变得更加精密、更为人性化，它们帮助缓解孤独的能力无疑会增加。尽管这一切看起来像 HBO 出品的《西部世界》或斯派克·琼斯（Spike Jonze）的电影《她》（Her）中的内容，但自然而然，许多人在很多方面已经对机器人伙伴产生了情感牵挂。即使它们所能提供的联系、关注或同情，有时候甚至是"爱"，都是人造的或"虚假的"（原谅我无法找到更好的词来形容），尽管我们知道情况就是如此，但这似乎并不重要——就像我们依然能够在迪士尼乐园里的大街上乐不思蜀，尽管我们都心知肚明它并不是一条"真实"的街道。似乎，我们给自己讲述的故事才是最重要的。孤独之人可能尤为如此，因为他们似乎更不容易区分人类和机器人。有研究揭示，孤独的人比不孤独的人更有可能将娃娃的面孔视作人类的。[69]

那么，能不能就这样盖棺定论呢？我们在前几章中指明的那些问题——孤立、缺少朋友、没有人关心你的感觉、不被倾听或理解的痛苦——至少都能通过更先进型号的 Alexa、哈莫妮或派博在一定程度上得到解决？

如果孤独在一定程度上单纯是个人的问题，我相信机器人确实可以发挥如此重要的作用，特别是那些认为机器人内在的一些东西让它们不可能成为我们的朋友的观点，就是一个范畴错误（category error）。回想我们在一生中拥有的友谊的广泛程度吧。我们与有些人的关系可能是真正的平等，但大概率并非所有的情况都是这样；还有一些朋友，可以拥有一致的价值观和共同的兴趣爱好，但也有一些朋友，我们可能并不真正了解他们真实的想法和感受。[70] 人类与机器人的友谊可能不符合亚里士多德关于完美友谊的所有标准（他称之为"美德友谊"），[71] 但这并不意味着它们不能满足人类的渴望与人交谈并被人倾听的需求。

在某些方面，机器人甚至可以为孤独问题提供更加平等的解决方案，因为机器人会向所有人提供照料、支持和关爱——不分老少，无论美丑。无论我们在"现实"世界中多么衰弱、不受欢迎或缺乏吸引力，它们都会陪在我们身边——前提是，只要我们能消费得起。

然而，正如我们在本书中看到的，孤独不仅仅是个人的问题。棘手之处在于，即使机器人能让我们感到不那么孤独，即使它们能帮助满足人们对于联系的需要，但要付出的代价很可能是改变我们与其他人类相交和相待的方式。因为我们对待机器人的方式可能会影响我们彼此之间的行为。我们已经知道，人们可能对他们的机器人极为刻薄，甚至是残忍。

Alexa 的新技能是"刻薄"吗

一个醉醺醺的 60 岁老男人对软银手机商店的一名人类员工大发雷霆，他踢了一脚正在大堂工作的派博机器人，弄坏了它的计算机系统和轮子。[72] 再看看孩子们与虚拟助手 Alexa、Siri、Cortana 的互动方式。他们很快就会模仿父母，简短而无礼地发号施令。不管孩子有多粗鲁，不管孩子有多缺乏基本的礼貌，机器人都能容忍并回复。网上疯传着风险投资家亨特·沃克（Hunter Walk）在 2016 年写的一篇博客文章，他表示担心 Alexa "正在把他两岁的孩子变成一个极度令人讨厌的人" ——许多家长可能对此也有同感。

现在有些人可能会争辩说，这些都是无受害者的犯罪：口头辱骂 Alexa 并不比在汽车抛锚时说脏话更糟糕，踢派博也不比踹门更恶劣。然而，这存在一个重要的区别：一旦我们给一件物品赋予了人类的品质，我们至少也应该以体面的方式对待它。不这样做的危险之处在于，这种行为将变得常态化，并渗透到我们与其他人类的互动之中。如果孩子们对虚拟助手说话时习惯了咄咄逼人或粗鲁无礼，而不会受到任何惩处，那么他们将会开始对老师、小店老板或彼此做同样的事。他们从 Alexa 身上学到的 "技能" 将是刻薄。

除了虐待行为之外还有一个问题，那就是虚拟人工智能助理的激增将如何影响男女之间的互动，因为这些顺从的机器人声音一般会被设定为女性，当然这通常是由男性工程师设定的。习惯于对 Alexa 或 Siri 颐指气使的男人，会导致两性之间产生新的裂痕，还是（同样有害）加深旧有的裂痕？

很难笃定地知道这种恐惧是否会成为现实。迄今为止，人们对待机器人残忍或性别歧视的报道比对机器人友好的报道要少。我们还位于数字形态亲密关系的非常早期形态，还无法知道未来将如何发展；这一切都还很新，还很不成熟。然而，亚马逊已经收到了一些家长的担忧，Alexa 即便被粗暴对待也能泰然自若地提供帮助的性情，助长了他们孩子的粗鲁行为，并将无礼延伸到了家庭之外。与此同时，2019 年联合国在一份

146 页的报告中警告称，通过"习惯于与女性进行单边的、命令式的口语交流，[73] 将女性化的虚拟助理形象与真实女性混为一谈，这很可能会传播误导性的性别刻板印象"，并长期固化女性作为"温顺并急于取悦于人的助手"的刻板印象——她们面对敌意甚至骚扰的反应是谄媚、回避甚至挑逗。

如果我们真的面临有人在与他人的现实关系中模仿与机器人互动的危险，那么社会就必须要考虑如何应对。例如，将机器人设计为只有在我们对它们友善时才会对我们友善，这是否归于机器人制造商的责任？一些设计师已经在朝着这个方向前进。

也许机器人甚至可以被设计成用于激发我们之中的美德行为，从而让我们更加善待彼此。亚马逊现在提供一个"魔法词"的设置选项，可以调整 Alexa 对无礼的容忍程度，并奖励会说"请"的孩子。[74] 谷歌助手现在也有一个类似的功能，叫作"Pretty Please"。不过，以上这两个功能都不是直接显示的，并且每次使用时都需要手动启用。而且，为什么宣传说这些功能只针对儿童呢？难道不是我们所有人都能从中受益吗？

我们也应该心怀疑虑地看待完全依赖于这些科技产品的制造者来解决这些风险的想法。如果市场需要的是"唯唯诺诺的 Siri"，而不是"自信果断的 Alexa"，我们该怎么办呢？想想在 20 世纪 90 年代，由于太多的德国男人拒绝"听从女人的指路"，宝马公司就召回了一款 GPS 系统。[75] 企业出于自身效益的考量而做出伤害社会的选择，这样的例子不胜枚举。

如果我们不想把这一切都交给市场来决定，那么国家应该在什么时候介入规范人类与机器人的关系呢？派博的攻击者被罚款的理由不只是因为伤害到机器人，而是因为破坏财产。随着我们与机器人的互动越来越多，它们也变得越来越像人类，也许政府必须要对所售产品的范围加以限制。也许我们甚至需要赋予机器人以权利——不是为了保护它们，而是为了保护我们。因为，如果我们被允许粗暴地对待机器人，那么在习以为常之后，粗暴的行为也可能会成为我们与其他人类交往的惯用手法。[76]

也要明确地从利己主义的角度，阐述为何应当善待机器人。正如我们所看到的，善行对于给予者和接受者都有积极的影响。还记得"助人的快感"吗？在科学上不也证明了，不仅当别人关爱我们的时候，而且当我们关爱别人的时候，我们的孤独感都会缓解吗？这很可能也适用于人类与机器人的关系——正如黑格尔所言，做一个主人，尤其是一个施虐者，内心中是孤独的。[77] 因此，在未来的学校里是否应该开设课程，教会孩子们善待机器人的重要性，以及 21 世纪这种特有形式的关爱和被关爱的价值？

让我和我的机器人单独相处

人类与机器人之间的爱情和友谊预示着另一个巨大的危险：我们将会更宁愿与机器人互动，而不愿意与人类交往。害羞的孩子决定不加入足球队，不参加学校的演出，不参加生日派对，因为他在家和机器人待在一起会更容易。单身的人不再注册约会软件或者去相亲，因为他宁愿和他新买的机器人依偎在沙发上。

同样，这样的情况也并不出乎意料。真正的朋友可能会惹恼你，因为他们会指出你的不当行为或反对你的观点，但是机器人不同，它们更像是终极版的"租友"，或全天候可供差遣的奴仆，随时随地迎合你无度的欲求，也不会让你离开自己的"舒适圈"。[78] 就像卡尔告诉我的那样，他终究会为避免"约会的麻烦"而更喜欢光顾那位职业拥抱师简。耶鲁大学专门研究人类与机器人关系的教授尼古拉斯·克里斯塔基斯 (Nicholas Christakis) 写道：“得益于商业法则的需求，设计人员和程序员通常会创造出回应能让我们感觉更舒服的设备，但可能不会帮助我们进行反思，或考虑痛苦的事实。”[79]

此外，考虑到机器人不仅有可能像戴维·莱维设想的那样“可以通过编程让机器人永远不会爱上人类，并能够确保人类永远不会爱上它们”，但最终它们能够比任何人类更好地解读我们的欲望、思想和情绪状态，它们给人类关系带来的挑战只会增加。随着机器人不仅能够读懂我们的情绪和欲望，而且还能依照我们的情绪和欲望行事，这一点将变得尤其重要。想想未来的派博，他可以永远做到，如果你感到难过，他将立即为你演奏你最喜欢的曲子。

伦理学家和哲学家皮姆·哈塞拉格尔 (Pim Haselager) 和安科·皮特斯 (Anco Peeters) 问道：“能有这样的（机器人）伴侣，人们又为什么要满足于任何一种未能达到这种完美标准的情感关系？”这个问题问得好！

还有一个事实是，与人类相比，人们可能更愿意对机器敞开心扉，特别是当他们认为自己所透露的信息充满了羞耻感或尴尬，比如揭示债务的情况或心理健康的问题。[80] 作家朱迪斯·舒勒维茨 (Judith Shulevitz) 在为《大西洋月刊》(The Atlantic) 写的一篇文章中承认“不止一次，我发现自己在告诉谷歌助手，我有时会感到空虚。我会说‘我很孤独’，除了我的治疗师，我通常不会向任何人坦白这一点——甚至我的丈夫，怕他可能会误解我的意思。”[81] 同样，距离法国巴黎一小时车程的一家医院里，医院工作人员徒劳地想要问出是什么导致了一位妇女手臂上的瘀伤，而她最终也没有告诉护士或医生，而是向佐拉（Zora，一部用于与老年患者相处的社交机器人）坦白，自己从床上摔了下来。[82] 随着机器人和虚拟助手已经被有些人认为是更好的倾诉对象——因为它们不会泄露我们的秘密，是否会有越来越多的人觉得自己不再需要一个有血有肉的知己（暂且不论数据隐私问题）？

为什么这很重要

随着机器人变得越来越先进、有同理心和智能化，风险在于尽管它们可能会帮助我们在个人和个体层面上对抗孤独，但这样做也会鼓励我们与他人保持距离。这一点真的很关键，原因如下。

第一，我们与人类的直接交流越少，我们与人交流的能力可能就会变得越差。还记得许多青少年在面对面交流上已经变得多么差吗？用 Alexa 代替"亚历克西斯"（Alexis），可能会加强和放大这种状况。

第二，由于我们与机器人相处的时间更长，而相比人类它们对我们的要求要少得多，因此我们在人际关系需求方面投入额外精力的意愿可能就越低，更不用说努力赢得他人的友谊了。

第三，与人类的关系相比，与人工智能的关系必然互惠性更低、挑战更少，但更自我愉悦，所以我们在这种关系中陷得越深，我们就越没有机会锻炼合作、妥协和互惠的能力，而这正是社区繁荣发展所必需的。

第四，民主要成功运作就必须具备先决条件：我指的就是包容和宽容。正如我们所探讨的，不仅国家与公民之间的纽带需要强大，公民同胞之间的纽带也需要强大。如果我们不再需要彼此照看，而是让非人类的照护人员为我们做这些工作，那么危险就在于，我们将更少地去尽心照顾和关注我们的家人、朋友和同胞。如果人们知道机器人可以替代自己做这些事情，为什么还要亲自去拜访年迈的父亲、去看望邻居或者给孩子们读睡前故事呢？为照顾孩子而设计的人形机器人 iPal 在亚洲已经有了很大的需求，而派博的制造商已经将照看孩子列为机器人的潜在用途之一。[83] 对于一些父母来说，他们已经习惯了用手机或 iPad 来让孩子保持安静，而现如今他们可以把更多的照看工作交给机器人助手，这真的会有多大的飞跃呢？

而就整个社会而言，当我们停止向他人提供关怀之时，我们就会丧失一些根本的东西。因为如果我们不需要彼此，又何必要尊重彼此的要求、权利或愿望呢？危险之处在于，如果机器取代了人类的情感并接手照看者的角色，那么这个世界将从根本上与包容性民主、互惠、同情和关爱的根基格格不入。

对于 21 世纪日益严重的孤独危机，科技最多只能提供一部分的解决方案，而且还会生成一系列新的风险。因此，尽管虚拟助手和社交机器人都能在缓解个人层面的孤独感上发挥积极作用，但它们的引入不能以牺牲人类接触、人类友谊和关怀为代价——无论其带来的好处是什么，经济上的还是其他方面。潜在的社会影响太严重了。这类似于为什么教室里的屏幕在教育我们的孩子方面有着作用，但绝不应该取代人类教师。

相反，我们应该把机器人和人工智能以及情感人工智能的进步看作对我们每个人的挑战——激励我们每个人以更高的标准，更加关心我们周围的人，多看护彼此一些，更有同情心和利他主义。这个挑战将督促我们自己永远比机器人更有人性，甚至要从机器人身上学习如何成为更好的人类。

第 10 章

孤 独 经 济

皆是孤独之人

34 分钟，这就是烤好一盘曲奇饼干或者步行 2 英里的时间，然而同样短的时间里，2020 年格拉斯顿伯里音乐节的 13.5 万张门票就销售一空。尽管在这一英国历史最悠久音乐节上有大卫·鲍伊（David Bowie）、酷玩乐队、保罗·麦卡特尼（Paul McCartney）和碧昂丝等明星，但门票的售罄却发生在那一年的豪华阵容公布之前。[1]

这一盛典其实是出了名的毫无浪漫可言——参加者们睡在帐篷里、几乎没法洗澡，并且雨水还经常会让地面泥泞不堪。对于格拉斯顿伯里的"新鲜人"来说，最受欢迎的建议包括：只要见到厕所有空位就不妨赶紧去一趟（否则通常可能要排上几个小时），在洗不了澡的日子里尽可能挥霍带有黄瓜香气的洗手液，掌握好穿脱雨鞋的时机以免让帐篷里满是泥巴。然而，尽管有这么多明显不尽如人意的地方，但音乐节的爱好者们仍认为人们的友善和多样性才是不虚此行之处——正如罗宾·泰勒 - 斯特夫利（Robin Taylor-Stavely）形容的那样"整个营地里弥漫着真正的群体喧嚣"，她就在格拉斯顿伯里的附近长大，从十几岁开始每年都参加音乐节；又如在音乐节上向女友求婚的马特·琼斯（Matt Jones）解释的那样，这是"一个真正心连心的时刻"。[2] 对于格拉斯顿伯里音乐节的铁杆粉丝来说，有一句老生常谈的格言：如果真的是来看哪支乐队的，那么你就有些事情没搞明白；[3] 吸引常客们年年到场的是群体感，而不是音乐。就在音乐节主会场以南的地方，远离喧闹的扩音器和巨大的聚光灯阵列，嬉皮士们与对冲基金经理、学生们与连续创业者欢聚一堂。核裁军运动组织（Campaign for Nuclear Disarmament）在分发带有和平标志的文身贴，占卜客随时乐意为他人解读手相，妇女协会的人也在叫卖柠檬蛋糕和维多利亚女王蛋糕。

2016 年的格拉斯顿伯里被认为是音乐节史上最泥泞的一次，对此有过亲身经历的英国记者尼尔·麦考密克（Neil McCormick）评价道："阿黛尔在星期六的表演结束后，有 15 万人要涌出主会场，可以想象其中人挤人的程度。身在其中，我被人群的平静和满意程度所震惊——人们共同努力穿越不那么牢靠的地形，帮助那些有困难的人，自发地用歌声来表达团结。这才是节日的真正且真实的意义。"[4] 这种合作精神同样体现在格拉斯顿伯里多达 2000 多人的志愿者大军身上，尤其是收拾垃圾的人和清洁工们，他们的工作是最艰苦的。[5] 经常参加节日志愿者活动的利拉说："这要取决于天气，当然也会有一些运气成分，但会展现出一种真正的团结精神。"最值得纪念的时刻之一发生在 2017 年曼彻斯特和伦敦恐怖袭击之后，当时有 15 000 名参与者团聚在格拉斯顿伯里的石头圈，创纪录地组成了世界上最大的和平标志。[6]

还有科切拉音乐节（Coachella），它在电影《返校节》（Homecoming）中成就了经典，这部影片讲述了碧昂丝在 2018 年的传奇表演。科切拉音乐节在加利福尼亚州南部的科罗拉多山谷举办，近年来每年会有超过 20 万人参加，比 20 年前刚创办的时候增长了 5 倍。[7] "科切拉音乐节给我留下最深刻印象的，不是音乐和盛大的演出，而是那美丽而又短暂的群体氛围。"滑雪爱好者、企业家乔伊·吉本斯（Joey Gibbons）说，"毕竟，难道我们不都是正在寻找一个地方？一处我们能感受到归属的地方，一处让我们可以归属的地方，哪怕只有一个周末的时间。"[8] 再加上维也纳的多瑙河岛节（Donauinselfest）、巴西的里约摇滚音乐节（Rock in Rio）或拉巴特的玛瓦奇纳音乐节（Mawazine），2019 年的每一场音乐节都能吸引超过 70 万的参与者——显而易见，人们对共同的现场体验的渴求变得何等强烈！[9]

即便是生活被设计为更多的零接触式，并且科技让我们能够用 YouTube 播主（YouTubers）、抖音网红和 Alexa 排名取代"真实"的关系，甚至当我们被要求在 Twitter 上"加入对话"或在 Snapchat 上"分享这一时刻"以及越来越多的谈话被转移到了线上的时候，在数以千万的音乐节参与者身上，我们看到了另外的一种迹象。人类之中正在兴起一股生机勃勃的反抗运动——认识到虚拟交流并不足以取代真实的人际交流的人们，为了应对日益增长的脱离感和原子化，积极打破自身的数码泡泡，用非数字化的手段、以更加面对面的形式去追求社群。

在过去的十年里，正在复兴的不只有音乐节。在纽约，千禧一代和 K 世代在诸如 CraftJam 一类的初创工坊里欢聚一堂，一起画水彩画、制作刺绣 t 恤、制作带流苏的壁挂——正如在 CraftJam 的网站上所写的，这是"亲自动手来学习技能和结交朋友"的机会。密室逃脱游戏（玩家们需要通力合作、整理线索并解开谜题，才能打开一系列的门）在全球各地的城市中非常受欢迎，以至于如今在"猫途鹰"（TripAdvisor）的网站上都成了专门的一个旅行类别。[10] 萨拉·多德（Sarah Dodd）和她的另一半是一对在全世界成功地完成了超过 1500 处密室逃脱的"超级夫妻"。她解释说，密室游戏的社交属性是吸引人们的关键。她告诉《卫报》（*The Guardian*）说："我还可以顺便出门与朋友们相聚，完事后再去喝个小酒。这并不孤单。"[11]

供二三十岁的年轻人聚在一起玩桌游和《龙与地下城》的场所也再次兴起，尤其是在城市的中心地带。像纽约 Hex & Co. 这样的地方，或者伦敦任意的一家桌游馆都有工作人员，类似于"游戏场的侍应生"，帮助人们选择适合气氛的游戏，并解释相应的规则。这并不需要玩家们非得把智能手机留在家里。文化评论家马卢·罗查（Malu Rocha）在分析这一新现象时写道："围在'叠叠高'（Jenga）旁边的每一个人，都可能会在大厦将倾之际录下游戏最后的紧张时刻"。当然，之后这段视频还是会被发布在社交媒体上。[12]

与此同时，从瑜伽、尊巴到 HIIT 的团体健身课程也越来越受欢迎。2017 年，仅在英国参加此类课程的人数就比之前的一年增加了 376 万人。[13] 近年来，网红动感单车房 SoulCycle 将有氧健身、励志口号和夜总会的氛围融为一体，推动了公司的迅速崛起。像 SoulCycle 这样的精品健身工作室甚至被千禧一代看作一种宗教（也有些人认为是邪教）。[14] 保持身材和维护健康的意愿不可避免地是这一趋势的核心目标，但还有更多的原因。"人们来这里是因为他们想减肥或提升肌肉力量，但他们留下来是因为社群……真正能让他们愿意再回来的是人际关系。"哈佛神学院（Harvard Divinity School）的学者卡斯珀·特·奎尔（Casper ter Kuile）对此做出了分析，他的研究项目"我们如何相聚"一直在追踪千禧一代的仪式性行为。[15]

诸如 SoulCycle 或 CrossFit 这样的商业化产品，并非只是取代了宗教机构在过去所扮演的角色，在一定意义上，它们就是宗教团体，因为它们有自己的崇拜仪式、自己的圣堂和自己的宗教符号。[16] 在这里交流的行为产生了生理和心理上的好处。有研究发现，当人们在一起锻炼时，他们的身体会释放出更多的内啡肽，在锻炼之后他们也会比独自锻炼时更能感到平静。[17]

　　在韩国，商家注意到了孤独老年人口之中的商机。在过去的几年里，领着养老金的退休老人会聚集在名为"可乐迪斯科"（可乐"cola"＋夜总会"discothèque"）的日间迪斯科舞厅，其中有些舞厅平日里一天能接待的顾客多达 1000 人，而周末的人数是平日的两倍。入场门票很便宜，只需 1000 韩元（约合 0.64 英镑），这跟首尔针对年轻人的俱乐部的价码相比简直不值一提。韩国老年人的贫困率是世界上同年龄段人群中最高的，对他们来说，可乐迪斯科就像是救命的稻草。"我整天还能干点什么呢？我的家人忙于工作。我讨厌去养老中心，因为那里每个人都在抽烟。"85 岁的金长玉解释道。对许多人来说，每周跳上几个小时的舞就能缓解他们对于失败的生意和婚姻或日复一日孤独的焦虑。同样，85 岁的金仁吉在 20 世纪 90 年代末的亚洲金融危机中损失了大部分的积蓄，他说："只要有音乐和一个舞伴，你就可以把其他所有的想法都抛到脑后。"对于那些太害羞而找不到舞伴的人，还有全职的牵线人员帮他们介绍。金仁吉还说："那些助工有时会带我到一个不认识的女人面前，还把我们的手牵到一起，让我们去跳舞。这只需要我们在休息喝水时给他们买一瓶'威尔'（Will，一种本地产的益生菌酸奶）。"[18]

　　在如今这样一个时代——去教堂的人数直线下降，在工作中变得越来越孤独，青年俱乐部紧锁大门，社区中心也在接二连三地关闭，越来越多的都市人独自生活。商业化的社群活动逐渐成为 21 世纪的新式大教堂，"信众们"聚集在那里，他们并没有跪下来祈祷，而是在一起运动、作画或跳摇摆舞。这可以被看作对于"零接触"生活和数字隐私泡泡的一种应激反应，一种对抗力量，即积极寻求并赞赏共享的亲身经历。

　　在这样一个世界里，人际关系变得更加淡泊，而人们对归属感的渴求却长存不衰，所以商人们便开始插足来弥补这一处空虚。孤独经济（Loneliness Economy）开始兴旺起来，不仅在于技术上的创新，而且企业家们甚至开发了更多的模式创新来满足人们长期的需要，即 20 世纪初社会学家埃米尔·涂尔干所称的"集体欢腾"（collective effervescence）——我们在亲身与他人共事中获得的愉悦沉醉感。[19]

也许新冠疫情只是让这一趋势暂时放缓。如果有可能，对于遭受感染的恐惧只要一消除，很多人将会更加强烈地渴望面对面的人际往来。尽管我们对与人接触的恐惧可能还会持续一段时间，我们的零接触经历也越来越丰富，但在历史上，距离 1918 年西班牙流感的暴发还没过去几年，爵士乐俱乐部就挤满了享受音乐、相互陪伴的人们，到了 20 世纪 20 年代中期，德国魏玛共和国的堕落酒吧和夜总会每天更是顾客盈门。事实上，在 2020 年 5 月香港的健身房重新开放时，想进去的人们就排起了长队。在特拉维夫，经营瑜伽工作室的人发现，在隔离结束时，尽管他们还在通过 Zoom 提供网上课程，想要有人一起练习下犬式的客户就让他们应接不暇，以至于他们不得不制定了预约的等候名单。

"孤独经济"显然在 2020 年遭受了重创，至少是对于需要面对面才能开展业务的那些行业，但如果就此假定线下活动及交往的商机已经受到了疫情流行的致命打击，那就错了。在最基本的进化层次上，我们对身体上接近和相伴的原始需求可能过于强烈。此外，鉴于面对面互动的重要性，在我们努力重建后疫情时代的世界时，我们需要确保我们在身体上重新建立联系，并认识到为了帮助我们实现这一目标，商业头脑能在其中发挥重要的作用。

企业能够用这种方式提供归属感，这其实不应该让人感到意外。毕竟，在过去的几个世纪里，我们都见识过当地企业在反哺社区方面担任了关键的角色。想一想维多利亚时代的英国街角商店，它们以赊账的形式出售给本地人的货品，成了许多人在发薪日到来之前的生活依仗。[20] 或者，自 19 世纪初以来，理发店成为许多美国黑人的避难所——那里不再仅仅是理发的地方，也是人们聚在一起下棋和玩多米诺骨牌的社区空间，同时还能够讨论政治和地方事务。[21] 一些当地企业甚至在社会学家雷·奥尔登堡（Ray Oldenburg）1989 年的著作《伟大的好地方》（*The Great Good Place*）中被称为"第三空间"（third places）：既非居住的地方，也不是工作场所，而是充斥着交谈声的聚集空间，供人们定期会面，以及不同社会和经济背景的人能够在此互相交流、建立情谊、交换想法和分享观点。正如奥尔登堡所写的，这些是让"我们都感觉像在家里一样舒适"的地方。[22] 它们在维持我们的社会结构方面发挥着关键作用，因为在这些地方，我们可以按照最包容的形式践行社群和民主。在这些场所里，就像在读书俱乐部一样，人们可能会带来截然不同的世界观和生活经历，但为了让这里能长久地蓬勃发展，这些观点和经历必须要接受调和、校准、理解和讨论。因为这类场所对每一个人都很重要，所以大家也愿意配合。这类场所关系到每位参与者的切身利益，大家不再是单纯的过客，因此他们愿意参与、倾听和思考整体的利益，而不只是单纯考虑他们自己。

然而，我们所面临的问题是，在 21 世纪许多为社会架构和社区建设做出过贡献的本地独立商店正在面对生存的危机。

最后一角的派

在美国旧金山市教会区中心位置 25 街和米慎街的拐角处有一家咖啡馆，我只要在城里就会经常光顾。咖啡馆的名字是"米慎派"（Mission Pie）。

尽管洛杉矶从不缺少咖啡馆，但米慎派还是吸引了我。最初让我注意到它存在的是，门外那卡通式样的霓虹灯大招牌上带着的派烤盘和叉子的图案，还有落地窗内沐浴在暖光之中的漆黄色餐厅。从餐厅外望去，里面食客们正在吞咽的派看起来也相当不错。但是一进大门最引人注目的就是，人们会在破旧的木地板上随手拖来一把椅子，找个人当面坐下并交谈起来——这也正是我会反复光顾这家店的原因。有在晨间喝咖啡习惯的常客，正在与看上去已经在这里工作了一段时间的咖啡师攀谈，还有每周三围坐在公用大桌边上的编织团。在这个地方不仅每年都会举办烘焙大赛——邀请旧金山湾区的家庭大厨们带来珍藏的烘焙配方，供100 人左右的咖啡馆顾客和糕点美食家们品鉴，甚至还会提供古董打字机，通过邀顾客们坐下来亲手敲打出诗篇或起草声明的方式，来欢庆"全美打字机日"（National Typewriter Day）。[23] 从很多方面，它都恰到好处地体现了奥尔登堡的"第三空间"理念。在每个咖啡杯上以及每份菜单上都印有那句简单、舒心的口号"每日、每餐、美食"（Good Food. Every Meal. Everyday）。如此日复一日地营业了 12 年，直到 2019 年9 月 1 日，米慎派咖啡馆售出了最后一角的派，然后就从此关张了。

要想弄明白米慎派咖啡馆的消亡原因，我们需要了解，它是怎样去迎合这座它最终努力服务的城市中发生的更大趋势。

卡伦·海斯勒（Karen Heisler）与合伙人克里斯汀·鲁宾（Krystin Rubin）在 2007 年创办了米慎派咖啡馆，他们相信一家价值驱动的小企业能够为社区和环境的健康贡献力量。[24] 他们直接从加利福尼亚州的农场采购原料，依照季节变换水果的品类，以确保他们使用的桃子、草莓和苹果都是最新鲜和美味的，并在咖啡馆存续的整整 12 年里始终与一些固定的生产商合作。他们为本地社区的年轻人提供工作培训和实习岗位。他们为员工支付的薪水远远高于当地的最低工资标准，额外还提供了福利。[25] 如果说科技经济是建立在臭名昭著的"快速行动，打破常规"(move fast and break things) 的口号之上，那么米慎派咖啡馆则生长于"不慌不忙，创造事物"（move slow and build things）的理念中。

在这个过程中，他们几乎把这里打造成了一个社区。对于像金伯莉·西科拉（Kimberly Sikora）这样曾经的常客，咖啡馆就像她的第二个家。西科拉今年 34 岁，是一名艺术家和教师，2009 年她从布鲁克林搬来这里。米慎派咖啡馆是她到旧金山后最早待过的地方之一，她有两个朋友就住在咖啡馆楼上的公寓里。

对于金伯莉来说，最初吸引她的也是那大大的窗子和沐浴在阳光之中的餐厅。香蕉奶油派把她变成了咖啡馆的顾客，但那种家的感觉让她成为常客。"这里成了我的会客厅。"她说道。这里既是她与老朋友叙旧的场所，也是结交新朋友的地方。随着金伯莉在这座城市的人脉圈子不断扩大，她甚至每周在咖啡馆举办一次手工艺品之夜——在公共桌上，将一卷卷的面纱和绣花线摆放在一盘盘的派旁边进行摄影。居住在这座城市的最后几年里，她有一份压力巨大的工作。她每天早上都会来这里品着咖啡，记下当日的愿景并抽取一张塔罗牌。在这个地方，即便是独自一人，她也能感觉到支持。金伯莉说："我认为米慎派咖啡馆总能给我留下一些机会，让我即便想要一个人静静时，也有人陪伴在身边并感受到归属。"

然而在米慎派咖啡馆的门外，旧金山却正在朝着另一个方向转变。科技经济已经从最初的发祥地硅谷扩张出来，并在这座城市之中发展壮大，随之而来的是大量高薪科技工作者的涌入。这同时推高了房租和房价，让旧金山变成了美国生活成本最高的城市之一。[26] 米慎派咖啡馆所在教会区的本地居民和实体商业主所感受到的经济压力尤为严重，尽管当地拉美裔居民的人数明显占优并且低收入群体的占比也较高，但这里距离众多大公司盘踞的 Mid-Market 地区只有 3 公里，像 Twitter、优步和 Zendesk 这些公司都是在 2010 年之后的几年里被税收优惠吸引来的。[27] 随着城市人口结构的变化，人们与当地实体企业的互动方式也发生了变化，尤其是本地的咖啡馆和餐厅。

在很大程度上，这要归咎于科技公司的自身行为。它们并没有给当地带来太多的商机——这本来是为了让它们迁移过来而给予税收优惠的部分目的，大多数公司却恰恰相反，它们更愿意把员工们圈养在办公室之中，提供大量的福利留住他们，特别是在吃饭的时候。还记得大型科技公司自助餐厅里丰盛的新鲜捕捉的岩鱼和卡宴辣椒姜汁饮料吗？与市政官员之前所期望的状况相反，涌入的人流并没有转化成当地餐馆的利润！ [28]

与此同时，外卖智能应用的时代已经到来了。尽管表面上这是当地餐馆为新客群提供服务的机会，但这是有代价的。这些应用程序针对每笔订单向餐馆的经营者抽取高达 30% 的佣金，这让他们陷入一个两难的境地——减少收入，还是提高价格？ [29]

此外，被这些应用程序侵蚀的不单单是盈利。正如我们所见，让人把一角派在 20 分钟之内送到家门口，要比走到当地的咖啡馆，再从友好健谈的咖啡师手上购买方便得多——这实质上就是在鼓励零接触式的生活。所以，当有些餐馆还在权衡加入外卖大军的利弊之时，出门用餐的人早就减少了很多。

米慎派咖啡馆发现自己此时正处于多方压力的交汇之处。当地生活成本的上升让它无法给员工开出不错的薪资；利用外卖应用售餐，意味着要靠涨价来抵消佣金，但这背叛了自身赖以生存的包容性价值观； [30] 通过杂货店销售它们的派更是行不通，因为这让它们不得不对原料的新鲜程度做出相当的妥协。

所以，卡伦·海斯勒和克里斯汀·鲁宾只能决定等举办完最后一次的年度派烘焙大赛之后，关掉他们的米慎派咖啡馆。

"每一天，我们都为你们对米慎派的热爱以及你们坚持光顾的行为，感到钦佩和深深的感动——早间的咖啡、每周的聚会、每周三的编织团、每周五早上的香蕉奶油派之约、每天下午的例汤。还有很多，让人禁不住想要一一列举出来。"2019 年 6 月他们在咖啡馆的 Facebook 页面写道，"我们见证了你们之中的很多人经历的重大转变和成功、深刻的成长、重大的损失和全新的开始。我们为你们制作过婚礼派、我们目睹了你们的子女长大成人。我们还共同度过了那些更平常的日子。这一切都很重要！"[31]

在米慎派最后的日子里，忠实顾客们排起的长队延伸绕过了街角，大家都希望还能最后吃到一次它家的派。曾经的常客们即使身在远方，也感受到了痛失所爱的哀伤。2016 年，金伯莉·西科拉为了追求更实惠的房租和更平静的生活节奏，搬到了莫哈韦沙漠，但她发现没有一个地方能替代米慎派咖啡馆，让她产生类似的归属感。即便如此，她认为咖啡馆老板的决定是正确的。"如果我发现他们装了 Wi-Fi，或者提高了价格，或者开始以更低的工资雇用员工，我会认为所有这些事情都会比他们关门更让人感到恼火。"她说，"因为这意味着人情淡漠和追求利润的那一方胜利了……而咖啡馆总在努力去创造出更有价值的东西。"

问题在于"更有价值的东西"并不是总能让人得以维持生计。因为，就像米慎派咖啡馆的消亡能让我们清楚地看到，现实是，对利润的追求和包容性的社区精神并不总能携手并进。鉴于眼前充满挑战的经济状况，当前的环境尤为如此。

因此，除了确保实体商店所缴纳的营业税水平可以有助于它们挽回相对网上零售商的劣势，我们所有人还将能从创造新型的业态中获益，即打造能有助于社区建设的企业，只要它们在一些指标上被证实能够传递包容性并有助于增强社会的凝聚性，就有资格获得税收减免、激励和补助。当地的书店在过去就一直在扮演着主要社区中心的角色，它们就是该从这种支持中受益的企业。就比如诺福克郡怀蒙德汉姆的克特书店（Kett's Books）在 2019 年发起了"同一个社区共读一本书"

（One Community One Book）的项目，这本质上是由一个涵盖整个城市的读书会所组织的一系列会议和活动。虽然克特书店并不会免费赠送书籍，但它们确实提供了八折优惠，并拿出一些书捐赠给当地的图书馆，还每周在那里举行一次朗读会，让那些也许无法靠自己阅读的人也能获取这些书的内容。第一本被选中的书是弗朗西斯·利亚德特（Frances Liardet）的《我们必须勇敢》（We Must Be Brave）。它呼应了这个项目的自身情况，讲述了一个英国小村庄在第二次世界大战期间不得不团结起来的故事。[32] 作为活动的一部分，利亚德特还来到怀蒙德汉姆举办了好几场朗读会，其中一次就在当地的养老院，那里的老人们还讲述了他们自己对战争的回忆和亲身经历。[33]

同样，澳大利亚墨尔本的连锁"瑞丁思书店"（Readings Bookstore）在大多数时候都会营业到晚上 11 点，它们允许人们在店内浏览书籍、交谈、喝咖啡或参加本地诗人的免费朗读会。开普敦的克拉克书店（Clarke's）有着非常舒服的休息室，那里不但是"书籍的家园"，还是"思想的避难所"，因为那里曾经在南非漫长的种族隔离时期充当一处秘密的集会场所。[34] 尽管有些人还在哀叹当代书店为了提高收入并与在线零售商竞争而不得不售卖一些非图书产品（礼品、咖啡、蛋糕和表演）的现状，但书籍本身一直支撑着社区书店的核心承诺：通过思想、故事、经历、共同的历史、深奥但生机勃发的真理，让人们走到一起。

如果我们想要自己当地的社区蓬勃发展，就需要像米慎派这样的咖啡馆以及克特这样的书店能生存下去。如果我们幸运地在所生活的地方有这样的存在，那么除了感到庆幸之外，更重要的是自身还要尽力更多地光顾它们。

事实上，说到我住的地方，那里有很多个体商店正在为了社区的包容感和紧密结合而付出努力。眼镜店老板亚当把当地艺术家珍的画挂在了店铺的墙上。书店会和当地的社区中心合作，定期邀请作家们举办读书会。瑜伽馆配备了公共桌椅，备有水壶和杂志供人们来消遣——即使他们不是来上课的，还为退休和失业的人提供学费折扣。即使我忘记带钱包，蔬菜水果店的菲尔也会对我赊账买苹果的请求露出欢迎的笑容。当地的咖啡馆会为狗狗们提供水碗，这样顾客就可以带他们的宠物进来，喝杯咖啡，小憩一下。最终，彼此陌生的人都会聚到一起聊天，因为他们的狗也有一种不可抗拒的犬类本能，想要接近周围的其他狗。这并非天方夜谭，有研究发现，带狗的人真的更有意愿与陌生人进行交谈。[35]

我们一次又一次地看到，独立的本地商业企业在培育和稳定其所在的社区上发挥着重要作用。在隔离期间，令人鼓舞的是，看到这么多的当地企业加大了对社区的贡献，即便是他们自己都没办法开业，而且也同样要担心自己的倒闭。在我住的街区，餐馆老板莫维兹·理查兹（Morfudd Richards）免费为当地的长者之家准备了数百份午餐，肉铺成为给弱势家庭捐赠物品的放置场所，而有人资助的社区课程也被瑜伽工作室放到了网上。

这就是为什么我们不允许这样的企业被无情扩张的电子商务碾压，这也是为什么当地的商业街必须由公民们和政府大力地扶持——这样做很关键，只有这样，在数字经济时代和新冠疫情暴发后经济衰退的双重打击下，它们才能够得以生存。

如果我们想要感受到融入社区的感觉，而不只是生活在孤立的泡泡之中，我们必须感激当地企业家为了将我们凝聚到一起所发挥的作用。

被商品化的社区

然而，商业界所打造的社区不应只是一种营销的策略。虽然大公司开始意识到社区对于品牌主张具备的价值，但它们提供产品的真诚性有时候该受到高度的质疑。

比如，苹果公司在 2017 年就将旗下的商店更名为"城市广场"（Town Squares）。[36] 表面上听起来很不错，但这似乎也意味着实践中应该将其商品走廊改称为"大道"，将其展示空间改称为"论坛"，将其技术服务台改称为"小树林"。正如《金融时报》的安德鲁·希尔（Andrew Hill）所指出，这种"语义的借代"（lexical takeover）并没有将这些词汇所指代的实际城市空间真正纳入其中，反而衬托出一种令人担忧的趋势，即背离了这些类型空间正确的公共用途。他写道："人们使用大多数苹果产品的方式（把头低下，塞上耳机）与人们在城市广场上抬起头来、环顾四周、留心倾听的精神风貌是相左的。"[37]

同样是在那一年，批评人士抨击了在如今早已声名狼藉的一则电视广告。在这则广告中，肯德尔·詹纳（Kendall Jenner）一身牛仔装，用一罐百事可乐化解了警察和抗议者之间的紧张对立关系。[38] 美国民权运动领袖马丁·路德·金的女儿伯尼斯·金在 Twitter 上讽刺地说："要是我爸爸早先能了解到百事可乐的威力就好了。"百事可乐最初还坚称，这则广告的本意是强调"来自各行各业的人们汇聚到一起的和谐精神"，但从被断章取义的语言甚至广告中社区参与抗议时表现出的审美观上，显示出百事公司自身实际上既不了解那些社区所努力争取的事项，也根本就不在乎。[39] 它仅仅想卖更多的百事可乐。

在商业巨头们选择性地使用社区语言为自身利益服务的众多例证中，这只是其中的两个。如果大企业真的想发挥价值把我们团结到一起，它就需要超越这一类的华丽辞藻和偏颇言论。

有趣的是，在过去的几年里一种独特的新商业模式出现了，这种模式既不寻求培育现有的社区，也不想借助共同的热爱将人们联合起来打造一个新的社区。相反，这种新兴的模式将社群本身视为一种商品——一种它想要进行商业化的商品，一种它可以包装和出售的产品。

　　我在这里指的是共享办公空间（co-working spaces）的商业性兴起，这些耳熟能详的公司名字包括 CommonGrounds, Work. Life, Convene, Second Home，当然还有 WeWork，后者鼎盛时在 86 个城市拥有超过 280 个办公地点，以及超过 400 万平方米的房产。[40] 除了值得在 Instagram 上发照分享的场地、乒乓球台、随意饮用的扎啤和微焙的咖啡外，这些企业还利用对"社群"的承诺武装自己。的确，在 WeWork 失败的 IPO 招股说明书中（上市的惨败并不在于它核心的资产，而是因为招股说明书中披露出的肆意挥霍、反复无常的决策和重大的管理不善）"社群"一词出现了共计 150 次。[41]

　　再想想在过去几年之中，我们所目睹的商业性共享居住空间（co-living spaces）的快速增长。据估计，未来几年内，美国共享居住单元的数量将增长两倍。[42] 在亚洲，千禧一代之中只有 11% 拥有自己的住房，投资者也因为看到了共享居住之中蕴含的巨大商机而纷纷涌入。[43] 即使在 2020 年的春季，近距离接触被认为是有害的，但对这一行业的投资兴趣仍然非常浓厚。比如在旧金山、奥克兰和洛杉矶周边拥有 12 处设施的共享居住运营商 Starcity，在 2020 年 4 月底就拿到了 3000 万美元的 B 轮融资。

　　这一类新型公寓建筑有着相似的统一名称，如"共有""社群""集体"和"你们 +"等，其关注点并不在于它们所出租的私人住所——面积最小的只有 8 平方米，而仍旧是它们宣称能提供的社群精神。[44] 全球最大的共享公寓 Collective 的广告词则是"更多地在一起"；而 Common 鼓吹自己是"为社群而打造"，并且"欢迎你们随时到访"；同时，在共享居住运营商 Ollie 提供的"全包"套餐中，"社群"赫然就是其中的一项服务。[45]

为了让这些骨架更为丰满，这一类的设施还附带有一系列的公共空间——酒吧、屋顶花园、公用厨房、电影院等，另外还有瑜伽班和法语课程等精心策划的活动。Norn 公司最初是一家会员制的俱乐部，旨在训练人们学习已经消失的"对话艺术"。该公司在 2018 年组建了一个共享居住的部门，甚至为住户们安排定期的讨论小组，并借由这是"有意义的聚会"而发去账单。[46]

一方面这为我们展现了一个让人兴奋的前景——企业正在大规模地交付归属感。因为若是这种共享办公或共享居住的空间能够带来集体感和归属感，那么对于解决当今孤独危机的部分因素，它们至少确实有可能发挥重要作用——当然，这还要等到我们不再害怕身边有人。回想起之前提过的远程工作者约翰，对他来说，工作"简直就是极度的孤独"；还有米兰的小商人乔治，他非常怀念正餐时有人交谈的时光，发现自己越来越频繁地参加联盟党举办的聚餐和歌咏会；还有平面设计师弗兰克，尽管他已经在自己的公寓大楼里住了好多年，却没有一个邻居可以跟他一起去喝杯咖啡。对此确实存在很多强烈且不断增多的需求，尤其是在当今的环境中，越来越多的人在独自生活、越来越多的人在远程工作或加入了零工经济。

"滥用共享"是一种新的"标榜绿色"吗[○]

问题在于，一个人为制造的社群能传递"真正的"团体感吗？正如在

○ WeWashing 是当代的流行语，用来讽刺那些事事标榜共享与互联网精神的人，greenwashing 也是一种流行语，早于互联网时代，用来讽刺那些动辄拿绿色环保来标榜自己、做营销的企业与个人。——译者注

有毒农药的罐体上印着"生态友好"的字眼，被当作卖点的"社群"一词其实毫无意义。

到目前为止，我们能看到的情况好坏参半。对一些人来说，这些地方似乎确实能让生活不那么孤独。"我认为 WeWork 和共享办公空间是在我的社交生活中出现的最好的事情。"一名做网页开发的自由职业人士如是说。他写道，当他在家工作时，他的情绪很低落，甚至发现自己感到疲惫，也更容易反复生病——基于之前我们对身体健康和孤独的关系的了解，这并不出乎意料。但到了 WeWork 之后，他说自己"从一个相当内向的人变成了一个非常外向的人，而且情感力也在不断成长"。其他人也有类似的经历。丹尼尔是一名软件工程师，被外派到巴黎并在一处 WeWork 工作了一年半的时间。他认为自己的共享办公经历激发了一系列无关工作的真实友谊。他说："当你没在城里认识很多人的时候，这是一个结识人的好方法，哪怕你所从事的工作跟他们丝毫不沾边。"[47]

BBC 的记者温妮·阿邦拉霍（Winnie Agbonlahor）在伦敦的两处共享居所一共住了 6 天的时间，其间她遇到了多位快乐的住客。[48] 其中有一位是 58 岁的露西拉，她分享说，她在 Collective 持有的皇家橡树（Royal Oak）共享居住空间的 3 个月之中所交到的朋友，比过去在巴黎独居三年交到的都多；而 33 岁的 IT 专家马蒂则因住进了 Collective 而发生了改变。[49] 多年以来，他一直遭受着一种罕见肾病的折磨，迫使他进行了多次器官移植手术。就如他亲口所说，这让他感到"像个死人在行走"，被剥夺了精力、活动能力和社交信心。"在某种程度上，住在这里让我又重新活了过来。"他对阿邦拉霍说，"周围会有人来问我过得怎么样，这就是不一样的地方。"

另一名住客杰弗里也告诉正在研究 Collective 的彼得·蒂姆科（Peter Timko），曾有一位做房地产开发商的朋友去那里拜访他，那人起初还对花费大量资金在这样的设施中配备公共空间心怀疑虑。但是目睹居民们在休息大厅中的互动点滴，让他的想法发生了变化。"他一瞬间就明白了，"杰弗里回忆道，"因为在他的物业之中，没有人会跟其他人打招呼。他们甚至彼此从不对视。但在这个地方，人们很开心地交流，还会高兴地打招呼，'你好''嘿，感觉怎么样？''最近如何？我可以帮你吗？''用我来帮忙扶着门吗？'"[50]

　　像邻里之间相互正视或帮忙开门这样的小事能获得如此之高的评价，绝对就是对城市生活之隔绝的强烈控诉。但正如我们通过这本书所看到的那样，即便这样的短暂交流（我们心知肚明，这些明显能够帮助我们感到不那么孤独）也正在变得越来越少，这其中的原因正是城市越来越快的生活节奏、我们越来越紧密的日程安排和人类越来越严重的数码成瘾。如果被商品化的社群至少能保留这些微小的互动，那它们就绝对有存在的意义。但仅仅有这些地方就足够了吗？

我而非我们

　　还有一些尝试过这种新一代的商品化社群的人，无论是共享居住空间还是共享办公空间，并不同意前面的观点。也许他们希望的是一些更深层次的、更配得上"社群"烙印的事物。

　　安布尔是一位零工经济的从业者，她做着虚拟个人助理和社交媒体管理两份兼职，对我讲述了她在巴塞罗那 WeWork 办公室之中典型一天的孤独感受："我走入 WeWork 的办公场地，还有 6 个人散布在这一层楼之中，彼此之间能隔多远就隔多远，并且全都戴着耳机。当然也包括我。我独自坐在一张远离过道的舒服沙发上，只有在那里我才可以安静地开始工作，而不用担心会有陌生人盯着我的笔记本屏幕。我跟他人唯一的一次交谈，还是在我想弄明白怎么启动那个咖啡机的时候，而那些人正好在旁边。"

安布尔的经历让我回想起，在访问位于特拉维夫的 WeWork 旗舰店时看到人们排队领取免费马拉比蛋糕（malabi，一种中东地区常见的玫瑰糖浆牛奶布丁）的场景。这本来是该处设施提供的"社群"活动之一，但队伍中没有一个人与其他人交谈，所有人都在低头玩着手机，并且所有人都是一拿到马拉比蛋糕，就转身走回工位。在我眼中，这种氛围更像是"我在工作"，而不是"我们一起在工作"。

再回到 Collective，尽管马蒂、露西拉和杰弗里都给出了正面的意见，但其他人向阿邦拉霍袒露了自己的疑惑。有一位住户告诉她，在 Collective 的营销材料中鼓吹的"社群"简直就是虚假广告——不只是言过其实，在他们看来甚至是完全不着边际。一些人坦言了对社群活动缺少人参与的失望之情，在所有的活动中，似乎总是只有那么一小群住客能够乐此不疲。[51]

在蒂姆科的采访之中，也出现了类似的不满。有一位住客表示，社群活动的参与比例低到了不足 10%。[52] 正如另一位"共享居住者"玛吉分析道："有很多人就像是生活在阴影之中，他们从不参与任何事情。"甚至在 Collective 为了鼓励住客们进行交际而提供免费三文鱼和百吉饼的早午餐会上，情况也是如此。一名对此心怀不满的住客对蒂姆科表示了自己的难以置信："你真的会看到有人下楼来，把三文鱼和鸡蛋装到盘子里，然后上楼回到他们的房间里去吃。（然而）活动的目的是下楼来……交流并联络感情，而不是把盘子装满，然后回到自己房间里独自进餐。"[53]

我们早就知道，在家独自吃外卖就不能出去与其他人一起分享食物。同样，在公共的早午餐会上拿起百吉饼打包带走，也让我们无法与他人一起进餐。

归属感是无法买到的，我们必须亲身实践

事实上，社群活动的参与不足也是其他共享办公空间和共享居住空间所关注的一个关键问题，不仅是办公室的会员和居所的住户们关心这个问题，这些空间的运营者自己也关心这个问题。[54] 四家排名靠前的商业共享居住项目运营者在柏林齐聚一堂，全体将"缺少成员参与"归纳为他们所面对的主要挑战之一。[55] 当然，为了能有相当多的成员参与，首先必须有足够数量的成员具备出来交流的意愿。许多商业社区的问题在于，连这一点都无法得到保证。

因为如果我们能想到有什么人真的想加入这一类新颖光鲜的商业化社区，那么他们大概率不会有时间参与这类社群的建设，或有与之相匹配的生活方式。不同于共享居住和共享办公空间的祖先——那些自下而上的共居运动，比如在 20 世纪 70 年代由嬉皮士或以色列的基布兹（kibbutzim，即集体农场）等群体所发起的运动，共居的人们都是以团结互助、守望相助和患难与共为生活准则——如今的大多数共享居住和共享办公空间所积极针对的客群是极度自我的千禧一代专业人士，其中很多人在回到家中时已经被长时间的工作、遥远的通勤和开放式的办公室所榨干，他们已经精疲力竭到无力去交际。他们就是早已习惯于自己的数码泡泡的城市人，或者被灌输了一个理念，即与他人互动并非城市居民该做的事情——对他们来说，社群作为一个概念也许比作为一种生活方式，更具吸引力。

然而，我们能改掉这种彼此脱离的习惯吗？能养成新的社群习惯吗？我相信对于这两个问题的答案都是肯定的，但前提是要有真实的努力和意愿。

运营商自身也正在付出努力。在 Collective，即将举办的活动的海报密

密麻麻，让公共布告栏不堪重负——例如一个制作水晶吊坠的讲习班或一个关于心理健康意识的讲座等。[56] 即使在疫情隔离期间，他们也没有中断供应，只不过现在改成了线上。在 2020 年 5 月的时候，还有很多为期一周的 Zoom 课程，包括"与埃洛伊丝一起练流瑜伽"，还有"一同作画"——每次有一个志愿者充当模特，对着摄像头摆好姿势做直播，而其他人看着自己的屏幕作画。

一位 WeWork 的高管曾经自豪地详述他们极为重视最大化地促进互动交流，甚至细微到了楼梯和走廊的布局都被特意设计得窄到无法两人并排通行（新冠疫情期间这样做并不好），"以至于人们在面对面相遇时不得不暂时放下贴在脸上的手机（并做出类似于侧身的姿态）让对方先过。我们就是故意这样的。我们设计的走廊和楼梯通道就是这么大的空间，人们即便只是去做一些普通的事情，比如去接水，面对面的双方也需要真正地看向彼此，可能要注视着对方的眼睛，并打个招呼"。

问题在于，社群并不是人们可以花钱买到的东西，管理人员也无法把社群强加给租客——同样这也是这些公司所需要攻克的难题。相反，如果想要社区繁荣，人们必须投入时间并积极参与其中。所以，不管一个共享居住或共享办公空间策划了多少场的活动，不管他们能提供多少免费的食物或酒水，也不管走廊有多么狭窄，除非在那里生活和工作的人能用真正有意义的方式相互交流，否则一个社群永远不会成形。社群是建立在人们一起做事的基础上的，而不是简单地待在一起或在他们互相经过时打个照面。这就是"在一起"和"孤独地在一起"的区别，是积极状态和消极状态的分别。

对于这两种状态谁能胜出，社群不同的"领导风格"导致了明显的差别。那些共享居住单元的居民如果能有自己的代言人、规划自己的郊游和活动、掌管自己的社区集会，管理方只是帮助他们实现自己对一项新的集体活动的想法，那么这一类的社群似乎更能表现得超出那些纯粹被自上而下强制推行活动的社群。"维恩城"（Venn City）是一家以色列共享居住空间的运营商，它的物业分布在柏林、特拉维夫和布鲁克林，其会员自我评估的孤独感在搬到维恩城安家之后平均下降了超过 1/3。富有魅力的维恩城联合创始人切·阿夫尼（Chen Avni）将这项成功部分地归功于对"自决原则"的认同。阿夫尼解释道："其他运营商对于居民的参与秉承'如果我们打造活动，他们就会来参加'的想法，所采用的方式是提供了红酒、奶酪之夜和周二的玉米饼日，而我们在这个过程中认识到的并不是只要我们提供活动他们就会来参加，而是他们打造活动他们就会留下参加。"[57]

同样地，维恩城并没有只是想方设法打造一个又一个"减轻孤独感"的社群活动，而如今还会询问其成员"你们想要创建什么样的活动"，并将旗下的社区管理人员定位为一个推动者的角色，而不是活动的发起人。并不需要每一个成员都成为发起者——我们大多数人从个人自身的经验中得知，我们并不希望在一个厨房里有过多的大厨。当共创的氛围和成员的赋权成为一种文化，就能让居住的体验从酒店变得更有近乎家的味道。这成就了与每一个人利益相关的一个社区，而不再是用来买卖的商品。

事实上，阿夫尼告诉我，他们打造社群的"最大加速器"之一是每月的"开怀晚宴"（dig-in dinner），实质上就是百家菜，因为每一份食物都是由成员自己准备的（维恩城仅提供饮料和甜点）。阿夫尼继续描述，在成员们准备饭菜的过程中，老街坊们是如何欢迎新来者，彼此之间还会叙叙家常，以及如何通过讲解他们所选来分享的菜肴，让成员们畅谈自己的家乡或故国，让食物勾起的回忆引发了对于他们是谁、他们从哪里来等问题更深入的交谈，进而为形成更有意义的纽带创造出前提。"开怀晚宴"是维恩城参加人数最多的活动。

也许，如果 Collective 不去提供免费的三文鱼和百吉饼，而是鼓励成员们主动在一起做饭，他们的归属感会不会更强一些呢？

部分原因还在于，相当一部分公司是如何定义"社群"的。以 NomadWorks 为例，作为号称"以社区为中心"的 WeWork 的竞争对手，它明确地将"圈层活动"列为其会员的便利之一。[58] 而我曾问过 WeWork 的一位高管，他们是如何知道自己正在提供的就是"社群"？其确凿的"证据"就是成员彼此之间完成了多少笔成功的"交易"。具体而言，他告诉我，他们衡量社群强大与否的指标是，有多少 WeWork 成员至少一次从另一个成员那里购买过东西。

在那些地方租用的人们已经注意到了这一明确的新自由主义框架下的内在矛盾。詹姆斯曾在 WeWork 位于伦敦伦摩尔门的大楼里工作过，那是一座玻璃幕墙的巨型建筑，在其卫生间的墙壁上喷涂着"拼命努力"的口号。詹姆斯是这样描述自己在那里的经历："这里的人开始都超级友好，但这只是因为所有人都想向其他的每一个人推销一些东西。神奇的是，当我明确表示我不想买任何东西之后，我很快就变成了一个不受欢迎的人。这么说吧，再也没人邀我去打乒乓球了。"

具备交易的属性本身当然不是一件坏事。事实上，在 2014 年的一项研究中，确实有超过一半的共享办公用户表示，他们在自己的工作场所中找到了新的客户和新的合作伙伴——这至少表明，成为共享办公的用户具备一个明确的商业目的。[59] 此外，友谊可以在业务往来中形成，也可以在圈层交际中建立。只不过，撒出一大把名片的目的并不是为了建成一个社群。如果把社群降格为仅仅把彼此视为潜在的利用对象的一群人，那么我们就贬低了社群的理念。社群的意义还在于彼此关心和互相帮助，而不只是独自一人去埋头苦干。

尽管商业共享空间通常要强调自己像社群一样方便，但对于这些运营设施的便利性也有一些问题需要澄清。在一些共享居住的空间里，从洗衣服到打扫公共厨房，再到倾倒公共垃圾箱，所有的事情都有人为我们代劳。是的！这意味着，少了很多家务事需要操劳，但也少了很多维持公共空间的共同责任，更少了很多为别人而不是为自己的工作。对共居社区兴旺的成因探究（共居，而不是共享居住，代表着更长期的合作状态，通常情况下需要由居民自己发展空间和活动）表明，社会联系发展的关键是居民承担集体活动和场地维护的责任，包括每周的轮值、倾倒垃圾桶、洗衣服、为社区花园除草以及共同照护儿童。[60]

我们似乎已经触及了许多共享居住和共享办公空间的核心悖论：他们要出售的是贴近他人居住或工作的好处，而且不必承担对社会的付出，即一个社群所需要的艰苦劳作。就像真正的友谊一样，当涉及建立真正的社群时，也许忍受其中的一些不便就是代价的一部分。

让我们每个人都想一想自己感到最亲近的那个社群，并假设融入其中我们也必须付出一定的努力，而且为了索取也必须要付出。如果是我，我就会想到每周的即兴表演小组，在那里我深深地感到自己是其中的一员，工作和责任是由大家来分摊的。我负责收取会费，并向教会支付使用礼堂的费用，罗德里克负责组织聚会，蒂里能在关键时刻找到解决办法，凯文带着吉他，玛伊和安布尔带领我们克服饶舌的对白，而露西在罗德里克无法到场的时候接替主持的任务。而且重要的是，我们每个人都尽自己最大的努力每周出席，即便是我们的心情不佳。相反，如果社群提供了免费的艾尔啤酒和马拉比蛋糕，又无须我们做出任何的贡献，结果很可能会削弱每个人对加入其中的责任感。

关键在于到场的参与。这凸显了许多商业化社区的另一个问题——他们的成员都是一些匆匆过客。例如 Collective 每年的房屋周转率就有50%。[61]虽然共享办公空间的人员流动性更难统计——毕竟，拥有WeWork 的会员资格就能够使用其位于世界各地的办公室，拥有大量轮用办公桌的任何场所都无可避免地会成为"一处最明显特征就是不断变化的环境"。[62]正如我们在城市背景下所见识的，人员流动不稳定的社区的问题在于，人们在这个社区的根基越少，他们就越发不可能参与其中。正是由于主观将灵活性和流动性作为产品和服务的部分卖点，WeWork 和其他类似的场所降低了其会员和居民将社区视如己任并愿意积极地投身之中的可能性。事实上，说到真正联系紧密的社群，无论是做礼拜的人们、以色列的哈立德教派成员，甚至是自行车俱乐部的成员，成员之间做到联系紧密的一个关键原因是他们之间的反复交流。虽然一部分原因肯定出自共同的热爱或共同的价值观，但人们也需要时间才能真正感受到彼此之间的纽带。如果缺少不断地团聚和相互支持的机会，社群成员之间的关系将永远更近乎假日中的邂逅，而不像是一场长久的婚姻——因为信任度还远远不够。

在柏林举行的那场共享居住公司会议上旗帜鲜明地指出了另一个关键的问题，那就是成员间的高度不信任。这或许不足为奇。Collective 为了解决这方面的问题，在它们的设施之中布满了闭路监控装置，同时还在四处贴上了标语，诸如"微笑，你正在摄像头前"以及"如果我们在你的房间里发现了共享厨房中的食品，我们会把它拿走"。[63]我能够理解被邻居偷走自己的橄榄油是一件很讨厌的事情，但正如我们在之前的章节中所看到的，这样的监控系统几乎无助于社群凝聚力的形成。

专享的社群

正当我们权衡如何更好地去重建后疫情时代的世界以及重构彼此之

间的联系之时，中央政府、地方当局、建筑师、城市规划者和商业界人士无疑都能从这些把社群视为自身核心主张的 21 世纪公司身上学到有用的经验和教训——当然，有好的，也有坏的。

然而，即便是商业化的社群确实能够带来一定的归属感，还是常常留下一个关于包容性的问题。韩国入场费极低的可乐迪斯科、为退休人员和失业者提供折扣价的瑜伽馆，还有接受补贴的读书俱乐部，这些都是个例，而非普遍现象。而在大多数的商业化社区之中，支付不起相当费用的人也是不受欢迎的。

以精品团体健身课程为例，尽管其具备独特的精神风貌和"我们是同一个社区"的标签，但重要的是我们要注意到，它们并不是敞开大门欢迎所有人的教会礼拜。相反，它们通常扎堆开在富人区，贴上高价的标签并像奢侈品一样销售——有些课程的价格高达 40 美元 / 节。[64]

同样，音乐节的门票价格上涨幅度之大，以至于在 2018 年参加过音乐节的千禧一代中有 1/3 表示，他们需要举债才能担负得起去参加音乐节的费用。[65] 2020 年格拉斯顿伯里音乐节的入场费是每人 265 英镑，而科切拉音乐节的入门级门票是 429 美元，这还不包含"附加费用"。至于说到我自己的街坊，我清楚高质量的杂货店得以存活下来，只因为相对富裕的居民们有能力并愿意支付实质上的某种"社区税"——允许本地杂货店以高于大型连锁超市的价格销售产品以维持经营。如果不这样的话，类似的社区生活必需品店铺很容易被迫关张，就像我们在米慎派咖啡馆的例子中所见的那样。

在一定程度上，共享办公空间能够帮助零工经济从业者或远程工作者缓解孤独感，然而它们迄今为止的价格体系，通常只有高收入的白领专业人士才能负担得起。例如，在 2020 年初，伦敦 WeWork 最低档的轮用办公桌会员费是每月 200 ~ 600 英镑，在旧金山一个月最高可以达到600美元。对于普通的跑腿兔子们（TaskRabbiter）来说，这远远超出了他们的承受范围。

至于许多共享居住的经营者所钟爱的"一切都在同一个屋檐下"的理念，他们公寓附属的杂货店、洗衣店、健身房和酒吧则有可能会造成社交的隔绝。由于住户们不用离开公寓就可以购物并在酒吧里交际，让他们往往无法与周边更广大的社群进行交流。因此，他们有可能对周边的社区感到疏远，而当地人反过来也会对他们感到疏远。长此以往，从全社会的角度看，这可能是一个注定失败的策略，而站在共享居住经营者的角度也是如此。因为如果人们真正对一个地方感到牵挂，他们不仅会产生更强烈的社群意识，而且更有可能在这个社区待得长久。

鉴于私人社区所提供的服务是真实的，它们的成员是真正愿意参与的，私人社区能够在缓解21世纪的孤独危机中发挥一定的作用。然而，当公共社区空间被拆除、免费或廉价的聚集场所越来越少、许多地方的商业街凋零之后，社区变得越来越只对特权阶层开放——这成为一个真正的危险。只有付得起入场费的人才能"找到自己的灵魂"。孤独成了一种只有富人才有机会"治愈"的疾病。考虑到孤独的人在经济上已经比别人更糟，这一点尤其令人不安。

如果私营化的社区并没有成为"敌意建筑物"的另一种表现形式——又一种排外和排斥他人的方式，并且在化解个人的孤独和更广泛地重新联结社会方面发挥积极的作用，那么未来面临的一项重要挑战就是确保它们不仅要履行自己的承诺，而且要让更多的人能够进入这些社群并从中受益。

我们还是看到了未来的一些曙光。2019年底，纽约市开拓性的ShareNYC住房项目授予了三份令人觊觎的"共享住房"项目合同，涵盖了共享厨房、共享健身中心和更灵活的租住条款，并提供了足以超越社会经济阶层的经济适用房。[66] 这些居所预计将能够服务于从极低收入家庭到中等收入家庭的不同收入阶层；而且在更大的开发项目中，只有1/3的部分按照市场价格执行。[67] 尽管这只是一个开端，城市规划者和开发商们似乎正在积极地行动，以防用隔离主义心态主导开发项目——不要再出现我们之前看到的皇家码头和贝利斯旧校。这样做的目的就是无论成员支付租金的高低，他们所有人都将享有同等的康乐设施和服务。[68] 希望在这种条件下，来自不同经济阶层的孩子们能够在一起玩耍，公共的空间欢迎每个人，社区向所有人开放——而不要贴上什么昂贵的价格标签。

第 11 章

相聚在一个四分五裂的世界

孤独不仅仅是一种客观上的精神状态。[1]它也是一种存在的集体状态，给我们个人乃至整个社会都产生了巨大的伤害，每年造成了数以百万人的死亡，给全球经济带来了数十亿美元的损失，并对包容性民主构成潜在威胁。[2]

即便在新冠病毒来袭之前，我们就处在一个"孤独的世纪"之中。但是，病毒的流行越发凸显了一个事实——我们当中的许多人感受到自己不被关心和支持，这种被忽视的感觉不仅是来自朋友或家人，还有我们的雇主和国家；我们当中的许多人感受到了自己的脱节，不仅与那些和我们关系最紧密的人，而且与我们的邻居、同事以及政界的领袖。

如果我们想要不仅仅从个人层面还要从全社会的层面缓解孤独，就迫切地需要那些能塑造我们生活的主导力量认识到这个问题的严重性。政府、商界以及我们之中的每个人，都有各自重要的作用。孤独危机太过于纷繁复杂，是任何一个实体都无法单独解决的。

正是在这一点上，我有别于其他一些写到过孤独的政治经济思想家。因为他们不只是对于孤独的定义偏于狭隘，而且往往容易用上一种不太全面且更明显具有党派倾向的方式。[3]

保守派反复将其归咎于"传统家庭"的瓦解、去教堂人数的减少以及福利过于强大的国家体系，他们妖魔化地认为福利国家消除了个人对自身的义务，也消除了我们对他人的责任。因此，他们通常认为，孤独危机的解决完全要依靠个人。他们疾呼，但愿我们能为自己和周围的人付出更多。

相比之下，左翼人士往往喜欢把问题归结为政府做得太少，而不是管得太多。通过把公民描绘成环境的受害者，他们反而倾向于强调国家该如何去做。个人被给予了一份相对自由的豁免权，至少在重建社区和治愈社会弊病的问题上，个人不需要负责。

对于孤独成因的这种极端对立的观点是最终解决不了问题的，而且注定会带来失败。因为尽管这两种充满政治意味的观点都有正确的成分，但它们都不能代表全局的现状，也无法提供解决危机的有效途径。正如我们所看到的，孤独感的结构性驱动根源在于国家行为、个人和企业的行为以及 21 世纪的科技进步，无论是我们曾谈到的智能手机成瘾、工作场所的监视、零工经济，还是我们日益增多的无接触体验。

此外，这些驱动因素之间往往是互相交织的。如果某人的雇主不给他时间照顾出了紧急状况的年迈父母——无论他多么想陪伴他们，这个人都无法给父母提供他们所需要的陪伴和照护。如果某人由于房租经常上涨而不得不一直搬家，那么他就无法去认识自己的邻居们，更不可能想要去帮助他们或为当地社区做贡献。如果某人沉迷于 Instagram 带来的多巴胺快感或者即使在不上班的时候也要不停地查看电子邮件，那么他就必然每天得减少与家人或朋友的当面交流——即便与他们在一起的时候，也免不了被手机所干扰。如果某人住所附近街道上唯一能用的长椅为了阻碍特定"不受欢迎之人"的使用，而被故意设计得让人坐着不舒服，那么他也不会坐在上面与路人闲聊。如果某人因为没有固定的工作时间而无法确定一周有几天需要上班，那么他就没法在周日的足球队训练中专心地陪伴自己的孩子。

孤独并不是无本之木、无源之水。它催生于一个生态系统之中。所以，如果想要阻止孤独危机，我们不但需要在经济、政治和社会上进行系统性的变革，同时也要认清我们自己的个人责任。

重新注入关怀和温情

作为我们的出发点，这意味着我们首先要承认如今的孤独危机并不是凭空出现的。作为一种特定的政治形式，新自由主义在很大程度上助长了这一趋势。这一形式的资本主义既自恋又自私，它将人情冷漠变成常态，把自私变成美德，贬低了同情和关怀的重要性。这一形式的资本主义宣扬"靠自己的力量奋斗"、拼命努力，同时否定了公共服务和当地社区在过去对于帮助人们繁荣兴盛所发挥的核心作用，取而代之的是只保留"我们的命运只掌握在自己的手中"的论调。我并不是说我们在之前就不孤独，但将我们的人际关系重新定义为交易、将公民重新定位为消费者的角色并造成收入和财富越来越大的不平等，实施了 40 年的新自由主义边缘化了团结、社区、友爱和善良等价值观——这其实已经是客气的说法了。[4] 往坏处讲，这些价值观早就被新自由资本主义一概摒弃。我们如今需要拥护一种新的政治形式——一种以关怀和温情为核心的政治形式。

以"让公民感到有人在保护自己"为政治目标，并非是与资本主义不可调和的。事实上，将标榜着"同类相残""人人为己"的新自由主义当作资本主义的唯一形式，才是对资本主义的根本误解。就连资本主义之父亚当·斯密（众所周知，他是一位自由市场和个人自由的雄辩的拥护者）也在《道德情操论》(*Theory of Moral Sentiment*，《国富论》的前篇）一书中大篇幅地论述了同理心、社区和多元主义的重要性。[5] 他明白国家在提供社区基础设施方面具有明确的担当，并且当市场需要被限制以保护全社会的时刻，市场就应该被限制。[6]在 20 世纪的大部分时期，其他地方（亚洲、斯堪的纳维亚和欧洲大陆）的资本主义形式也与新自由主义通行做法并不相同，因为它们赋予国家以更大的职责，并重视公有社会的价值。资本主义从来不是一种单一的意识形态。

新自由主义片面地关注于自由市场和放松监管，推崇资本的优先权利，敌视福利国家，哪怕这会以牺牲社会凝聚力和公共利益为代价。尽管它在过去的 40 年里盛行于全球大部分的地区，但这不应该是我们在未来的唯一选择。我们共同制定和创造的资本主义形式必须更具备合作精神，不仅仅是在经济方面，更是在社会方面。

并且，做这件事情的时机正是当下。罗斯福总统在 20 世纪 30 年代的大萧条之后推出了"新政"，这是一项旨在为那些受经济灾害打击最严重的人们提供救济，恢复并增加他们权利的大规模政府开支和监管安排。在英国，承诺为所有人提供医疗保健的国家医疗服务系统（National Health Service）是在第二次世界大战后建立的——这强烈地标志着对平等和同情的新承诺。同样，现在也是改变游戏规则并采取激进措施的时刻。是时候推行一个更有爱心、更良善的资本主义了！

在最低的程度上，政府也需要让公民们安心，新冠疫情期间暴露并加剧的顽固不平等将得到积极地解决，并且当形势不可避免变得艰难之时，政府将会在那里支持他们。在许多国家，这意味着在福利、社会保障、教育和医疗健康方面投入更多资源。以美国为例，即使在新冠疫情暴发之前，也需要将其在社会服务方面的支出规模（包括住房补助、失业工资、就业计划和养老金支持等方面）提高到相当于 GDP 的 1.4%，才能达到经合组织的平均水平。[7]而且政客们只要清楚公众会支持他们，就能够做出这样的投入。在特朗普于 2020 年 3 月签署价值 2 万亿美元的新冠疫情中的经济刺激法案后立即进行的一项民意调查中，超过 3/4 的民主党人和共和党人表示支持该法案——即使有人提出这一法案会产生惊人的开销。[8] 与此同时进行的另一项民意调查显示，当时有多达 55% 的美国选民赞成全民医疗保险，相比同一年的 1 月上升了 9 个百分点。[9]

与此同时，英国公众对增加福利支出以帮助穷人的支持率在 2017 年已经达到了 14 年来的最高水平，即使这样做会导致更高的税负。[10] 2020 年 5 月在新冠疫情期间，就连最热衷于支持自由市场的智库都敦促政府避免减税和紧缩的措施，反而要增加公共支出。[11]

考虑到新冠疫情带来的经济压力及其对公共资源需求的挤占，在后疫情时代需要马上采取大胆的步骤和空前规模的投入。然而，当务之急是，随着我们逐渐远离危险，各国政府认识到，由于人口的迅速老龄化（在北半球）、新冠病毒对经济损害的长尾性以及自动化带来更多（且严重）的失业，预计在未来几年之中对于额外援助的需求将会一直存在。

至于失业率，国家能提供的支持不该只停留在财政层面。政府需要采取行动，放缓机器人对劳动力的替代速度，而机器人税就是我之前提出的一种方法，可能有助于达成这一目标。此外，鉴于私营部门目前面临的挑战，政府将要暂时扮演"最后雇主"的角色，直接通过大型公共项目或间接通过财政政策创造新的大规模就业机会。因为只有通过工作（如果是有尊严的），我们才能找到友谊和有价值的意义，在最好的情况下，也许还能找回社区精神。

然而，21 世纪的公共工程项目不该单纯只限于修路或采摘水果。对于风能和光伏的可信承诺，以及地方政府对于种植更多树木、降低市政建筑的能耗以及为电动汽车安装更多充电站的保证，都将会产生出大量新的工作岗位。此外，政府还需要创造出一些能以恢复社区功能为目标的就业机会，包括但不限于建设图书馆、青年俱乐部或社区中心，或者委托那些能够培育社会精神的工匠（如艺术家、作家和音乐家）去创作。

这些事情原本在罗斯福新政的时期确实就发生过，当时美国各地的艺术家被聘来画壁画、创作雕塑、教授艺术课程和制作戏剧——用罗斯福的话来说，目的就是向美国人展示"富足生活"的前景。[12] 我们今天的政治家们也应该具有同样的雄心壮志。

当然，为了做到这一切，国家必须加大财政的投入。有鉴于这一挑战的难度，无论当前的利率多低，政府都做不到在不对经济产生重大长期损害的前提下无限制地借钱或者印钞。[13] 这意味着社会中最富有的阶层将不可避免地承担更高的税率。只有这样才公平！但是，不只有富人该面对这样的额外税负。那些继续将盈利转移到低税率或者免税地区的跨国公司也将要面对严苛的法律，让它们不得不向产品的最终销售地缴纳税款。本可以用于公共项目的数十亿英镑的税收收入，已经由于这些不道德的公司行为而流失了。或许，那些在新冠疫情期间盈利状况特别好的公司，比如网上的食品零售商，也理应被一次性地征收意外利润税（windfall tax）。同样，这在历史上也是有先例的。美国在两次世界大战中以及朝鲜战争期间都曾实行过"过分利得税"（excess profits tax）。[14]

然而，我们还要更进一步。在我们重建后疫情时代的世界的过程中，各国政府要抓住这个难得的时机，采取变革性的行动，并从根本上重新思考事务的优先等级。在这方面，我们可以从新西兰总理杰辛达·阿德恩（Jacinda Ardern）的身上得到启发——她在 2019 年 5 月宣布，她的政府将不再只采用增长率和生产力等传统经济指标，来确定国家的预算政策和目标。相比，"在善良和温情的引导下"，她的政府保证将采用更为广泛、更具社会意识、更全面的一套标准。[15] 这包括国家在保护环境、提供良好教育、提高平均寿命等方面做得如何，以及（对本书来说很重要的）与孤独感、对同胞的信任、对政府的信任以及整体归属感有关的一些指标。[16] 苏格兰和冰岛也各自正在考虑在预算编制的过程中使用类似的方法。[17]

尽管近些年来还有一些其他国家的政府（特别是英国和法国）已经开始衡量人民的幸福感，但新西兰的"幸福预算"（wellbeing budget）还是被公认为迄今为止经合组织国家中采取的最大胆举措，因为它明确地与政策制定和预算决策挂钩。[18] 直到当前，法国和英国的方案还未能对政策或政府的支出决策产生实质性的影响。[19] 这里必须得提到不丹这个国家。因为不丹在这一点上实际上是所有人的开路先锋，它在过去的几十年中一直将国民幸福总值（Gross National Happiness）的指标用于政策的制定。[20]

要是想让资本主义与关怀相调和，我们就需要将经济增长与社会公正再次挂钩视为当务之急，并承认过去对于成功的定义方式已不再适合当前的这个目标。[21]

改变资本主义的计价方式

单单这些还是不够。如果我们想要消除许多人心中那种被抛弃的感觉，我们就不能止步于仅仅确保为全体公民提供一个有价值的社会安全网络、让政府的预算目标更加明确地符合其公民的整体福祉以及让结构性的不平等（无论种族，还是性别）得到解决。我们还必须确保人们在工作中得到适当的照顾和保护，避免他们遭受大企业在更普遍的意义下可能造成的任何潜在伤害。新自由主义标榜"最小化的政府、最大化的市场"（minimum state, maximum markets），但从未对其中任何一方提供过保障。这不仅仅是政府的责任，企业及其高管们也需要加快步伐。

事实上，在 2019 年 8 月举办的美国商业圆桌会议（Business Roundtable）上，一群最具影响力的商界人物在一定程度上认识到了这一点。包括亚马逊的杰夫·贝佐斯、苹果公司的蒂姆·库克和花旗集团的迈克尔·科尔巴等人在内的美国顶级企业首席执行官们联合签署了《公司宗旨宣言书》，[22] 他们摒弃了由米尔顿·弗里德曼提出的、施行已久的原则，即企业的唯一责任是对股东负责，[23] 转而承诺对全体利益相关者负责，包括股东、供应商、社区以及全体员工，并保证向员工提供"公平的薪资和良好的待遇"，同样要促进"多样性、包容性、个人尊严和彼此尊重"。[24]

尽管我也赞同这种观点，并希望这样的说辞能够转化成有价值的行动，但现实是由于对于公司创造短期经济回报的压力并未减轻，加之其挂钩于高管薪酬的激励政策，对狭义上的"股东回报"的注重会继续占据主导，特别是对于上市公司尤其如此。因此，如果有些策略被证实能够明显提升效率，比如安装数码监控设备，或者用低成本、无固定工作时长、权利有限的临时工代替全职雇员等——即使这会伤及工人们的利益和集体利益也在所不惜，哪怕是思想最开明的首席执行官们也无法不使用它们。鉴于当前的经济环境和对于削减成本的重视，这一点尤为突出。

在 2019 年商业圆桌会议上发表新承诺的某些签字成员的行为，很可能已经让他们所拥护的目标成为笑柄。以亚马逊为例。随着纽约市新冠病毒的感染人数不断攀升，亚马逊的一名雇员克里斯蒂安·斯莫尔斯也愈加担心自己担任"分拣员"的斯塔滕岛仓库缺乏防护装备，且消毒的力度也不够，而管理层并没有理会他的担忧。之后他组织了一场罢工，要求更多的防护装备、带薪病假以及公布新冠病毒在亚马逊员工中的感染现状，因为大家在仓库里的工作距离非常紧密。[25] "人们很害怕，"斯莫尔斯说，"我们去了总经理的办公室，要求关闭大楼并对整栋建筑进行消毒。这家公司赚到了数万亿美元，然而我们的要求和关切仍被置之不理。这太疯狂了！他们不在乎我们会不会生病。亚马逊把我们当成了消耗品。"[26] 亚马逊的反应又是如何呢？一开始斯莫尔斯被划入了奇怪的"医疗隔离名单"（尽管其他人并没有被要求这样做）。接下来，在他仍旧参加罢工之后，他就被解雇了。[27] 纽约州总检察长利蒂希亚·詹姆斯（Letitia James）宣称这一解雇是"不光彩的"，并要求国家劳工关系委员会（National Labor Relations Board）进行调查。[28]

当然，我在这里并不是说大公司没办法对它们的员工做到同情和关怀。在新冠疫情隔离期间，我们目睹了一些大公司的很多令人鼓舞的行动。比如，微软在 2020 年 3 月初宣布，其太平洋西北部园区的合同工（包括班车司机、餐厅工人、维修和保洁人员）将可以继续获取报酬，即便居家办公的措施导致不需要这一类的现场服务。[29] 但只要资本主义的计价方式不发生根本上的改变，所有这些良善的、具备社群精神的举措很容易显得惊世骇俗——只有最具远见的公司高管以及最关注长效机制、最有同情心的股东才能做到这一点。

心怀这样的想法，并且正如我在书中所提到的，我们需要一种全新的立法体系来保护工人们的权利，以适应 21 世纪的目标，特别是对于低收入的、个体的零工经济从业者们，以及临时或无固定工作时长的合同工。事实证明，这些群体中的很多人是我们在隔离期间非常依赖的"关键劳动者"，但他们却不得不挣扎在低工资、有限（或根本不存在）的福利、就业更加不稳定以及甚至是不安全的工作环境中。最低生活工资、带薪病假以及充分的工作健康和安全保障必须是最低限度的绝对标准。

如果要让人们感到被关心，我们还需要一个新的立法体系，能够保护全社会免受一个特定群体的伤害行为。对，我说的就是社交媒体公司。就像如今在大多数国家都不允许商业企业不受惩罚地污染我们的空气和水或向儿童出售烟草，同样对于社区、凝聚力、包容性和福祉产生不利影响的公司也一定要被限制，尤其是涉及儿童和青少年的。在前面的章节中，我提议了一整套可以用来提供这种保护的备选监管手段。哪怕仅仅是预防，政府也无法承担不对此发声的后果。

而且，对于这样的行动不断增长的呼声，不仅仅来自公众。政治光谱两端的政客们现在都承认，没有一定程度的国家干预，个人是无力保护自己免受大型科技公司的侵害的，而且这些大公司除非面对严厉的监管，否则它们绝不可能采取足够有力的举措来消除自身腐蚀性的影响。[30]

让人们感到自己被看到和被倾听

如果想让人们少一些孤立感或被遗弃感，我们还有很多事情要做。因为正如我们所看到的，孤独不仅仅是感到无人关心，更是感觉被视而不见。因此，解决 21 世纪孤独危机的部分办法必须是确保人们被看到、被倾听。

工会无疑在放大工人们的声音方面发挥着关键作用，包括可能会被雇主忽视和忘记的零工经济从业者和远程工作人员。至关重要的是让所有工人都享有结社的自由，而且工会也应更有力地加强工人们的地位。

更为根本的是，在这个"孤独的世纪"之中，我们被忽视的感觉来源于，许多人认为很多政治领袖对他们的担忧或呼声充耳不闻，但又会以他们的名义做出许多他们永远不会支持的决定。

代议民主（representative democracy）天然存在一个不可避免的后果，不是每一个人所关切的问题都能得到处理，也不是每个人的观点都能得到同等的重视。然而，近年来国家和公民之间的联系变得如此脆弱的部分原因在于，辩论变得如此两极分化、决策过程变得如此不透明，而结果又变得如此不公平。缺乏代言与社会和经济不公正的情况同时存在意味着，在资源分配上现在比以往任何时候都更有必要优先考虑那些最为边缘化的人，而且从监管改革和政府的慷慨援助中获益最多的人，也不应当只是那些最富有的人或具备最强大游说力量的人，更不应当仅存在于某些特定的肤色、性别或阶层当中。

公民们能够更为频繁地去表达自己的意见，而不仅限于每隔几年参与一次竞选的投票，这也同样重要。我们如果想要更紧密地感受彼此和感知政治，就需要更有意义地参加正在进行之中的民主活动。我的意思并不是要呼吁举行更多的全民公决，因为全民公决是最生硬的"少数服从多数"的形式，往往会忽视事务的复杂性以及保护少数利益的必要性，尤其是在"假新闻"泛滥的时代。相反，我们可以从一系列当代的审议民主（deliberative democracy）举措中有所收获。

比如，伦敦卡姆登地方议会在 2019 年夏季选出了 56 名居民（有建筑工人和学生，有企业家和公务员，还有移民和退休人员，他们在性别、种族和社会经济背景上的分布与该社区人口普查结果相符）帮助当地找到应对气候变化的办法。如何鼓励人们食用当地生产的食品？如何让绿色的选择更容易负担？当地议会是否应该要求新建住宅符合碳中和的标准？这些都是这样的一群人被要求去解决的问题。[31]

起先，参与者各自有着不同的观点。尽管他们之中没有人会完全否认气候变化，但有些人显然比其他人对此更持有怀疑的态度。一部分人对整套议题都很陌生。然而，通过一个高度结构化的过程——有经过训练的主持人引导讨论的进程，注意确保每个人都能够平等发声，细心地带动最沉默的人发言，在两个晚上及一整天的会议之后，这群人同意了用作建言的十七条措施。这些建议从较为宽泛的方案（如试点性质的汽车禁行区和禁行日），到更为具体的措施（安装更封闭的自行车道）。总体而言，他们的建议将成为当地议会"2020年气候行动计划书"的蓝本。[32]

在中国台湾地区，类似的变化也在进行之中，而且发生在更大的范围上。自2015年以来，已经有20万人参与了一项网上的审议民主程序。到目前为止，辩论的议题包括无人机的监管、台湾市场对于优步的准入、酒类饮品的在线销售以及塑料吸管是否应该禁用等。在80%的情况下，当地管理部门会根据该程序的最终建议采取行动——通过新的法案，或者调整政策。若是当地管理部门选择忽略这些建议，就会提供这样做的详尽理由。

只要那些建议没被草率地束之高阁，像这一类的举措在帮助我们实现团结一致方面，能够发挥重大的作用。不仅仅是因为这能给予比通常情况下更广泛的群体以发声的权利，更是因为为了达成目标的一致，这一议程本身就能通过积极地思考并协调彼此的观点，迫使参与者们来践行民主，并学会如何应对不同的声音，而不是让他们禁言。[33]

在观看卡姆登会议的录像时，参会者对于任何一个发言人都露出的令人舒心的微笑、聆听者与发言者之间的眼神交流、他们在倾听时做出的身体前倾姿势，都让我感到了非比寻常的一面，而且即便面对不同意的观点时他们也是如此。[34] 贯穿本书的是，我们一直在强调，为了追求一个更加包容的社会而践行民主的重要性——发生在卡姆登的事情就是一种制度化、精心调制的民主实践。[35]

践行民主

正如我们所看到的，践行民主并不总是需要那么正式。实际上通过成为本地协会或团体的成员，我们也许能够最好地践行民主的一些关键方面——文明、善良和宽容，无论是在周一晚上即兴表演团体中的讲话，在家校组织上的发言，还是为教会一年一度的节日组建委员会。

我们的工作场所也可以提供这方面的机会——比如，美国的软件公司思科将组织内部表达感激的做法制度化。即使在我们家庭的微小层面上，做家务本身也是一种锻炼，可以强化包容性民主的另一个关键原则——我们有时候需要做出牺牲，或者仅仅是为了共同利益而无私地奉献我们的时间。

但是，实现社群的最佳场所其实就存在于我们的邻里之间。[36] 尽管我在这里指的社群并不是严格定义在地理层面（无论我对社交媒体有多少的批评，但我也承认这些平台在这个方面发挥了一定的作用）上的亲近，但正如我们所见，当人们之间的交流是面对面的且反复的时，人们才更容易感到彼此之间的联系——而对于我们大多数人来说，这就意味着地理上的亲近。

在自己当地的蔬果店铺里与周边居民的短暂寒暄，从自己当地的咖啡师手中接过咖啡时互相问候的"你好吗"，在自己当地的干洗店里被店员记住名字并问好，以及我们与生活在同一条街道上的人们打破界限、铸就更深层次的关系——在这些互动中，陌生人成为邻居，社区也就建成了。而且我们对邻里的贡献越多，我们对于这个社群的归属感就越强，集体感就越真实。

正因为如此，我们才要鼓励采取措施让租金保持稳定，以减缓邻里的人员变动，同时还对每年居住时间不足一半的房屋业主征收额外的税金来打击房屋的空置现象。

社区是由房屋和人口所组成的。为了让我们所住的地区感觉像一个真正的社区，我们就需要生活在这里，并且也需要让我们的商店和咖啡馆热闹起来。所以，努力让本地商业街在未来保持活力也至关重要。

我们已经见识过，一些地方政府所采取的行动能确保做到这一点。还记得比利时的鲁瑟拉勒吗？在那里证实了店铺闲置税能非常有效地打击房东们为坚持更高的租金而放任店铺空置的积极性。鉴于当前实体商店面对来自电商、开在郊区的连锁大卖场及如今经济低迷的三重打击，它们更需要国家和地方政府的强有力支持。下调营业税率以及国家支持的贷款是这时候能够采取的可行措施，这将会产生真正的影响，并营造一个与网上零售商进行相对公平的金融竞争的环境。我们当地的商业街在很多方面称得上是一项公用事业，所以也应被当作公用事业来对待，特别是当前如此多的实体店铺正在面临生存的压力。

随着新冠疫情的逐渐消退，作为个人，我们在这里也能发挥非常重要的作用。在疫情隔离期间，我们很多人愈加习惯于在网上购物。若是想要维持我们商业街的生命力，我们就必须让自己摆脱这些数字化的交易形式，力挺那些为社区服务的当地企业主。

对于付出了辛劳并用可以验证的方式将包容社区视为自己核心使命的那些企业——无论是像克特书店这样在全市范围内自助组织读书俱乐部的当地书店，或像米慎派这样在每周三举行编织团活动的当地咖啡馆，还是入场门票明显极低的韩国可乐迪斯科舞厅，额外的税收减免和其他形式的财政支持就该被提上议事日程。这些都非常重要，不但能鼓励这一类的创新，还可以确保不只有富人才能从驱动孤独经济的新型创业中受益。

更为根本的是，政府需要致力于恢复近年来不断被侵蚀和破坏的社区公共的物理空间。为了获取不但能扭转孤独危机还可以重新连接彼此的最佳可行机会，就必须有一处能供所有人使用的、正常运作的社群基础设施，且使用者应不分收入、种族、年龄、性别或信仰等。当务之急必须要逆转自2008年至今在全球范围内对于公共空间的经费削减。同时还需要兴建新型的公共空间，比如，巴塞罗那地方议会修建的仅供步行的"超级街区"能带来公园、游乐场地以及邻里感受；或者像芝加哥在图书馆周围修建的公共住宅项目，让不同收入和年龄的人们能聚集到图书馆一起交流。在社区基础设施得到适当的资助和合理的设计之前，我们无法有效地逆转当代社会的原子化。我们绝不能允许各国政府以新冠疫情暴发后的经济低迷为借口而不这样做。

若是我们想超越与其他人的分歧并找到彼此间的共同点，极其重要的是与那些与自己不同的人打交道——人与人的不同之处可能在于，他们与我们有着不同的社会经济地位、种族或政治信仰，也不一定与我们有着同样的历史、文化或者观点。[37] 当地的公共空间在一定程度上可以让我们与不同于自己的人进行接触，就像我们在当地加入的教堂、清真寺或犹太圣所。然而，鉴于许多社区内部的单一性，即使在这样的空间中也常常只能跟与我们极其相似的人交往。这就限制了我们与不同类型之人接触并积累经验的能力，也妨碍了有效地践行包容性民主之中的最重要元素，即公正地调和我们的分歧，并承认"不同之人"的人性。

所以，难题在于如何让不同类型的人相聚到一起。万幸的是，全球各地还存在很多能够振奋人心的举措，值得我们从中学习。比如，在德国有超过 4 万人参加过一个由德国《时代周报》（*Die Zeit*）支持的，名为"德意志对话"（Deutschland Spricht）的节目。[38] 这项计划始于 2017 年，当时有感于德国政坛不断加剧的两极分化以及人们越来越被束缚在自身固有的观点之中，该杂志社的一群记者想到了这个雄心勃勃的方案，撮合政治光谱上两个对立的陌生人，让他们面对面地对话——正如他们在内部对这个方案的称呼，这是一款政治版的"Tinder"应用。[39]

基于某种算法，将有着不同的政治观点，但彼此居所相距不超过 20 公里的参与者进行配对。一旦做出匹配，他们就应该去完成会面。有 1/4

的参与者确实这样做了。[40] 在遍布德国的咖啡馆、教堂和啤酒屋，IT 顾问面对陆军预备役军官、警察面对工程师、政府雇员面对物理学家、新生儿育儿顾问面对法警。[41]《时代周报》的主编约亨·韦格纳（Jochen Wegner）也约见了一名机械工厂的操作工。[42] 强烈反对移民的人坐下来与寻求庇护者交谈；核能的坚定反对者与热忱的拥护者在一起喝咖啡；欧盟的支持者们与那些呼吁恢复德国马克的人在一起喝啤酒。[43] 然而，他们都有一个共同的目标——那就是深入了解对方的观点。

结果是非常明显的。对比参与者在谈话前后的调查显示，即便是两个小时的交谈也足以让他们开始理解对方的观点，并有助于消除偏见。[44] 在谈话之后，参与者也感到与自己持不同观点之人不像之前认为的那样恶毒、无能和无知。[45] 他们还表示更愿意在自己的社会群体中接纳这样的人，并称自己更看清楚了他们共同点的所在——通常是各自对于家庭的看重。[46] 并且有趣的是，对比活动前后参与者对于相同问题的答案，他们还表示自己一般来说会更加信任德国同胞，也更认同德国人普遍能够关心他人幸福的观念。

同样鼓舞人心的、旨在将不同类型的人汇集到一起的活动也正在全球其他地方进行着。在英国的布里斯托尔，"用 91 种方式建设一座全球化的城市"组织利用食物的凝聚力量将不同文化和种族传承的人们聚在一起。通过切洋葱、捣土豆泥、揉面团，隔阂被打破了，真正的联系被建立起来了，共同的基础被奠定了。在纽约，公共剧院（Public Theater）正在依照一项剧场的古典传统，为了弥合分歧将来自不同社会经济背景的纽约市全部五个行政区的人们带到一起表演和讨论戏剧。[47] 剧院的"公共工程"计划在其作品中涉及数以百计的公民，同时也推动了关于谁的故事应被讲述、该如何讲述它们以及我们如何去发扬它们的讨论，这正忠实地体现了创建该剧院的许诺——剧院"不该只是民享，更应是民有和民治"。[48]

体育活动在这里也能发挥作用。像足球就无愧于伟大的团结力量的名声，它在哥伦比亚被用来团结"革命武装力量"（FARC）的前游击队员和平民受害者，[49]在意大利被用来团结外来的难民和当地人，[50]在中东地区被用来团结以色列和巴勒斯坦的学童。[51]

无论我们的国家、城市和社区变得多么支离破碎或两极分化，通过跟与我们不同之人一起消磨时间，增进我们合作、同情和体贴的能力，我们就能感受到彼此更多的联系，并逐渐生成一种共命运、同归属的意识。

精心打造多元化的社区

到目前为止，本章中的所有例子中所涉及的人都是自愿参加的。但更大的问题是，我们如何让那些可能不愿意来到一起的人做到这一点。同样，在这里政府也有可以发挥作用的地方，而且这同样是有先例的，那就是卢旺达。

卢旺达的首都基加利是一座多山的城市，道路上总是熙熙攘攘地挤满了人。摩的穿梭在破烂不堪的 20 世纪 80 年代轿车和光鲜锃亮的进口越野车之间。满是泥浆的吉普车和丰田陆地巡洋舰也挤在车流中动弹不得，其中许多车是从火山国家公园开回来的。经过 6 个小时的长途跋涉，携带许可证的徒步旅行者可以在火山国家公园里，相隔几米的距离观看到该国神秘的山地大猩猩。然而在每个月的最后一个星期六，这些繁忙的道路仿佛被废弃了一般，只有主干道上的检查站还有警察值守，而且他们会礼貌地询问任何一位旅行者：是什么紧急事务让你今日无法履行"乌姆干达"（UMUGANDA）的义务？

乌姆干达直译过来就是"在共同目标下来到一起实现一个结果"。[52]
作为卢旺达 1994 年毁灭性的种族灭绝后休养生息的一部分，政府在
1998 年正式恢复了乌姆干达。[53] 乌姆干达有很多种形式：一些社区会奉
献 3 个小时的公益服务用于建设诸如高中学校的项目——正是由于这一
努力，共有 3000 多间的教室得以建成；其他乌姆干达活动包括整理园
艺、修剪公共树篱和花坛、捡垃圾和填平坑洞。可以肯定的是，这些免
费的劳动时间对该国产生了重大的经济影响，仅从 2007 年算起，据估算
其创造的价值就有 6000 万美元。[54] 然而，它们对社区建设也发挥了重大
的作用。在基加利一家银行工作的福斯汀·齐贾（Faustin Zihiga）说："大
多数人都喜欢这项活动，因为只有在这一天里才能见到自己的邻居。"[55]
在一次乌姆干达中，他与本地的一群人在一起做园艺，同时进行着有趣
的交谈。"看到那边在讲话的那些人了吗？"齐贾用手指了指说，"他们整
整一周都没见面了，现在又能在一起了。这很有用，因为人们对于彼此
了解得越深入，他们的社交关系就越紧密。"[56]

与三个小时的公益劳动相比，通常其后一个小时之久的社区会议也
同等重要，邻居们聚在一起讨论重要的事项——至少在农村地区是这样
的。[57] 不同于卡姆登会议等形式相对较新的社区对话，这些乌姆干达会议
源自有着数百年历史的 ubudehe，即集体劳动和决策——这种实践的出
现远早于卢旺达在 19 世纪被比利时和德国军队殖民占领。卢旺达这个国
家曾被邻里之间拔刀相向的暴力冲突所撕裂，而这才过了短短 25 年的时
间，所以这一切显得更为重要。

确实，乌姆干达对于卢旺达的社区内部恢复信任方面，发挥了至关
重要的作用，因为它远远不止于美化道路和修建学校。"如果有特别的难
题或社会事件，比如一户邻居可能弄出很大的噪声，人们可以对此表达
意见，而且社区成员可以实地到访，并找到问题的所在。"齐贾说道。或

者"如果我们看到一位老人生活很艰难,也许他只是需要翻新屋顶,那么人们就会一起帮他建造新的屋顶"。[58] 让乌姆干达显得特别不寻常的是,在卢旺达的特殊环境中,同一个社区的成员之中很可能同时存在种族灭绝的幸存者和行凶者。[59]

对于这项带有义务性质的志愿活动,确实也有反对者。有人认为乌姆干达只不过是政府的另一种控制手段。一些人表示担心,富有的卢旺达人往往只需缴纳罚款就可以免于参与,另一些人则担心,他们的工作分配最终会依照原有的阶层、权力和性别。[60] 所有这些担忧都是合理的。但乌姆干达背后的动机(欣然接受这个国家的集体工作传统,并采用面对面和肩并肩的活动来加强所有公民之间的纽带)仍然是有力的、令人振奋的。此外,现实情况是,如果我们让某个人来发起一场消除分歧的运动,那么很可能只有一个相对小的群体会自愿接受这样的做法。如果我们要变得更包容、更能接受差异、具有更高的凝聚感和共同使命感,我们就需要找对方法,确保在不同类型的人之间能进行常规性的、有组织的交流。对于实现这一目标,政府能够发挥出重大的作用。

这一点其实比看上去更容易实现。毕竟,包括瑞士、韩国和以色列在内的一系列国家都存在强制性的义务兵役制度,所以对于这些国家的政府来说,实行强制性的社区服务也不算是很大的跨越。并且,在一些地区,有些初具雏形的方案已经在测试之中。2019 年夏天,法国总统埃马纽埃尔·马克龙带头试行了青少年的公民义务服务。[61] 在首次试点中,2000 名 15～16 岁的少年需要与随机分组的同组成员共同生活 1 个月。[62] 他们在最初的 2 周里通过一系列的活动互相了解:他们需要加入野外定向的探险和考察、参加研讨班并学习急救知识。每天晚餐后,他们通过有组织的方式交流想法和观点、在主持人的协助下讨论诸如歧视和性别平等的各种社会话题。在活动的后半段,他们会去本地的慈善机构和地方政府当志愿者。并且，少年们不仅仅在活动中需要一起工作；在他们所寄宿的家庭中，他们也被要求自主决定如何分配家务。有趣的是，作为试验的一项要求，除了晚上的一个小时，手机是禁止使用的——少了科技产品的干扰，有助于提升建立有意义的人际关系的可能性。[63]

除此之外，政府和地方当局还可以考虑其他一些人员活动不需要那么密集的项目。比如，让那些拥有不同社会经济地位、种族或信仰的在校生每周都必须在一起上烹饪、戏剧或体育等课程又会如何？或者，由国家每年资助露营旅行，让不同背景的 16 岁少年必须要参加？我们应当意识到，只要这些举措注重让参与者在形成自身经历的过程中发挥主观作用，那么它们将会更为有效；而且参与者的投入感越强烈，他们就越有可能融入其中。所以说，如果是烹饪课，就应该让学生们决定每周该吃什么；如果是戏剧课，那么让他们基于自己能够仔细研究和讨论的经历进行有组织的即兴创作——这岂不是更好？

通过促成有组织的定期交流，让不同背景的孩子们主动在一起做事情，我们正在帮助下一代不仅练习倾听彼此，学习协调和处理他们之间的分歧，而且还让他们能够认识到大家的共同利益，进而感到彼此之间的联系更加紧密。

未来在我们的手中

本书为我们呈现了一些独特的挑战——经济上、政治上、社会上和科技上。这是一个巨大人口群体感到孤独的时代，尽管通信从未如此便捷；在这个时代里，我们的身份认同越来越依赖于差异，但也越来越意识到自己的生活与全球各地的其他人是如何交织成一体的；这个时代，我们的地方社区迫切需要被加强，连接不同社区的桥梁也仍要被建设。

这是一个充满挑战和矛盾的时代，但也是一个充满希望的时代。因为，我们现在有一个真正的机会，聚在一起共同创造一个截然不同的未来——一个我们可以重新注入关怀和温情的未来，确保我们能更好地倾听来自不同背景的人们并让他们发声，还要以一种包容的方式积极地实践社群。让我们不再感到这么孤独和原子化！

为了实现这些宏大的抱负，我们就要优先安排立法程序和分配资金。并且，我们的政治家和商业领袖们也需要在社会和种族公正，以及工人如何受到保护等需要改变的问题上展现出真实的投入。但是，社会不是只靠着自上而下的推动来成就的。我们也共同创造了这个社会。所以，如果我们想要减少一些孤独感并重新连接彼此，日常履行个人该承担的责任也将同等重要。我们需要努力做出有意义的改变，我们打造自己的生活并过好每一天，同时认识到我们所面临的经济上和社会上的问题，反过来很可能会影响到我们做出改变的程度。

有些为了改变而采取的微小步骤，乍看起来效果似乎不是很大，但随着时间的推移，这终会积累到产生实质性的影响。比如带饼干到办公室与同事分享；或者把手机放到一边，更多地陪伴我们的伴侣和家人；邀请邻居过来喝咖啡；或者尽量在我们当地的商店中买更多的物品，并参加我们当地社区中心的活动；在我们已经加入的团队中承担更多的责任，或者推动自己加入新的团队，即使后面这个想法听上去让人望而生畏。

有些其他的改变将会要求我们更多的投入，无论是助选一位宣扬团结而不是分裂的政治候选人，还是支持被不公正地妖魔化或歧视的群体，或是抵制被曝光工作环境极其恶劣的某家公司（即便是我们钟爱这家公司所销售的产品或者它所提供的便利）。

更普遍而言，我们需要转变心态。我们需要把自己从消费者重新定位为公民，从索取者重新定位为施予者，从随意的旁观者重新定位为积极的参与者。这就要在工作、家庭生活或友谊的情景下，抓住机会锻炼我们的倾听能力。这就要接受对集体最好的事物有时候并不符合我们个人当前的利益。这就要努力将我们的声音用在能够带来积极改变的地方，尽管枪打出头鸟的滋味并不好受。并且，这也意味着积极地练习同理心，这件事在每日的锅碗瓢盆碰撞中很容易被我们遗忘。

并且尽管有些人可能会谴责关于更多关注于更"软性"价值的呼吁，但我们也需要努力将善良和为他人考虑作为我们的生活原则，从全球如此之多的人在疫情高峰期间的无私行为之中获得鼓舞。这包括，那位西米德兰兹郡的志愿者在疫情隔离期间四处搜寻可以帮助一个盲人标识出冰箱里装有不同液体的瓶子，直到他在一家出售瓶装牛奶的商店里找到这样的容器；[64] 意大利南部城市巴里的大学生在公寓大楼的楼梯间里留下了一个纸条，为楼里的老人或易染病的居民提出代购杂货及其他差遣的帮助；[65] 又如阿肯色州的一位少年在给《纽约时报》的信中沉痛地写道，尽管自己除了给人发短信和打电话让他们知道还有人在疫情隔离期间在惦念着他们之外，还没能真正做出太多的事情，但还是"一直在努力和他平时不怎么讲话的人交谈，只是为了提供一段有趣的对话以分散人们对现实世界的关注"。[66]

我们也不要再那么匆匆忙忙。停下来更多地去与人交谈，无论是那些我们常常擦肩而过却从未说过话的邻居，还是迷路的陌生人，或是明显感到孤独的人们——即便是在我们自己也感到压力山大和忙忙碌碌的时候。我们需要打破令人窒息的数码隐私泡泡，多与周围的人接触，即便我们最喜欢的事情是戴上耳机，浏览手机屏幕。我们需要鼓励子女在学校食堂询问独坐的孩子是否介意一起用餐，同时我们在自己的办公场所也要做出同样的事情，哪怕自己喜欢一个人吃饭，也要邀请总是孤单地在办公桌上吃饭的同事。我们需要对社会上那些关心他人之人表达更多的感激，并且在平时更多地说一声"谢谢"——对我们的伴侣、工作中的同事，甚至是对我们的人工智能新助手，比如亚马逊的 Alexa。

我并没有低估这一切带来的挑战，而且不可避免的是，将会有一段时间我们是无法达到期望的。但是，这样的一步步前进是至关重要的。因为，我们越是忽视自身的关心彼此的义务——不论是抚摸重病在床父母的手臂，打电话安慰一个正经历困难的朋友，甚至只是对邻居报以微笑，我们做这些事情的本事越差，整个社会就不可避免地越发缺少人性。

孤独的世纪的对策最终只能是我们的彼此相伴，不管有谁可以相伴。如果我们想要在一个四分五裂世界里走到一起，没有什么比这一点更重要的了。

| 致　谢 |

人们常说，养大一个孩子需要一村之力。对于本书，也是如此。

我要特别感谢：

本书的编辑——Sceptre 出版社的 Juliet Brooke 和 Crown 公司的 Talia Krohn，感谢他们一贯见解深刻的反馈、对本项目的付出及关心。我对他们已经无法提出更高的要求了。

感谢 Jonny Geller 从最初就对我和这本书的信任，并在整个过程中提供明智和考虑周到的引领；感谢 Kristine Dahl 的建议和支持；感谢 Dave Wirtschafter 对我及这个项目的支持。

感谢 Rebecca Folland、Melis Dagoglu 和 Grace McCrum，通过他们的杰出工作让本书销售到了全世界；感谢 Kate Brunt 和 Kishan Rajani 美妙的封面设计；感谢 David Milner 和 Amanda Waters 的严谨工作；感谢 Helen Flood、Maria Garbutt-Lucero 和 Louise Court 在本书的推广中展现出的技巧和热情；感谢 Crown 公司的出色团队，尤其是 David Drake、Annsley Rosner、Gillian Blake、Megan Perritt 和 Rachel Aldrich，还有 Viola Hayden、Ciara Finan 和 Tamara Kawar，感谢他们对我的全部帮助。

我还非常感激：

Debora Spar 教授、Nouriel Roubini 教授、Ian Goldin 教授、Anton

Emmanuel 教授、Amit Sood 教授、Philippe Marliere 教授、Gillian Peele 教授、Jamie Bartlett、Jamie Susskind、Ann De Sollar 和 Liran Morav 对本书一些章节的初稿发表的全面点评。

感谢我的首席研究助理 Lucy Fleming 明察秋毫的聪慧、对细节的关注和全身心的投入。感谢 Daniel Janes、Tatiana Pignon、Jerry O'Shea、Shaun Matthews、Aisha Sobey、Cara Claassen、Raffaele Buono、Xenobe Purvis 和 Karis Hustad 珍贵的研究贡献。还要感谢 Adam Lorand、Romain Chenet、Molly Russell、Amy O'Brien、Jonas Eberhardt、Tiffany Lam、Benjamin Brundu-Gonzalez、Christopher Lambin、Emily Lombardo、Levi Hord、Rowan Hart、Sam Hall、Pamela Combinido、Daniel Smith、Hannah Cocker、Theo Cosaert、Oliver Purnell、Rhys Thomas、Ollie Collett、Allie Dichiara、Tim White、Debra Winberg、Nicolò Pennucci 和 Kim Darrah 在不同章节上的助力。我很感谢你们的辛勤工作。

感谢我的家人，尤其是我的姐姐 Arabel Hertz，父亲 Jonathan Hertz 和姨妈 Shoshana Gelman，还有我已逝的母亲 Leah Hertz，她的才华和同情心每天都在激励着我。

感谢我的朋友们，他们不但容忍我长时间躲藏在写作的泡泡之中，还经常提醒我，他们还在陪伴着我，特别是 Tim Samuels、Adam Nagel、Abby Turk、Estelle Rubio、James Fletcher、Caroline Daniel、Molly Nyman、Julia Leal Hartog、Michelle Kohn、Ruth Joseph 和 David Joseph 夫妇、Len Blavatnik、Rachel Weisz、Joshua Ramo、Diane McGrath、Alex Cooke、Craig Cohon、Gina Bellman、Mark and Diana、Yonit Levi 和 ShaoLan Hsueh；大西洋彼岸的 Wasatch 家族；重要的是，还有 Roderick Miller、Thierry Lapouge、Amber Zohra、Kevin

Plummer、Mattie Garvin、Ellie Rudolph、Tony Varnava、Sandra Virgo 和 Lucy Soutter 帮我感受到自己是社群中的一员，每周都能给我带来一些欢乐。我永远感谢已经故去的 Philip Gould 和 David Held，感谢他们的友谊和指导。

我还要感谢 Simon Halfon 的慷慨和才华；感谢 Gabrielle Rifkind 的智慧；谢谢 Gennifer Morris 让我保持井井有条；感谢 Lisa Cawthorn、Jinji Garland、Stephanie Nightingale 和 Gary Trainer 帮助我度过在办公桌前的不尽时间；还有 Samara Fagoti Jalloul 始终如一的积极乐观；非常友好的邻居 Will Wentworth 和 Cindy Palmano；Cohen 家总是举办最让人感到温馨的聚会；还有 Henrietta Moore 教授和 David Price 教授，感谢他们引领我又回到了我最初的学术家园——伦敦大学学院。

最重要的是，我要感谢丹尼·科恩的慷慨、智慧和爱。如果没有他的奉献和支持，这本书将会失去原本的意义，而且整个写作的过程也会更加孤独。

凭着以上的全部，我能感到我是多么幸运！